ABHANDLUNGEN ZUR KUNST-, MUSIK- UND
LITERATURWISSENSCHAFT, BAND 125

FORM UND SUBJEKTIVITÄT
ZUR GEDICHTSTRUKTUR IM FRÜHEN EXPRESSIONISMUS

VON JÜRGEN ZIEGLER

1972

BOUVIER VERLAG HERBERT GRUNDMANN · BONN

ISBN 3 416 00871 5

INHALTSVERZEICHNIS

VORBEMERKUNG

In der vorliegenden Arbeit, die sich mit Werken Georg Heyms, Jakob van Hoddis' und Johannes R. Bechers befaßt, werden bei der Zitierung von Quellen und Texten soweit wie möglich die Ausgaben benutzt, die dem Leser am leichtesten zugänglich sind. Bewußt wurde deshalb auch die Taschenbuchproduktion, die – was die Dokumentation von Quellen und Beiträgen aus dem Expressionismus anbelangt – sogar Originalausgaben aufzuweisen hat, mit einbezogen.

Bei den poetischen Texten, die der Untersuchung zugrunde gelegt wurden, war selbstverständlich auf die Authentizität besonders zu achten. Keinerlei Schwierigkeiten bereiteten die Werke Georg Heyms, die in einer kritischen Gesamtausgabe vorliegen:

> Heym, Georg: Dichtungen und Schriften. Gesamtausgabe. Herausgegeben von Karl Ludwig Schneider. – Hamburg und München: Ellermann 1960 ff.
>
> Band 1: Lyrik. Bearbeitet von Karl Ludwig Schneider und Gunter Martens unter Mithilfe von Klaus Hurlebusch und Dieter Knoth. 1964. – Zitiert als *h I*.
>
> Band 2: Prosa und Dramen. Bearbeitet von Karl Ludwig Schneider und Curt Schmigelski. 1962. – Zitiert als *h II*.
>
> Band 3: Tagebücher Träume und Briefe. Unter Mithilfe von Paul Raabe und Erwin Loewenson bearbeitet von Karl Ludwig Schneider. 1960. – Zitiert als *h III*.
>
> Band 6: Dokumente zu seinem Leben und Werk. Herausgegeben von Karl Ludwig Schneider und Gerhard Burkhardt unter Mitarbeit von Uwe Wandrey und Dieter Marquardt. 1968. Zitiert als *h VI*.

Die Bände 4 und 5, die Lesarten und Erläuterungen enthalten sollen, lagen bei Abfassung der Untersuchung noch nicht vor.

Weniger günstig steht es um die Edition der frühen und expressionistischen Werke Johannes R. Bechers. Wir stützen uns hier im wesentlichen auf folgende Ausgabe:

> Becher, Johannes R.: Gesammelte Werke. Herausgegeben vom Johannes-R.-Becher-Archiv der Deutschen Akademie der Künste zu Berlin. – Berlin und Weimar: Aufbau-Verlag 1966 ff.

Band 1: Ausgewählte Gedichte 1911–1918. Nachwort und Sacherläuterungen von Alfred Klein. 1966. – Zitiert als *b I*.

Dieser Band ist die umfangreichste Neuedition der frühen und expressionistischen Werke Bechers, enthält aber leider nicht sämtliche Gedichte, die Becher in den Jahren 1911 bis 1914 in Gedichtbänden und Zeitschriften veröffentlichte. Mitunter sind wir deshalb gezwungen, folgende Publikationen heranzuziehen:

> Becher, Johannes R.: Die Gnade eines Frühlings. Dichtungen. – Berlin: Bachmair 1912. – Zitiert als *Gnade*.

> Becher, Johannes R.: Erde. Ein Roman. – Berlin: Bachmair 1912. – Zitiert als *Erde*.

> Becher, Johannes R.: De Profundis Domine. – München: Bachmair 1913. – Zitiert als *De Prof*.

> Becher, Johannes R.: Verfall und Triumph. Band 1: Gedichte. – Berlin: Hyperion-Verlag 1914. – Zitiert als *V u. T*.

Auf Bechers Roman „Abschied", zuerst 1940 in Moskau erschienen, greifen wir gelegentlich zurück. Wir zitieren dabei nach der jüngsten westdeutschen Lizenzausgabe:

> Becher, Johannes R.: Abschied. Roman. Mit einem Essay von Georg Lukács. – Reinbek bei Hamburg: Rowohlt 1968 (rororo-Taschenbuch Nr. 1106/07). – Zitiert als *Abschied*.

Aus dem Werk Jakob van Hoddis' benötigen wir nur das Gedicht „Weltende". Es erschien zuerst am 11. Januar 1911 in der Berliner Wochenschrift „Der Demokrat". Es ist abgedruckt u. a. in:

> Hoddis, Jakob van: Weltende. Gesammelte Gedichte. Herausgegeben von Paul Pörtner. – Zürich: Arche 1958, S. 28.

> Pinthus, Kurt (Hrsg.): Menschheitsdämmerung. Ein Dokument des Expressionismus. Mit Biographien und Bibliographien neu herausgegeben von Kurt Pinthus. – Hamburg: Rowohlt 1959 (Rowohlts Klassiker 55/56), S. 39.

Für die freundliche Genehmigung, aus den unveröffentlichten Briefen Johannes R. Bechers zitieren zu dürfen, dankt der Verfasser Frau Lilly Becher und dem Johannes-R.-Becher-Archiv in Berlin, der Staats- und Universitätsbibliothek in Hamburg und dem Deutschen Literaturarchiv in Marbach/Neckar.

EINLEITUNG

Methoden- und Forschungsprobleme

Die Schwierigkeit in der Erforschung expressionistischer Lyrik zeigt sich in erster Linie darin, daß es bisher kaum gelungen ist, das Verhältnis zwischen subjektivem Anspruch, wie er in dieser Literatur erscheint, und sprachlicher Objektivation hinreichend zu erfassen. Dies gilt in gleichem Maß für die Lyrik des „frühen" Expressionismus, jene Lyrik also, die in den Jahren 1910 bis 1914 entstand.

Diese im Wesen methodische Problematik geht in ihrem Ansatz auf die Expressionisten selbst zurück. Beispielhaft dafür sind die Begriffe „Ausdruck" oder auch „Expressionismus". Für viele Expressionisten bildeten sie den Gegensatz zur überkommenen dichterischen Tradition, die man als erstarrte Konvention, als Schnürleib, als das Verstellte, Abgeleitete, Künstliche haßte. Man sehnte sich nach dem Ursprünglichen und wollte zu ihm zurück: mit biologisch-entwicklungsgeschichtlicher Tendenz bei Benn[1], in der Einschätzung des Dichters als Prediger und Seher[2], in der religiösen Haltung bei Sorge[3] oder Buber[4], im „Ausdruck" selbst bei Walden und Stramm[5]. Ihrer Tendenz nach waren diese Bestrebungen identisch mit der Utopie vom „neuen" Menschen, dessen Zeugung die „Entscheidung", dessen Geburt die „Verwandlung" war.[6]

---

[1] Vgl. das Gedicht „Gesänge" I. Es beginnt: „O daß wir unsere Ururahnen wären." Gottfried Benn, Gesammelte Werke, Bd. I, Wiesbaden 1960, S. 25.

[2] Vgl. etwa Stefan Zweig, Das neue Pathos. In: Das literarische Echo, Jg. 11 (1909), H. 24, Sp. 1701–1709; abgedr. in: Expressionismus – Der Kampf um eine literarische Bewegung, hrsg. v. Paul Raabe, München 1965, S. 15–24.

[3] Vgl. Sorges Hinwendung zu einem mystischen Katholizismus.

[4] Bezeichnend ist der Rückgriff auf die Mystik, im Fall Martin Bubers auf die jüdische.

[5] Vgl. die theoretischen Äußerungen Herwarth Waldens, so etwa: Einblick in die Kunst, in: Der Sturm, Jg. VI (1915), S. 122–124; abgedr. in: Paul Pörtner, Literatur-Revolution 1910–1925 – Dokumente. Manifeste. Programme, Bd. I, Zur Ästhetik und Poetik, Darmstadt/Neuwied/Berlin 1960, S. 404–411. – Oder: Herwarth Walden, Kritik der vorexpressionistischen Dichtung, in: Der Sturm, Jg. XI (1920), S. 98–100 und 122–125, und Jg. XII, S. 3–8. Abgedr. bei Pörtner, l. c., S. 411–430.

[6] Umfassend hat Konrad Farner diese Bestrebungen, soweit sie in der modernen bildenden Kunst aufgetreten sind und noch auftreten, in seinem Buch „Der Aufstand der Abstrakt-Konkreten" (Neuwied 1970) dargestellt und kritisiert.

Die mannigfaltigen Beziehungen, die zwischen der Vorstellung vom „neuen" Menschen und der vom „ursprünglichen" Ausdruck bestehen, können hier nicht ausgebreitet werden. Wichtig erscheint uns die Tatsache, daß ein Teil der Forschung jene umfassende, gleichwohl aber naive Vorstellung von Subjektivität, die sich „ursprünglich", unvermittelt und unverstellt im „reinen Ausdruck" zu äußern versuchte, unbesehen übernahm. „Expressionismus" wurde zur ontologischen Qualität eines „expressiven Menschen"[7]. Das von den Expressionisten postulierte Verhältnis zur Welt wurde so nicht bloß reproduziert, sondern gleichzeitig als wissenschaftliche Kategorie objektiviert. Die Inhalte expressionistischer Vorstellungen – der „neue" Mensch, der „Ausdruck" – verwandelte man in objektive Größen, deren Beschaffenheit feststand: sie erreichten jene nicht weiter ableitbare Ursprünglichkeit, von der die Expressionisten träumten.

Selten wurde die Frage aufgeworfen, wie diese „Ursprünglichkeit" selbst beschaffen sei, kaum beachtet die Tatsache, daß ihre Proklamierung das Ergebnis beschreibbarer historischer Prozesse war. Allzu leicht übersah man, daß die Ausdrucksformen, in denen „Ursprünglichkeit" sich realisieren sollte, wie auch die Vorstellung von „Ursprünglichkeit" historisch und gesellschaftlich vermittelt waren und daß damit der subjektive Anspruch, der sich in expressionistischer Literatur äußerte, im Widerspruch stand zu ihren eigenen objektiven Bedingungen. Noch Paul Raabe, ein exquisiter Kenner des Expressionismus, sagt in seiner Einführung zu dem Auswahlband „Expressionismus – Der Kampf um eine literarische Bewegung": „Wie die Maler und Musiker befreite man sich vom Klischee und von der Reproduktion[8], Kunst wurde allein Ausdruck eines Inneren und Wesenhaften."[9] Wo man solchermaßen das Programm für bare Münze nimmt, besteht leicht die Gefahr, die künstlerischen Ausdrucksformen und deren strukturelle Bedeutung und damit auch deren objektiven Gehalt zu mißdeuten.

Ein großer Teil der Literatur, die sich mit den frühexpressionistischen Werken Heyms, van Hoddis' und Bechers auseinandersetzt, ist bestrebt, diese Werke mehr oder weniger deutlich auf einen wie auch immer vorgeprägten Begriff von „Expressionismus" oder „Ausdruckskunst" hin zu

---

[7] Exemplarisch dafür ist die Abhandlung von Ferdinand Josef Schneider: Der expressive Mensch und die deutsche Lyrik der Gegenwart, Stuttgart 1927.

[8] Vgl. dazu unsere Ausführungen im Schlußkapitel „Form und Subjektivität", S. 205 ff. Reproduktion und Reproduzierbarkeit werden dort als grundlegend für die Struktur der behandelten Lyrik beschrieben.

[9] Expressionismus – Der Kampf um eine literarische Bewegung, hrsg. v. Paul Raabe, München 1965, S. 7.

interpretieren. Beispielhaft dafür ist die Abhandlung Karl Ludwig Schneiders „Der bildhafte Ausdruck in den Dichtungen Georg Heyms, Georg Trakls und Ernst Stadlers"[10]. Kurt Mautz hat den methodischen Ansatz und die Ergebnisse Schneiders einer ausführlichen Kritik unterzogen[11]; wir gehen hier nur soweit auf Schneiders Ausführungen ein, als sie uns in unserem Zusammenhang wichtig erscheinen.

Schneider unterscheidet verschiedene inhaltlich bestimmte Metapherntypen, wie eine „dynamische Metapher", „peiorisierende Metapher" etc. Er durchsucht die Gedichte Heyms nach diesen Typen, als Ergebnis erhält er umfangreiche Beispielsammlungen. Die inhaltlichen Kategorien, die von außen an das Textmaterial herangetragen werden, finden so ihre Bestätigung; sie scheinen dem Text angemessen. Diese Tatsache suggeriert, die angewandte Typologie sei brauchbar zur Interpretation der Texte selbst. Ein solches Vorgehen erweist sich bei genauerer Prüfung als willkürlich: an keiner Stelle nämlich macht sich Schneider die Mühe, die Voraussetzungen und die Berechtigung der inhaltlichen Kategorien zu prüfen und zu diskutieren.[12] Entsprechend der verbreiteten Vorstellung, zum Expressionismus gehöre „Dynamik" o. ä., sucht Schneider nach „dynamisierenden Metaphern"; deren Vorkommen in Gedichten Heyms liefert ihm den Beweis für die entsprechende „geistig-seelische Befindlichkeit", für ein „dynamisches Lebensgefühl"[13]. Die Interpretation ist auf diese Weise schon fertig, noch ehe mit der Textanalyse begonnen wird.[14]

Schneider mißachtet die historische und gesellschaftliche Vermittlung sowohl der Texte als auch seines eigenen begrifflichen Instrumentariums. Was inhaltlich-qualitativ aus dem Zusammenhang heraus zu bestimmen gewesen wäre – jenes „dynamische Lebensgefühl" und die Bedingungen seines Auf-

[10] Karl Ludwig Schneider, Der bildhafte Ausdruck in den Dichtungen Georg Heyms, Georg Trakls und Ernst Stadlers – Studien zum lyrischen Sprachstil des deutschen Expressionismus; Heidelberg 1954.

[11] Kurt Mautz, Mythologie und Gesellschaft im Expressionismus. Die Dichtung Georg Heyms; Frankfurt/Bonn 1961, S. 20 ff.

[12] Mautz hat darauf hingewiesen, daß bei Schneider „stillschweigend Kriterien der Deutung und Beurteilung" eingeführt werden (Mautz, Mythologie, l. c., S. 21).

[13] Schneider, Bildh. Ausdr., l. c., S. 78.

[14] Ein Einwand, den Mautz gegen K. L. Schneider geltend macht, deckt dieses Verfahren auf: „So fällt z. B. in K. L. Schneiders Metapherntypologie der Typus der statisierenden Metapher vollkommen aus, obwohl die Metaphorik von Bildern der Erstarrung und Versteinerung in den Dichtungen Heyms und Trakls eine ebenso große, ja bedeutendere Rolle spielt als der Typus der dynamisierenden Metapher. Und zwar deshalb (fällt dieser Metapherntyp aus, J. Z.), weil K. L. Schneider die expressionistische Dichtung als Ausdruck eines ‚hochdynamischen Lebensgefühls' (Schneider, l. c., S. 78) verstanden haben will, dessen Träger – analog F. J. Schneiders expressivem Menschen – ‚der expressionistische Mensch' (K. L. Schneider, l. c., S. 12) sei." Mautz, Mythologie, l. c., S. 21.

tretens –, wird als Phänomen isoliert und zum Substrat erklärt. Schneiders formale Analyse verfährt analog, indem sie die einzelnen Beispiele aus dem Kontext herauslöst, für sich nimmt und das auf diesem Weg scheinbar objektiv Vorgefundene als ein Essentielles deutet. Als existentielle „Befindlichkeit" ist das „dynamische Lebensgefühl" so wenig weiter ableitbar als die „dynamisierende Metapher" anders vermittelt wäre als durch eben jene „Befindlichkeit". Der status quo wird zum Urzustand.

In der Nachfolge Schneiders veröffentlichte Heinz Rölleke 1966 eine Abhandlung „Die Stadt bei Stadler, Heym und Trakl"[15]; 1969 folgte vom selben Verfasser der Aufsatz „Georg Heym"[16]. Wir begnügen uns mit einer kritischen Betrachtung des zuletzt genannten Aufsatzes, da in ihm Röllekes methodischer Ansatz gut verfolgt werden kann. Dabei werden einige grundsätzliche Fragen der Heym-Interpretation angeschnitten, die erst im Lauf unserer Arbeit eingehender zur Sprache kommen können.[17]

Rölleke, der sich in der zuerst genannten Arbeit oft auf Schneider beruft, folgt diesem in seinem Aufsatz „Georg Heym" nicht immer inhaltlich, sondern macht sich manche Ergebnisse, die Kurt Mautz kritisch gegen die Deutungen Schneiders beigebracht hatte, zunutze[18] und arbeitet sie in sein Interpretationsschema ein. So ist bei ihm von „dynamischem Lebensgefühl" nicht mehr die Rede; umso mehr dagegen von „Monotonie"[19], von „bedrückender Zeitlosigkeit"[20] o. ä., einer Erscheinung in Heyms Werk, die Mautz in seinem Buch unter dem Kapitel „Die Endzeit"[21] beschrieben hatte.[22] Diese

---

[15] Heinz Rölleke, Die Stadt bei Stadler, Heym und Trakl, Berlin 1966.

[16] Heinz Rölleke, Georg Heym, in: Expressionismus als Literatur – Gesammelte Studien, hrsg. v. Wolfgang Rothe, Bern 1969, S. 354–373.

[17] Vgl. dazu in dieser Arbeit die Erörterung der Form Heyms, S. 43 ff., und des „Wie-Vergleichs", S. 62 ff. und 111 ff.

[18] In seiner ersten Arbeit „Die Stadt bei Stadler, Heym und Trakl" polemisiert Rölleke heftig gegen das Buch von Mautz, ohne näher auf die Methode einzugehen. Er übernimmt unkritisch das Urteil, das K. L. Schneider über das Mautzsche Buch in einer Rezension in „Die Zeit" (Nr. 2, Ausg. v. 12. 1. 1962, S. 12) fällt. (Vgl. Rölleke, Die Stadt, l. c., S. 55 f.)

[19] Rölleke, Georg Heym, l. c., S. 358.

[20] Rölleke, Georg Heym, l. c., S. 360.

[21] Mautz, Mythologie, l. c., S. 224–247.

[22] So sieht auch Rölleke den Zusammenhang zwischen den Bildern der erstarrten und winterlichen Landschaft und dem Motiv der Wanderschaft: „Der status viatoris des Menschen, einst gläubig als sinnvoll bejaht, ist zur ziel- und sinnlosen Wanderschaft durch erstarrte öde Wüsten- und eintönige Winterlandschaften geworden. In dieser Welt bleiben Erde und Himmel in fürchterlicher Monotonie ununterscheidbar; denn auch ,hinter den Wolken . . . da ist alles Stein, taub hohl und leer' (Tagebucheintragung am 26. Juni 1910). Die Menschen sind dieser Landschaft wesensverwandt; unindividuell, erstarrt, gleichen sie einer sich ins Endlose verlierenden ,Schwarzen Mauer'." Rölleke, Georg Heym, l. c., S. 357 f. – Bei Mautz heißt es bereits: „. . . das Motiv des ruhelosen Umhergetriebenseins, der ewigen Wanderschaft, der endlosen, ziellosen Reise (. . .) korrespondiert dem Motiv des Winters, weil sich in ihm nichts anderes ausdrückt als die Unerträglichkeit und doch

Zeiterfahrung wird bestimmend für Röllekes Interpretation. Als Ausgangspunkt wählt er den wichtigen Tagebucheintrag Heyms vom 21. Juli 1910, in dem es heißt: „Ich glaube, daß meine Größe darin liegt, daß ich erkannt habe, es gibt wenig Nacheinander. Das meiste liegt in einer Ebene. Es ist alles ein Nebeneinander." [23] Rölleke schreibt dazu: „Was er in stets neuen Versuchen und Entwürfen zu erzwingen suchte, war die simultane Darstellung der Erscheinungen, in der nicht mehr ein sinnvolles Nacheinander des Zeitablaufs, sondern ein zeitloses Nebeneinander und Ineinander, als das ihm die Welt erschien, sichtbar werden soll. Heym spürt immer deutlicher, daß die von ihm zunächst übernommene und kaum weiterentwickelte dichterische Bildersprache jene Simultaneität nicht zu leisten vermochte. Und dieses Ungenügen an der eigenen Kunst, die mit ihren überkommenen Mitteln seiner Weltauffassung nicht entsprechen konnte, hat den einzig gravierenden Wandel im Werk Heyms bewirkt, einen Wandel, der berechtigt, Heym einen Expressionisten zu nennen, was er seiner Sprach-, Vers- und Gedichtform nach nicht ist und wohl auch nicht sein wollte." [24] „Es galt, im Gedicht das scheinbar mit dem Wesen der Sprache schlechthin gegebene Nacheinander in der Zeit zugunsten eines Nebeneinanders jenseits der Zeit zu überwinden. Mit anderen Worten: Da das Nacheinander von Beschreibung und Bildvergleich die von Heym als charakteristisch erkannte Eintönigkeit und Gleichgültigkeit der Welt nicht adäquat auszudrücken vermag, muß es durch Komplexion von Eindruck und Metapher ersetzt werden." [25]

Unentrinnbarkeit von ‚Winter'-Welt und ‚Winter'-Zeit. Die ‚Heimatlosigkeit' des Ichs in einer verödeten, erstarrten Welt stellt sich im Bild der endlosen Reise als Wanderung nach einer unauffindbaren Heimat dar." Mautz, Mythologie, l. c., S. 163.
    [23] h III, 140. Vgl. dazu das Kapitel „Periphrasen" in dieser Arbeit. S. 54 ff.
    [24] Rölleke, Georg Heym, l. c., S. 359 f.
    [25] Rölleke, Georg Heym, l. c., S. 360. – An Hand der „Entwicklung" eines „Motivs" („Fenster" als „Auge") erläutert Rölleke, was er unter „Komplexion von Eindruck und Metapher" versteht. Die Verse vom September 1911
        Alle Fenster sind tot
        Wie bleiche Augen in letzter Not. (h I, 386)
erfahren folgende Interpretation: „Die Gleichsetzung von Fenster und Auge ist (. . .) dem Bereich subjektiver Empfindung entrückt, aber im ausgesprochenen Wie-Vergleich gibt sich noch der Dichter als der, der die Beziehung setzt, zu erkennen." (Rölleke, Georg Heym, l. c., S. 360.) Die Verse vom November 1911
        Und tausend Fenster stehn die Nacht entlang
        Und blinzeln mit den Lidern, rot und klein. (h I, 452)
zeigen das „Ziel" der „Entwicklung": „Die Animalisierung des Gegenstandes ist nun absolut, der Wie-Vergleich entfällt. Zugleich beginnen Proportionen und Bezüge sich aufzulösen: Die Augen-Fenster stehen gleichsam auf eigenen Füßen, losgelöst von ihrer Umgebung, und blinzeln mit ihren Lidern. Sie erscheinen nicht mehr nur dem Betrachter als Augen, sie werden nicht mehr mit Augen verglichen, ja nicht einmal mehr ausdrücklich Augen genannt – sie sind in ‚primärer Setzung' (Benn) lebendige Augen: eigen-willig und eigen-mächtig und damit jenseits aller realen Erfahrbarkeit. Aus dem Nacheinander des

Erst die Einführung bestimmter Begriffe im Kommentar zu der Tagebuch-notiz Heyms macht es möglich, zu den zitierten Ergebnissen zu kommen. Aus dem Heymschen „Es ist alles ein Nebeneinander" entwickelt Rölleke „ein zeitloses Nebeneinander und Ineinander", schließlich noch „jene Simultaneität". Verbunden durch die Konjunktion „und" erscheinen „Nebeneinander" und „Ineinander" synonym. Das ist wenig zwingend. Während „Ineinander" eine enge, integrative Beziehung bezeichnet, weist „Nebeneinander" auf Angrenzung, die nicht unbedingt eine affirmative Beziehung der benachbarten Teile bedeuten muß. Auch „Simultaneität" hat eher integrativen Charakter und bringt, in der Übersetzung „Gleichzeitigkeit", das Moment der Zeit ins Spiel, das Heym durch das der räumlichen Vorstellung entnommene „Nebeneinander" gerade auszuschalten suchte. Rölleke legt die Betonung in dem Satz „Das meiste liegt in einer Ebene" auf „einer" und nicht auf „Ebene" – als ob das von Heym apostrophierte „Nacheinander" auf zwei oder mehreren Ebenen sich abspielen würde – und vernachlässigt so den sich aus dem Kontext der Tagebuchaufzeichnung ergebenden Sinn.

Ohne Umschweife wendet Rölleke die Begriffe „Nacheinander" und „Nebeneinander" bzw. „Ineinander" auf die Bilder und Metaphernstruktur an. Der Vergleich, vor allem der mit „wie", soll dem „Nacheinander" entsprechen – offenbar weil Rölleke annimmt, daß die beiden Teile eines Wie-Vergleichs in einer Art logischer Folge auseinander hervorgehen; der „absoluten Metapher" oder der „primären Setzung"[26] – wie immer man es nennen möchte – korrespondiert das „Neben"- bzw. „Ineinander". Hier wird deutlich, warum das Heymsche „Nebeneinander" zum „Ineinander" sich wandeln mußte: um einen Beleg in den Äußerungen Heyms zu schaffen für die Anwendbarkeit einer Metapherntheorie, wie sie der von Benn in „Probleme der Lyrik" entwickelten verwandt ist.[27] Solcher Schritte bedarf es, um die Behauptung plausibel zu machen, daß „die von Heym als charakteristisch erkannte Eintönigkeit und Gleichgültigkeit der Welt" in den Versen

> Und tausend Fenster stehn die Nacht entlang
> Und blinzeln mit den Lidern, rot und klein.

adäquater ausgedrückt sei als in den Versen

Vergleichs ist das Ineinander einer neuen Wirklichkeit geworden. (. . .) Das Kunstwerk hat jetzt die ,eine Ebene', die der Dichter als konstitutiv erkannt hatte, erreicht." (Rölleke, Georg Heym, l. c., S. 360 f.)

[26] Vgl. Rölleke, Georg Heym, l. c., S. 360 f.

[27] Vgl. dazu die Kapitel „Wie-Vergleiche" in unserer Arbeit, S. 62 ff. und 111 ff.

6

Alle Fenster sind tot
Wie bleiche Augen in letzter Not.

Rölleke hält an der Behauptung K. L. Schneiders, der Vergleich – obwohl die häufigste Bildform – habe „für die Dichtung Heyms keine entscheidende Bedeutung"[28], insofern fest, als er nur in der „primären Setzung" den „adäquaten" Ausdruck für Heyms „Weltauffassung" sieht. Während Schneider jedoch gemäß seinem Expressionismus-Bild zu dem Schluß gelangt, die „verbale Metapher" habe „entscheidende Bedeutung", fixiert Rölleke die Dichtung Heyms weniger begrenzt auf die „primäre Setzung". Diese ist allerdings eine Art Traumziel, da sie sich nicht mit der wünschenswerten Häufigkeit im Text vorfindet.[29] So folgen in dem Gedicht auf die exemplarischen Verse, an Hand derer Rölleke das Erreichen der „einen Ebene" demonstriert, direkt die Zeilen:

Wie Aderwerk gehn Straßen durch die Stadt,
Unzählig Menschen schwemmen aus und ein. (h I, 452)

Jene „eine Ebene", wie Rölleke sie begreift, erfährt durch den unmittelbar anschließenden Wie-Vergleich eine höchst bedenkliche Relativierung, die konsequenterweise als Stilbruch gedeutet werden müßte.

Weder K. L. Schneider noch Rölleke erachteten es für nötig, der Bedeutung der „häufigsten Bildform" für die Gedichtstruktur nachzugehen. Man nimmt Heym nicht so ernst, wie man vorgibt. So versucht Rölleke auch nicht, jene Tagebuchnotiz vom 21. Juli 1910 in Beziehung zu bringen mit Gedichten, die um diesen Zeitpunkt herum entstanden; er nimmt seine Belege fast ausschließlich aus dem späten Werk Heyms.[30] Die Möglichkeit, daß sich das Gefühl der „Zeitlosigkeit" strukturell auf ganz verschiedene – u. U. entgegengesetzte – Weise äußern kann, sieht er nicht.

Schneider wie Rölleke gehen davon aus, daß das Verhältnis von „Bezugssache" und Bild dem von Wirklichkeit und Phantasie (oder Vision o. ä.) entspreche; Rölleke redet von „Eindruck" und „Metapher". Gegen Schneider

[28] K. L. Schneider, Bildh. Ausdr., l. c., S. 63.
[29] „In Anbetracht der so kurz bemessenen Zeit, die Heyms dichterischer Entwicklung vergönnt war, versteht es sich, daß diesen Bemühungen nicht mit einem Schlag und nicht in jeder Hinsicht Erfolg beschieden sein konnte. So kann es auch beim folgenden Beispiel nur darum gehen, ein Grundschema aufzudecken; dabei darf prinzipiell nicht unbeachtet bleiben, daß selbst im Spätwerk Heyms die vergleichende Sprachhaltung noch nicht überall und nicht immer restlos aufgegeben ist, obwohl die Tendenz zur metaphorischen Identifikation sich stets stärker und unübersehbarer ausprägt." (Rölleke, Georg Heym, l. c., S. 361.)
[30] Mitte 1911 bis Januar 1912. – Vgl. dazu die Einleitung zum Heym-Kapitel in unserer Arbeit, S. 33 ff., und die Anlage des Heym-Kapitels überhaupt.

hat Mautz eingewandt, daß das, was Schneider als „Bezugsgegenstand" der Realität zuordnet, „selbst bereits Bild, Metapher" sei [31]. Diese können ihrerseits allein im Kontext des Gedichts, des literarischen Zusammenhangs etc. gesehen werden. Schneider und Rölleke verkürzen diese Beziehung jedoch dahingehend, daß sie „Bezugsgegenstand" bzw. „Eindruck" als direkt an die Realität, „Metapher" und „Bild" dagegen an die visionäre, von der Realität unabhängige Einbildungskraft des dichtenden Subjekts gebunden sehen. Die Minderwertigkeit des Wie-Vergleichs gegenüber „primären Setzungen" wird so abgeleitet, ebenso die Unmittelbarkeit der letzteren. [32]

Ebensowenig wie den Wie-Vergleich vermag Rölleke die Form der Gedichte Heyms in die Strukturanalyse einzubeziehen. Indem das Problem der Form als zweitrangig abgetan wird [33], rechtfertigt sich implizit das Vorgehen, Bild und Metapher als Phänomene zu isolieren und von diesen in der beschriebenen einseitigen Weise die Gedichtstruktur zu deduzieren. Selbst wenn es zuträfe, daß Heym bis zuletzt nur ein rhythmisches und strophisches „Grundschema" [34] verwendet hätte, so wäre der Frage nachzugehen, welche Bedeutung dieser ästhetischen Objektivationsform in der Struktur zukommt.

So wie Schneider historisch vermittelte inhaltliche Kategorien isoliert und dann als Substrat direkt auslegt, so ist für Rölleke die Kategorie der „Zeitlosigkeit" ganz affirmativ eine „Grundbefindlichkeit der Moderne" [35], die dann in Heyms Dichtungen zum Ausdruck komme. Rölleke spricht von der „vom Urerlebnis bedrückender Zeitlosigkeit geprägten dichterischen Einbildungskraft" [36] und erhebt so zur zweiten Natur, was durch die historischen und gesellschaftlichen Verhältnisse bedingt war. Naiv schließt er sich einer Selbstdeutung Heyms an, spricht vom „großen Einsamen" und sieht darin eine „Grundsituation" [37]. Als Beleg zitiert er aus einer Tagebuchnotiz vom 20. Juli 1906 die folgenden Sätze: „. . . es sind keine Götter (. . .) ich muß sie mir schaffen, um mit ihnen sprechen zu können, denn mit wem sollte ich es sonst." [38] Rölleke bemerkt nicht die Genie-Pose, in der sich der 19jährige

---

[31] Mautz, Mythologie, l. c., S. 24.
[32] Unbeachtet bleibt dabei, daß „primäre Setzung" als ästhetisches Postulat ebenso wie die „fortschreitende Subjektivierung des künstlerischen Ausdrucks" „selber ein objektiv historischer Prozeß" (Mautz, Mythologie, l. c., S. 38) ist, daß also „primäre Setzung" ihrerseits etwas in hohem Maß Vermitteltes ist.
[33] Vgl. dazu unsere Bemerkungen auf S. 43 f. dieser Arbeit.
[34] Rölleke, Georg Heym, l. c., S. 356.
[35] Rölleke, Georg Heym, l. c., S. 371.
[36] Rölleke, Georg Heym, l. c., S. 360.
[37] Rölleke, Georg Heym, l. c., S. 365.
[38] h III, 54.

– fast vier Jahre bevor er seine ersten bedeutenden Gedichte schreibt – gefällt. [39]

Die Dichtungen Heyms, denen Rölleke zufolge die „Grundbefindlichkeit" zum Strukturgesetz verholfen hat [40], sollen in der „Komplexion von Eindruck und Metapher" so unmittelbar wie irrational sein: „Heym ist zum Dichter geworden, wie ihn Rimbaud, einer der von ihm verehrten ‚Götter' (5. November 1910), in seinem sogenannten Seher-Brief gefordert hatte: ‚Er hat seine Seele, die schon reicher war als jede andere, wachsen lassen. Wenn er (. . .) seine Visionen endlich nicht mehr begreift, hat er sie gesehen.'" [41] Konsequenterweise wird Heym für Rölleke „in jeder Hinsicht der große Einsame", der „früh" „Einsamkeit als sein selbstgewähltes Schicksal erahnt". [42] Da Heym vom „Taumel der Visionen" [43] gleichsam heimgesucht wird, ist es für Rölleke erwiesen, daß „Berührungen mit dem Kreis der Berliner Expressionisten" „für seine Dichtkunst wenig relevant zu sein" scheinen [44], daß „dieser Dichter seinen Weg allein finden und ihn allein zu Ende gehen mußte" [45].

[39] Wie wenig es hier um „Grundsituation" und „dichterisches Selbstverständnis" (Rölleke, l. c., S. 365) und wie viel eher um den Kummer eines Jugendlichen geht, zeigt sich schnell, wenn man die Sätze im Zusammenhang liest. Es heißt im Tagebuch: „Ich lerne in Ahlbeck ein Mädchen kennen, die nicht allzu schön, doch wunderbar gut war. Wieder tritt sie allein vor mich, ich sehe nur sie, alles andere ist versunken. Sie fühlt das wohl auch und beschäftigt sich, vielleicht aus Mitleid, mehr mit mir, als gut. Und nun, ich sitze mit ihr allein im Strandkorb und trinke sie fast mit den Augen. Die Tränen kommen mir in die Augen, daß ich sie morgen verlassen soll, und nun, ich soll ihr Riehl wieder besorgen, ich soll sie wieder mit diesem Riehl zusammenbringen. Und wieder hatte ich vorher Helios angefleht, und er schien mir auch günstig, aber dann narrte er mich wieder so. Ja es sind keine Götter, es kann keine Götter geben, der große Pan ist tot, aber ich muß sie mir schaffen, um mit ihnen sprechen zu können, denn mit wem sollte ich es sonst." (h III, 54)
[40] Vgl. Rölleke, Georg Heym, l. c., S. 371. – Man müßte folgern, daß dies in höchst unvollkommener Weise geschah, da Heym die „vergleichende Sprachhaltung" nicht aufzugeben wußte.
[41] Rölleke, Georg Heym, l. c., S. 363. – Nebenbei sei bemerkt, daß Rölleke Rimbaud nur deshalb als Gewährsmann zitieren kann, weil er ihn falsch übersetzt. Bei Rimbaud heißt die betreffende Stelle: „. . . quand, affolé, il finirait par perdre l'intelligence de ses visions, il les a vues!" (Arthur Rimbaud, Briefe und Dokumente, Heidelberg 1961, S. 244.) Rölleke übersetzt den Konditional „finirait" mit dem einfachen Präsens und verfälscht so den Sinn ganz und gar. Nach Rölleke hat der Dichter seine Vision gesehen, erst und nur wenn er sie nicht begreift. Rimbaud will aber keine Regel aufstellen, sondern den Grenzfall erläutern. Hugo Friedrich übersetzt: „. . . und selbst wenn er seine eigenen Visionen schließlich nicht mehr begriffe, so hat er sie doch geschaut." (Hugo Friedrich, Die Struktur der modernen Lyrik, Hamburg 1956, S. 47 f.)
[42] Rölleke, Georg Heym, l. c., S. 365. – Der Beleg, auf den sich Rölleke stützt, stammt vom Mai/Juni 1905. Heym ist 18jährig!
[43] Rölleke, Georg Heym, l. c., S. 366.
[44] Rölleke, Georg Heym, l. c., S. 364.
[45] Rölleke, Georg Heym, l. c., S. 364.

Irrationalität und schicksalhafte Einsamkeit fungieren hier als Ausweismarken für den „echten" Dichter; sie sollen unvermittelten dichterischen Ausdruck verbürgen. Rölleke übersieht geflissentlich, daß viele Bilder Heyms nicht so unvermittelt sind, wie es seiner Konzeption entspräche. Es ist das Verdienst von Kurt Mautz, diesem Problem als erster in umfassender Weise nachgegangen zu sein.

In seinem Buch „Mythologie und Gesellschaft im Expressionismus"[46] geht Mautz von der Erscheinung des Mythischen im Werk Heyms aus. Bemerkenswert ist sein methodischer Ansatz. Er ist implizit enthalten in der Feststellung, „daß das Mythische in der Dichtung Heyms einen bestimmten geschichtlichen Sinn hat" und „nicht zu einem vor-, ur- oder übergeschichtlichen Sinn oder zu einer zeitlosen elementaren Ursprungsmacht verselbständigt werden darf"[47]. Mautz „verabsolutiert" nicht das Mythische „irrationalistisch zum zeitlosen Mythos, zum schlechthin ‚Dämonisch-Elementaren'"[48], sondern geht „von der Voraussetzung aus, daß diese Dichtung in einer entmythologisierten Welt entstanden ist, daß dem ‚Mythischen' in der Dichtung Heyms selbst eine radikale ‚Entmythisierung' von Kosmos, Natur, Mensch gegenübersteht"[49].

Im Bemühen, die Erscheinungen des Mythischen zu „dechiffrieren"[50], kommt Mautz zu dem Ergebnis, daß die Bilder des Archaischen und Mythischen nicht „als Produkt einer fabulierenden Phantasie, einer schöpferischen Einbildungskraft"[51] aufgefaßt werden können, die ihrerseits unabhängig vom historisch-gesellschaftlichen Prozeß existieren. Er versucht, den Sinn des Mythischen bei Heym aus dem Kontext – dem historisch-gesellschaftlichen wie dem dadurch vermittelten historisch-literarischen – heraus zu erschließen und in eine weitgehend immanent verfahrende Interpretation einzubringen. Es gelingt ihm, die Genese ganzer Bilderschichten aus dem „Jugendstil" nachzuweisen, die dann bei Heym eine entscheidende Umformung erfahren.[52]

[46] Kurt Mautz, Mythologie und Gesellschaft im Expressionismus – Die Dichtung Georg Heyms, Frankfurt/Bonn 1961.
[47] Mautz, Mythologie, l. c., S. 65.
[48] Mautz, Mythologie, l. c., S. 78. – Dies tut Fritz Martini in seiner Interpretation des Gedichts „Der Krieg". Vgl. Fritz Martini, Georg Heym – Der Krieg, in: Die deutsche Lyrik, Form und Geschichte, Interpretationen, Bd. 2, Düsseldorf 1956, S. 425–449. Mautz setzt sich mit Martinis Interpretation ausführlich auseinander auf den Seiten 47 ff.
[49] Mautz, Mythologie, l. c., S. 76.
[50] Mautz, Mythologie, l. c., S. 78.
[51] Mautz, Mythologie, l. c., S. 59.
[52] In diesem Zusammenhang ist die Frage aufgeworfen, ob Heyms dichterischer Ansatz ungefähr vom Beginn des Jahres 1910 an nicht grundsätzlich parodistischer Natur ist.

Mautz verfährt in erster Linie dialektisch und nicht bloß historisch deskriptiv. Die Ableitung des Mythischen aus dem „Jugendstil" erfolgt nicht, um Heym zu einem Epigonen zu stempeln [53], sondern um die formal-inhaltliche Aussage, die dem Mythischen bei Heym eignet, in den Griff zu bekommen. Die Verwendung mythischer Bilder im „Jugendstil" hat ja auch einen bestimmten historischen Sinn; sie sind nicht identisch mit dem, was Mythologie in frühen Gesellschaften darstellte. Das Modell einer dialektischen Bewegung seit Hegel, wie es Peter Szondi in der Nachfolge Benjamins, Lukács' und Adornos entwirft, daß nämlich die formale Aussage zur inhaltlichen in Widerspruch treten könne [54], gilt hier voll und ganz: die Erscheinung des Mythischen im „Jugendstil" ist als solcher Widerspruch zu deuten. Mautz zufolge half sie dort eine Schein- und Traumwelt einrichten, was durchaus der Ansicht Heyms vom „Jugendstil" und vor allem von den Dichtungen Georges entsprechen dürfte. Heyms dichterische Leistung besteht darin, die formale Aussage des Mythischen aufzunehmen und aus ihr heraus ihre Entlarvung als Scheinwelt zu betreiben. Der Widerspruch zwischen formaler

Mautz versucht, einige Gedichte als direkte Parodien auf George und seinen Kreis aufzuweisen, was bei den Gedichten „Die Pflanzenesser" und „Das infernalische Abendmahl" I und II (alle vom März 1911) einleuchtet. Darüber hinaus lassen sich Heyms Dichtungen in der Phase von „Der ewige Tag" in einem weiteren Sinn als parodistisch begreifen, und zwar im Zusammenhang mit der in der Moderne immer wieder erörterten Problematik, ob und inwiefern überhaupt noch eine andere als die parodistische Schreibart möglich ist. Dem läge die Erfahrung zugrunde, daß die Sprache im allgemeinen und dichterische Formen im besonderen in derart umfassender Weise präformiert sind, daß ein individueller Ausbruch oder Einbruch – je nach Perspektive – immer Selbsttäuschung bliebe; eine Erfahrung, die in den Arbeiten mancher Linguisten ihre Bestätigung erhalten hat. Erinnert sei an die Ansicht, daß die Struktur einer Sprache – ihre Semantik, Grammatik, Phonetik – bestimmte Denk- und Verhaltensweisen einpräge und andere, weil das Instrumentarium zur strukturellen Erfassung fehlt, ausschließe. – Die Deutung der Dichtungen Heyms in der Phase von „Der ewige Tag" als im Ansatz parodistisch läßt sich im übrigen vereinbaren mit den Ergebnissen, die wir aus der Betrachtung der Form gewinnen und im Schlußkapitel „Form und Subjektivität" interpretieren. Was wir dort der metrischen Form zuschreiben, nämlich Instrument und Voraussetzung (der Perspektive) zu sein, ist ein technisches Element, das von jeher der Parodie eigen war. Wenn diese universal wird, wenn die parodistische Schreibart als einzig mögliche erscheint, verschwindet nach und nach jenes Charakteristikum der Parodie, das in ihr Reproduzierte – die Formen (und Inhalte, denn der Unterschied zur Travestie ist hier nicht aufrechtzuerhalten) – in einem einmaligen Zusammenhang bzw. Gegensatz mit dem Parodierten – dem „Original" – zu sehen. Der Begriff von Parodie, sofern er die Spannung von Parodiertem und Parodie, die die geschichtliche von Sein und Ursprung ist, als die Diskrepanz von Form und Inhalt reflektiert, verflüchtigt sich damit immer mehr.
[53] Man hat den Eindruck, daß die Untersuchungen von Mautz bei Rölleke eine traumatische Wirkung gezeigt haben. Immer wieder glaubt Rölleke, die „Echtheit", die Nicht-Vermitteltheit von Heyms Dichtungen hervorheben zu müssen. Typisch ist die Art und Weise, wie er Heym stilisierend als den „großen Einsamen" beschreibt.
[54] Vgl. Peter Szondi, Theorie des modernen Dramas, Frankfurt 1966, edition suhrkamp 27, S. 11.

und inhaltlicher Aussage wird weder apologetisch im Ideal eines l'art-pour-l'art verschleiert noch einfach naiv aufgehoben, sondern er wird mit aller Schärfe und Konsequenz als poetische Struktur ins Bewußtsein gebracht. [55]

Die Ergebnisse von Mautz – auf einige werden wir an geeigneter Stelle zurückgreifen – tragen zur Einsicht in die Struktur der Heymschen Dichtung Wichtiges bei, wenngleich in ihnen die Chronologie nicht genügend berücksichtigt ist und die Abfolge verschiedener Entwicklungsstufen zu dogmatisch angesetzt wird. [56] Sie bedürfen der Ergänzung und Berichtigung durch die Analyse der Objektivationsformen, wobei der dialektische Ansatz nicht aus den Augen verloren werden darf. Eine solche Analyse ließ sich allerdings erst durchführen, nachdem in der neuen Ausgabe der Werke Heyms von K. L. Schneider eine sichere Chronologie der Gedichte gegeben war.

Auf Forschungsbeiträge zu Jakob van Hoddis gehen wir nur ein, soweit sie dessen Gedicht „Weltende" betreffen. In den Kommentaren zu diesen acht Zeilen spiegelt sich ein Bild der Forschungslage wider, das dem eingangs für Heym beschriebenen durchaus ähnlich ist.

Beispielhaft dafür sind die Bemerkungen, die Edgar Lohner in seinem Aufsatz „Die Lyrik des Expressionismus" [57] diesem Gedicht widmet. Lohner führt „Weltende" als Beleg für „die allein auf die Sprache angewiesene Funktion der Einbildungskraft" vor und fährt fort: „Eine frei schaltende Phantasie schafft eine sprachliche Welt, in der die sie konstituierenden Bilder, gleichsam als Momentaufnahmen, sich karikaturistisch entfalten." [58] Weshalb Lohner für diese allgemeine Aussage, die ihm Formel für moderne Lyrik überhaupt ist, das Gedicht „Weltende" heranzieht, bleibt unerfindlich. Vermutlich verbietet ihm die starke historische Wirkung [59] des Gedichts, dieses in einem Aufsatz über expressionistische Lyrik einfach zu übergehen. Al-

---

[55] Vgl. dazu die Interpretation des Gedichts „Der Wald" bei Mautz, l. c., S. 25. Wie ziehen diese Interpretation im Abschnitt „Perspektive, ‚Symbol', Maske" heran.

[56] Die Analysen von Mautz verlieren auch nach der übelwollenden Kritik K. L. Schneiders wenig von ihrem Wert. Wenn Schneider genüßlich nachweist, daß Mautz sich – besonders in Datierungsfragen – geirrt hat, oder daß sich der „Köhlerknecht' Krieg" nicht direkt von „schwarzhäutigen Jugendstilfaunen" ableiten läßt, so sind der methodische Ansatz und mit ihm zahlreiche Ergebnisse der Interpretation keineswegs hinfällig. Schneider geht ausdrücklich auf die Methode von Mautz nicht ein, entwirft aber unter der Hand ein gänzlich verflachtes und wirres Bild von ihr, indem er Mautz einerseits einen „krassen Positivisten" nennt, andererseits von „spekulativen Deutungen" redet. (Alle Zitate bei K. L. Schneider, Anspruchsvolle Fehldeutungen – Anmerkungen zu einer Heym-Monographie von Kurt Mautz, in: Die Zeit, Jg. 1962, Ausgabe Nr. 2 vom 12. 1. 1962.)

[57] Edgar Lohner, Die Lyrik des Expressionismus, in: Expressionismus als Literatur, l. c., S. 107–126.

[58] Lohner, Lyrik, l. c., S. 122.

[59] Vgl. dazu die Beschreibung dieser Wirkung, die Johannes R. Becher gegeben hat. Wir zitieren daraus auf S. 119 f. dieser Arbeit.

lerdings erklärt Lohner „Weltende" zum unvollkommenen Vorläufer der Gedichte Alfred Lichtensteins, in denen die in „Weltende" durchgeführte Darstellungsweise „spielerischer und überzeugender angewandt" sei.[60] „Lichtensteins Kompromißlosigkeit des Sehens (. . .) führt zur Kompromiß- losigkeit des lyrischen Gedichts. In diesem Sinn übertrifft dieser Dichter trotz des geringen Umfanges seiner lyrischen Produktion[61] formal und sprachlich sein Vorbild Jakob van Hoddis."[62]

Die bis ins Jahr 1913 zurückreichende Kontroverse, ob van Hoddis oder Lichtenstein das größere Verdienst zuzuschreiben sei, ist damit aufgenom- men.[63] Es lohnt, kurz auf sie einzugehen, da an ihr gezeigt werden kann, welche Präjudize das Verständnis der Struktur von „Weltende" verhinder- ten. Die „Kompromißlosigkeit des lyrischen Gedichts" sieht Lohner darin, daß bei Lichtenstein die Bilder zur Funktion nicht eines „Gegenstandes, sondern einer höchst subjektiven Einbildungskraft" werden[64], daß Lichten- stein „die räumlichen Trennungen zugunsten einer ‚ideellen' Wirklichkeit des Gedichts beseitigen" wolle.[65] Paradigma ist der erste Vers der dritten Strophe von „Die Dämmerung":

An einem Fenster klebt ein fetter Mann.

Lohner erklärt: „Lichtenstein weiß, (. . .) daß der Mann nicht am Fenster klebt. Für seine Art des Sehens aber wäre es lyrisch unwahr, wenn er schrie- be: ein Mann steht hinter einem Fenster."[66]

[60] Lohner, Lyrik, l. c., S. 122.
[61] Diese Formulierung ist irreführend. Auch von van Hoddis ist nur ein schmales lyrisches Werk bekannt. Lohner suggeriert, daß vielen weniger guten Gedichten von van Hoddis wenige gute von Lichtenstein gegenüberstehen. Hinzu kommt, daß vom Gesichtspunkt der Darstellungsweise aus allein das Gedicht „Weltende" – im van Hoddisschen Werk eine Aus- nahme – mit den Gedichten Lichtensteins verglichen werden kann. Damit aber kehrt sich das quantitative Verhältnis um: einem Gedicht von van Hoddis stehen mehrere von Lich- tenstein, in derselben Darstellungsweise gehalten, gegenüber. Vgl. dazu Fußnote 63.
[62] Lohner, Lyrik, l. c., S. 123.
[63] In der „Aktion" vom 4. Oktober 1913, Sp. 942 ff., gibt Lichtenstein eine Selbstinter- pretation seiner Gedichte, u. a. auch von „Die Dämmerung". Dazu bemerkt Franz Pfemfert in einer Fußnote: „Man erinnere sich des schönen: Weltende . . . des Jakob van Hoddis, erschienen im ersten Jahr der AKTION. Tatsache ist, daß A. Li. (Wi:) (Lichtenstein unter- schrieb bisweilen mit „Alfred Lichtenstein [Wilmersdorf]". J. Z. – Vgl. Expressionismus 1910 bis 1923, Katalog zu einer Ausstellung des Deutschen Literaturarchivs im Schiller-National- museum Marbach a. N., im Jahr 1960, S. 35.) dies Gedicht gelesen hatte, bevor er selbst ‚Derartiges' schrieb. Ich glaube also, daß van Hoddis das Verdienst hat, diesen ‚Stil' ge- funden zu haben, Li. das geringere, ihn ausgebildet, bereichert, zur Geltung gebracht zu haben." Abgedr. in: Ich schneide die Zeit aus – Expressionismus und Politik in Franz Pfemferts „Aktion" 1911–1918, hrsg. v. Paul Raabe, München 1964, dtv Dokumente 195/96, S. 149.
[64] Lohner, Lyrik, l. c., S. 123.
[65] Lohner, Lyrik, l. c., S. 123.
[66] Lohner, Lyrik, l. c., S. 123.

Lohner übernimmt unkritisch und zudem noch teilweise wörtlich die Selbstinterpretation, die Lichtenstein dem Gedicht „Die Dämmerung" gab. Die „Absicht" dieses Gedichts bzw. der Darstellungsweise sei es, so sagt Lichtenstein, „die Unterschiede der Zeit und des Raumes zugunsten der Idee zu beseitigen"[67]. Leicht erkennt man hier die Quelle, aus der Lohners Auslegung schöpft. Was jedoch bei Lichtenstein „Absicht" war, gerinnt bei Lohner zum Faktum; nirgends unternimmt er es deshalb, den Bedingungen für diese „Absicht" Lichtensteins nachzugehen. Im Ansatz verfährt Lohner ähnlich wie Rölleke: beide versuchen, die ihnen vorliegenden Gedichte als alleinige Produkte einer „höchst subjektiven Einbildungskraft" (Lohner) „jenseits aller realen Erfahrbarkeit" (Rölleke), frei von Vermittlung, zu deuten.[68]

Das Strukturgesetz von „Weltende" läßt sich unter Prämissen, die anderswo abgeleitet sind, nicht erfassen. Vergeblich wird man in dem Vers

Die meisten Menschen haben einen Schnupfen.

jene „Einbildungskraft" suchen, vor allem dann, wenn sich – wie bei Lohner – diese „Einbildungskraft" am deutlichsten da zeigt, wo die Bilder nicht „Funktion eines Gegenstandes" sein können. Lohner formuliert zwar etwas vorsichtiger als K. L. Schneider in der aufgeführten Untersuchung des „bildhaften Ausdrucks" bei Stadler, Heym und Trakl; im Grunde jedoch bleibt das Schema von Trennung in „Bild" und „Bezugssache" bzw. von der Aufhebung dieser Trennung in „Metapher", „primärer Setzung" oder einfach in der eigenen sprachlichen Welt einer „frei schaltenden Phantasie" erhalten. Ein solcher Ansatz ist aber für „Weltende" irrelevant.

Auch Mautz und Victor Lange machen es sich mit „Weltende" zu leicht, wenn sie von „Kompositionsschwäche"[69] bzw. von „offensichtlichen kom-

[67] Alfred Lichtenstein, Die Verse des Alfred Lichtenstein, Die Aktion, 1913, Sp. 942 ff., in: Ich schneide die Zeit aus, l. c., S. 149.
[68] Entlarvend ist es, wenn Lichtenstein in seiner Selbstinterpretation glaubt, seiner Methode in der realen Erfahrung – in der Sehweise nämlich – ein Alibi verschaffen zu müssen: „Absicht ist weiterhin, die Reflexe der Dinge unmittelbar – ohne *überflüssige* (Orig. gesperrt) Reflexionen aufzunehmen. Lichtenstein weiß, daß der Mann nicht an dem Fenster klebt, sondern hinter ihm steht. (. . .) Lyrisch unwahr wäre, wenn er schriebe: Ein Mann steht hinter einem Fenster. Zufällig auch begrifflich nicht unwahr ist: Ein Junge spielt *mit* einem Teich. Ein Pferd *stolpert* über eine Dame. Hunde *fluchen*. Zwar muß man sonderbar lachen, wenn man *sehen* lernt: Daß ein Junge einen Teich tatsächlich als Spielzeug benutzt. Wie Pferde die hilflose Bewegung des Stolperns haben . . . Wie menschlich Hunde der Wut Ausdruck geben . . ." (Ich schneide die Zeit aus, l. c., S. 150). Ein Widerspruch ist es, wenn Lohner diese Sehweise als Zeugnis dessen, was er „Einbildungskraft" nennt, anführt.
[69] Mautz, Mythologie, l. c., S. 226.

positorischen Schwächen"[70] sprechen, ohne indes die „Komposition" des Gedichts zu analysieren. Eine eingehende und sorgfältige Untersuchung lieferte erst Hansjörg Schneider in der bisher einzigen größeren Darstellung des lyrischen Werks von Jakob van Hoddis.[71] In ihr sind sieben Seiten dem Gedicht „Weltende" und seiner Wirkung gewidmet.[72]

Um die verschiedenen, durchaus treffenden Einzelbeobachtungen an „Weltende" – Unangemessenheit des Ausdrucks, Gegensatz von strenger Metrik und den Bildern des Weltuntergangs – auf einen Nenner zu bringen und damit das dichterische Verfahren van Hoddis' zu kennzeichnen, führt Schneider in Anlehnung an Brecht den Begriff der „Verfremdung" ein: „Van Hoddis verwendet hier in souveräner Art eine Technik, die Brecht später als Verfremdung bezeichnete."[73] Ist es ohnehin fragwürdig, den Begriff „Verfremdung", der bei Brecht genau umrissen ist und eine ganz bestimmte Technik auf dem Theater bezeichnet, zu isolieren und damit als rein poetologische Kategorie fungibel zu machen[74], so ist er zur Beschreibung der Struktur von „Weltende" vollends unbrauchbar, auch wenn man ihm – im Gegensatz zu Brecht – einen existentiellen Sinn unterstellt.[75]

Schneider versucht, „Weltende" als das Produkt des „Mystikers" van Hoddis zu deuten, der von der „äußeren Realität" rede, weil ihm jeder „transzendente Bezugspunkt" fehle, auf den er doch „ausgerichtet" sei: „beim Reden über die vordergründigen Dinge" „verschlage" es ihm deshalb die Sprache.[76] „Vom ganzen Werk des Dichters her gesehen ist das ‚Weltende' kein politisches Kampfgedicht, sondern der verzweifelte Versuch eines Mystikers, die äußere Realität zu gestalten."[77] In diese Interpretation fügt sich die Deutung der metrischen und strophischen Form ein. „Gewiß bildet die strenge Metrik einen Gegensatz zum Gedanken des chaotischen Weltuntergangs. Aber auch hier ist nicht in erster Linie an einen bewußten satirischen Willen zu denken. Vielmehr ist die strenge Form der gereimten Blank-

---

[70] Victor Lange, Jakob van Hoddis, in: Expressionismus als Literatur, l. c., S. 349.
[71] Hansjörg Schneider, Jakob van Hoddis – Ein Beitrag zur Erforschung des Expressionismus, Bern 1967.
[72] Schneider, van Hoddis, l. c., S. 77–83.
[73] Schneider, van Hoddis, l. c., S. 80
[74] Auf diese Art würde sich kaum eine poetische Verfahrensweise finden, die man nicht mit diesem Begriff belegen könnte.
[75] „Im Gegensatz zu Brecht verwendet van Hoddis die Verfremdung nicht als bewußte Technik, die ein bestimmtes Ziel verfolgt. Vielmehr ist sie für ihn die einzig mögliche Art, die äußere Realität dichterisch zu gestalten." Schneider, van Hoddis, l. c., S. 81.
[76] Schneider, van Hoddis, l. c., S. 81.
[77] Schneider, van Hoddis, l. c., S. 81.

versstrophe die letzte Zuflucht für den nach Ausdruck ringenden Dichter. Sie erlaubt ihm, das wesentlich Unfaßbare äußerlich zu fassen." [78]

Das ontologische Schema, das Schneider für van Hoddis entwirft, führt zu einer ontologischen Begründung der Form. Ganz unreflektiert verfällt er dabei in den Jargon einer von der Existenzphilosophie inspirierten Literaturbetrachtung; „der verzweifelte Versuch", „die letzte Zuflucht für den nach Ausdruck ringenden Dichter", „das wesentlich Unfaßbare" sind diesem Jargon entlehnte Formeln. Da van Hoddis nach „Weltende" durchaus noch Gedichte schrieb, kann von „letzter Zuflucht" nicht die Rede sein. Nirgends wird deutlich, warum gerade die „gereimte Blankversstrophe" jene „Zuflucht" darstellen sollte; noch weniger leuchtet ein, daß es sich hier um ein „Ringen" „nach Ausdruck" handeln soll. Viel zuwenig berücksichtigt Schneider in seiner Interpretation das, was er selbst konstatiert: daß nämlich „Weltende" im Werk van Hoddis' „in jeder Beziehung eine Ausnahme" darstellt. [79]

Die Fixierung des Gedichts auf ein ontologisches Schema verfehlt die Gedichtstruktur, schon weil die auffälligste Erscheinung – der Gegensatz von strenger Metrik und dem „Gedanken des chaotischen Weltuntergangs" – keine ausreichende Klärung oder Erklärung erfährt. Noch weniger macht sie es möglich, die außerordentliche Wirkung des Gedichts in den Jahren vor dem Ersten Weltkrieg begreifen zu lassen, wenn man nicht unterstellen will, „Weltende" sei samt und sonders „mißverstanden" worden. Man wird die Struktur dieses Gedichts erst erschließen können, wenn man versucht, sein Kompositionsprinzip aufzudecken. Dazu muß man es bis zur letzten Zeile ernst nehmen.

Wenig Berücksichtigung in der Expressionismus-Forschung fand bisher das frühe literarische Werk Johannes R. Bechers. Dies gilt auch für die DDR, deren Minister für Kultur Becher 1954–1958 war. Immerhin sind zwei kürzere Arbeiten zu nennen, die als Referate anläßlich einer dem Schaffen Bechers gewidmeten wissenschaftlichen Konferenz des Germanistischen Instituts der Universität Jena vom 17. bis 19. Mai 1961 gehalten wurden. Es sind die Aufsätze von Joachim Müller „Bechers Beiträge zur ‚Menschheitsdämmerung'" [80] und von Günter Hartung „Bechers frühe Dichtungen

---

[78] Schneider, van Hoddis, l. c., S. 81.
[79] Schneider, van Hoddis, l. c., S. 78.
[80] Joachim Müller, Bechers Beiträge zur „Menschheitsdämmerung", in: Wissenschaftliche Zeitschrift der Friedrich-Schiller-Universität Jena/Thüringen, Gesellschafts- und sprachwissenschaftliche Reihe, Jg. 10, 1960/61, H. 3, S. 379–391.

und die literarische Tradition"[81]. Während sich Müller auf die Interpretation einzelner Gedichte beschränkt, versucht Hartung, das frühe Werk Bechers in literarhistorische Zusammenhänge zu bringen und gleichzeitig – in Anlehnung an Hugo Friedrichs „Struktur der modernen Lyrik" – einige Strukturmerkmale herauszuarbeiten. Eine eingehende Deutung und Strukturanalyse bieten diese kurzen Referate freilich nicht. Wir werden im Lauf der Untersuchung verschiedentlich auf Hartungs Arbeit zurückgreifen.

Sieht man von den Aufsätzen Helmut Uhligs[82], Curt Hohoffs[83] und Jürgen Rühles[84] ab, in denen sich antikommunistische Ideologie als Wissenschaft drapiert[85] und die wir ihrer wissenschaftlichen Belanglosigkeit wegen übergehen, so sind für den westlichen Bereich zwei Arbeiten zu nennen, die sich ausschließlich mit Becher beschäftigen. Es sind dies eine 1962 vorgelegte Dissertation von Editha Martina Herden „Vom Expressionismus zum ‚sozialistischen Realismus' – Der Weg Johannes R. Bechers als Künstler und Mensch"[86] und die 1969 erschienene Studie „Das Frühwerk Johannes R. Bechers" von Norbert Hopster[87].

Herden unternimmt den Versuch, den „Weg Johannes R. Bechers als Künstler und Mensch" aufzuzeigen, offenbar in der Absicht, eine gleich

[81] Günter Hartung, Bechers frühe Dichtungen und die literarische Tradition, in: Wiss. Zs. d. Univ. Jena, l. c., S. 393–401.

[82] Helmut Uhlig, Johannes R. Becher, in: Hermann Friedmann und Otto Mann (Hrsg.), Expressionismus – Gestalten einer literarischen Bewegung, Heidelberg 1956, S. 182–191.

[83] Curt Hohoff, Johannes R. Becher, in: Soergel/Hohoff, Dichtung und Dichter der Zeit, Bd. 2, Düsseldorf 1963, S. 474–480.

[84] Jürgen Rühle, Johannes R. Bechers poetische Konfession, in: Jürgen Rühle, Literatur und Revolution – Die Schriftsteller und der Kommunismus, Knaur-Taschenbuch, München/ Zürich 1963, S. 216–234. – Diese Ausgabe ist ein Nachdruck des 1960 bei Kiepenheuer & Witsch erschienenen Buchs.

[85] Die genannten Aufsätze liefern, z. T. mit falschen Daten, ein völlig schiefes Bild von Bechers Leben und Dichtung. Dies gilt vor allem für die Aufsätze Hohoffs und Rühles. Rühle, der Becher denunzierend einen „Nihilisten" nennt (Rühle, l. c., S. 218) und ihn gleich zu Anfang mit den Charakterzügen des „Zynismus", der „Menschenverachtung" und der „Herzenskälte" (217) belegt, suggeriert einen Zusammenhang zwischen Bechers gemeinsamem Selbstmordversuch mit einem Mädchen im Jahre 1910 (Becher ist 19jährig!) und Bechers Wendung zum Kommunismus zu Beginn der 20er Jahre (vgl. Rühle, l. c., S. 220 f.). Hohoff übernimmt in seiner Neubearbeitung von Soergels Literaturgeschichte (das Becher-Kapitel habe er „so gut wie neu schreiben müssen"; Hohoff, l. c., S. 6) teilweise wörtlich Rühles Ausführungen – ohne dies freilich kundzutun – und redet vom „dunkelste(n) Ereignis" in Bechers Leben, „das Anstoß zu seiner Bekehrung zum Kommunismus gab" (Hohoff, l. c., S. 447). Beide Autoren stärken in ihren Pamphleten das stillschweigende Einverständnis, daß einer, der sich dem Kommunismus zuwendet, ein halber Verbrecher oder wenigstens ein überspannter Mensch sein muß.

[86] Editha Martina Herden, Vom Expressionismus zum „sozialistischen Realismus" – Der Weg Johannes R. Bechers als Künstler und Mensch – Ein Beitrag zur Phänomenologie der marxistischen Ästhetik, Diss. Heidelberg 1962.

[87] Norbert Hopster, Das Frühwerk Johannes R. Bechers, Bonn 1969.

17

zu Anfang aufgestellte allgemeine philosophische These zu verifizieren: daß der moderne Mensch im „säkularisierten Zeitalter" aus der Problematik des Seinsgrundes heraus nur zwei Möglichkeiten habe: „entweder er ist bemüht, die Säkularisation in seinem eigenen Leben und Schaffen wieder rückgängig zu machen oder er führt sie als Marxist ganz zu ihrem Ende." [88] Herden geht es damit gar nicht um die literarischen Produkte Bechers oder um deren Struktur; noch weniger versucht sie, das, was sie als den „Weg" Bechers beschreibt, als strukturbedingend und -bildend manifest zu machen. Schon im Ansatz wird deutlich, daß Herden mit Kategorien und Methoden arbeitet, die in unserem Zusammenhang weitgehend belanglos sind; hinzu kommt, daß sie dem Gedichtband „Verfall und Triumph", mit dem wir uns vornehmlich beschäftigen, kaum Beachtung schenkt. Aus diesen Gründen verzichten wir auf eine eingehende Auseinandersetzung mit Herdens Arbeit.

Umso mehr Aufmerksamkeit verdient Hopsters Studie, die nach dem Willen des Verfassers „Literaturhistorie, Biographie und Strukturanalyse" in sich vereinigen soll. [89] Hopster teilt das Frühwerk Bechers in drei „Perioden" oder „Phasen" ein: Die erste ist die „jugendlich-enthusiastische Phase vor 1913/14, zu der die Kleist-Hymne, der Roman ,Erde', der Gedichtband ,Die Gnade eines Frühlings' und (. . .) ,De profundis Domine' gehören" [90]; die „zweite Phase" – bestimmt durch Bechers „futuristischen Aktivismus" – beginnt mit „Verfall und Triumph" und reicht bis ins Jahr 1919 [91]; die „dritte Phase", die „hymnisch-religiöse", fällt in die Zeit von 1918/19 bis 1924 [92].

Die Beschreibung der „ersten Periode", die – laut Gliederung – von 1910 bis 1914 reicht und damit zeitlich mit der Datierung in der Einleitung nicht übereinstimmt, erfolgt in drei größeren Abschnitten: „I. Protest und universale Ausweitung" (S. 5–17), „II. Die Aufhebung des dualistischen Weltbildes Bechers im Mystischen" (S. 17–29) und „III. Becher als der ,Ringende' zwischen ,Verfall und Triumph'" (S. 29–37). Im ersten Abschnitt werden in den Kapiteln 1, 2, 5 und 4 die Einflüsse Dehmels, des Bonsels-Kreises, Hölderlins und des literarischen Jugendstils zwar erwähnt, aber nicht dargestellt; auf ähnliche Weise handelt das 3. Kapitel „Mythos und

---

[88] Herden, Becher, l. c., S. 7.
[89] Hopster, Frühwerk, l. c., S. 102.
[90] Hopster, Frühwerk, l. c., S. 2.
[91] Hopster, Frühwerk, l. c., S. 2.
[92] Hopster, Frühwerk, l. c., S. 2.

Kosmologie – das dualistische Weltbild Bechers" die Beziehung Bechers zu Mombert ab. [93]

Hopster geht sorglos um mit dem von ihm aufbereiteten Material. So werden manche Beispiele, die sprachliche oder stilistische Eigenheiten der ersten „Periode" belegen sollen, Werken entnommen, die nach Hopsters Einteilung der zweiten „Periode" entstammen. Dies stellt das methodische Vorgehen – die Beschreibung der drei „Perioden" als aufeinanderfolgende gleichwertige Hauptabschnitte – in Frage. Wenn etwa der Bechersche „Dualismus" konstitutiv für die erste „Periode" ist, dann besteht kein Grund, ihn mit einem Zitat aus der „Hymne auf Rosa Luxemburg" aus dem Jahre 1919 zu belegen. [94] Handelt es sich bei dem „Dualismus" jedoch um einen allgemeinen Zug in Bechers Dichtung, so muß dies zumindest erwähnt werden, wenn man eine derart unspezifische Darstellung des „dualistischen Weltbildes" in einem periodenspezifischen Abschnitt nicht überhaupt als verfehlt erachtet.

Die mangelnde Bündigkeit von Hopsters Analysen, bedingt durch leichtfertigen Umgang mit dem Textmaterial, vermag das Kapitel B III 2 „‚Weltende' – Bechers Nähe zu van Hoddis" [95] exemplarisch aufzuzeigen. Zunächst führt Hopster anhand eines Zitats aus „Das poetische Prinzip" [96] den starken Eindruck, den das Gedicht „Weltende" auf Becher machte, vor Augen. Er fährt fort: „Im Vergleich des van Hoddis-Gedichtes mit Gedichten Bechers wird des letzteren Anlehnung an den Ton, die Motive und die Sprache seines Vorbildes augenfällig. Das im folgenden angeführte Gedicht Bechers kann darüber hinaus zugleich als Reflexion des Autors über diese Anlehnung gelten." [97]

Hopster zitiert die Strophen 16 und 17 des Gedichts „Ein Mensch unserer Zeit":

Wir träumten am Tag. Es brüllte die Sonne
Heiß, stürzender Glanz, durch unser Blut.
Wir hörten aus Gräbern Trompeten und Trommeln.
Wir sahen steigen am Horizont eine Flut.

[93] Belege für das „dualistische Weltbild Bechers" – im übrigen eine Annahme, auf die Herden ihre ganze Untersuchung aufbaut –, die Beweiskraft hätten, fehlen indes. Vor allem versäumt es Hopster, jenes „dualistische Weltbild" inhaltlich-historisch zu fixieren und dessen Bedeutung für die Struktur der Dichtungen zu zeigen.
[94] Hopster, Frühwerk, l. c., S. 13.
[95] Hopster, Frühwerk, l. c., S. 35–37.
[96] Johannes R. Becher, Das poetische Prinzip, Berlin 1957. – Wir verwenden dieses Zitat auf S. 119 f. dieser Arbeit.
[97] Hopster, Frühwerk, l. c., S. 35 f.

Sie kam daher. Die Erde rollte.
Schräg in der Luft stand eine Eisenbahn,
Sie fuhr verzaubert heimwärts über Wolken,
Die glühten rot im Sonnenuntergang . . .   (b III, 177)

Es ist zutreffend, daß der Vers „Wir sahen steigen am Horizont eine
Flut" bewußt an den Vers „Und an den Küsten – liest man – steigt die
Flut" aus „Weltende" anknüpft. Der Schluß jedoch, Becher habe hier
„kopiert"[98], ist zurückzuweisen. Hopster selbst stellt fest, daß es sich bei
diesen – vermutlich erst 1929 geschriebenen[99] – Versen um eine „Reflexion
des Autors über diese Anlehnung" handelt. Becher will in dem Gedicht
den Lebensweg eines Menschen „unserer Zeit" beschreiben; dieser Mensch
trägt autobiographische Züge. Die Anspielung auf van Hoddis' „Weltende"
ist bewußt und in ihrer Funktion einem Zitat vergleichbar; in ähnlicher
Weise wird in den Versen 1–3 der 16. Strophe der Bezug zu dem Gedicht
„Verfall" aus dem 1914 erschienenen Gedichtband Bechers „Verfall und
Triumph" und damit zu dessen frühexpressionistischer Schaffensphase
überhaupt hergestellt.[100] Der Einfluß von van Hoddis auf den Expressionisten Becher kann aber auf diese Weise nicht gezeigt werden, denn derartige Anspielungen besitzen eine andere ästhetische Valenz als direkte
stilistische oder motivische Einflüsse.[101] Dennoch schließt Hopster: „Die
frappante Ähnlichkeit dieser Verse der beiden Autoren kann nur einen
oberflächlichen Eindruck von der Intensität vermitteln, mit der van Hoddis
auf Becher wirkte. Wichtiger als die motivische Anlehnung ist die sprachliche."[102] „Für die freie Kombination von Ernst und Parodie, Bild und
Gegenbild, die willkürliche Zuordnung von Satzgliedern und Ausdrucks-
komplexen wurde später der Begriff ‚Simultanismus' geprägt. Becher, der
diesen ‚Simultanismus' zu realisieren trachtete, nennt als dessen Begründer

---

[98] Hopster, Frühwerk, l. c., S. 36.
[99] Vgl. die Anmerkungen in der neuen Becher-Ausgabe, Bd. III, S. 829.
[100] In „Verfall" heißt es: „Aufgerissener Rachen, die Sonne brüllt." (b I, 54) und:
„Furchtbarer Laut ertönt: / Pauke. Tubegedröhn / . . . / Trommelgeschrill. Das zerbricht."
(b I, 52).
[101] Der Einfluß van Hoddis' auf Becher in den Gedichten von „Verfall und Triumph"
läßt sich durchaus zeigen, etwa an dem Gedicht „Familie" (b I, 78). Dort wird, ähnlich wie
in „Weltende", in der zweiten Strophe eine Art „Reihungsstil" entwickelt, vor allem in
den letzten beiden Versen. Hinzu kommt, daß mit dem Vers „Ein Telegramm verheißt den
Sonntag schön." die Übermittlung einer Information wie bei van Hoddis thematisch wird.
Vgl. dazu die Interpretation von „Weltende" in dieser Arbeit, besonders die Seiten 126 ff. –
Eine direkte Anspielung auf „Weltende" ist vielleicht folgender Vers aus „Verfall und
Triumph": „Zementene Uferdämme Wogenstrom belecket" (b I, 120).
[102] Hopster, Frühwerk, l. c., S. 37.

ausdrücklich van Hoddis."[103] Damit beendet Hopster das Kapitel. Den Einfluß von van Hoddis auf Becher hat er zwar erwähnt, nirgends aber aufgezeigt. Den einzigen Beweis führt er am untauglichen Objekt.

Zu dieser Art von Darstellung gesellt sich die unbekümmerte Handhabung von Begriffen. In dem Kapitel, das Bechers „Nähe" zu van Hoddis aufzeigen soll, verweist Hopster in einer Anmerkung zu dem Begriff „Simultanismus" auf sein Kapitel C I 5 „,Simultanismus' und Funktionalisierung der Becherschen Sprache – die ,Analogie' Marinettis"[104], in dem er Bechers Stellung zum „Simultanismus" darzustellen verspricht. Dort jedoch wird „Simultaneität" einzig von dem Marinettischen Theorem der „Analogie" aus gesehen, die sowohl ihrer Form wie ihrem Inhalt nach von der Art „Simultaneität", wie sie in „Weltende" herrscht, durchaus verschieden ist.[105]

Dieses unkritische Jonglieren mit Begriffen bleibt kein Einzelfall, sondern zeichnet die Arbeit Hopsters überhaupt aus. Es trägt entscheidend dazu bei, daß die Einsicht in die Struktur verstellt ist. Sehr deutlich wird dies in dem schon vom Umfang her gewichtigsten Abschnitt C „Zweite Periode", in dem Becher „als Futurist"[106] gezeigt werden soll. Die Gedichte von „Verfall und Triumph" gehören offenbar zu dieser „zweiten Periode", wenngleich Hopster weder genau sagt, wo die „jugendlich-enthusiastische Phase" aufhört und die „futuristische" beginnt, noch einen Übergang von der ersten zur zweiten „Periode" skizziert.

Hopster verwendet die Begriffe „Futurismus", „futuristisch", „Futurist" als endgültige Größen und erkennt ihnen einen festen inhaltlich-qualitativen Charakter zu. Eine Definition, inhaltlich oder historisch, gibt er allerdings nicht. Er macht in den Dichtungen Bechers die sprachlichen Mittel ausfindig, die Marinetti in seinen Manifesten – besonders im sogenannten „Technischen Manifest"[107] – propagierte, und belegt diese dann mit der Interpretation, die sich der „Futurismus" selbst gab. Während Marinetti aus seiner ideologischen und ästhetischen Position heraus die entsprechenden formalen oder „technischen" Mittel entwickelt, geht Hopster umgekehrt vor und schließt von einer Sprachform auf die Zugehörigkeit zum

[103] Hopster, Frühwerk, l. c., S. 37.
[104] Hopster, Frühwerk, l. c., S. 62–66.
[105] In „Weltende" herrscht das Prinzip der Reihung. Marinetti dagegen will durch Wörter- und Satzkontraktionen, durch Erzeugung blitzartiger „Analogien", Simultaneität realisieren.
[106] Hopster, Frühwerk, l. c., S. 38.
[107] Die futuristische Literatur – Technisches Manifest; in Deutschland zuerst bekannt geworden durch einen Abdruck in: Der Sturm, 3. Jg., Oktober 1912.

„Futurismus", ohne indes den Beweis zu erbringen, daß ein solches Vorgehen möglich ist.[108] Die plakative Verwendung des Adjektivs „futuristisch" zeigt dies am deutlichsten. Hopster findet im Werk Bechers „futuristische(r) Zerstörungsideologie" (39), „futuristische Begeisterung an der Zerstörung" (40), „militant-futuristische Programmatik" (40), „futuristische Vergötzung der Technik" (42), „futuristische Freude am Exzessiven" (45), „futuristische(n) ‚Brudergeist'" (46), „futuristische Freude an der Zerstörung" (46), „futuristische Lust am Schrecken" (47), „futuristischen Drang(es) ins Universum" (48), „futuristische Zerstörungslust" (51), „futuristische Aggressionslust" (56); die Aufzählung ließe sich beliebig erweitern.[109]

Hopster lehnt sich in seiner Arbeit an Armin Arnold an, dessen Buch „Die Literatur des Expressionismus"[110] in einem ersten Teil die Beziehung August Stramms zu den „Futuristen" untersucht. Stramm kannte – was bei Becher nicht nachgewiesen werden kann – mit Sicherheit die „futuristischen" Manifeste. Dennoch sieht sich Arnold veranlaßt, vorsichtig zu urteilen: „Das technische Manifest und das Supplement haben in Stramm eine unerhörte Katharsis ausgelöst, so stark, daß er alle bisherigen Manuskripte zerstörte und von vorne begann. Er war aber keineswegs ein Imitator Marinettis."[111] Arnold sieht den Einfluß des „Futurismus" auf Stramm, versucht deshalb aber nicht, die Struktur der Strammschen Dichtung aus den „futuristischen" Manifesten heraus zu entwickeln.

---

[108] Mit etwas Geduld ließen sich sicherlich aus den Werken anderer, bestimmt nicht „futuristischer" Dichter – etwa aus dem Werk Hölderlins – Sprachformen zusammenstellen, die ebenfalls in das „futuristische" Schema passen.

[109] Als „Futurist" darf Becher kein Gegner des Kriegs sein; Marinetti selbst proklamierte die Schönheit des Kriegs. Hopster folgert: „Die Parallele zu Marinetti liegt nicht allein in Bechers ‚Aeroplan'-Thematik; sagt Becher, daß ‚der Dichterdämon' den ‚Azur entzwei' stemme, so drückt sich darin die universale Angriffslust der Futuristen aus. Nicht nur die Erde soll vernichtet werden, sondern das ganze Universum." (Hopster, Frühwerk, l. c., S. 43) Auf diese Weise liest Hopster „futuristische" Tendenzen in Becher hinein. So kommentiert er den Vers „Platzen schwangerer Mütter in den Kellern." (b I, 399) folgendermaßen: „Nicht nur die Vernichtung von Dingen wird von den Futuristen mit Freude begrüßt, sondern auch die der Menschen." (Hopster, Frühwerk, l. c., S. 46) Worin die „Freude" Bechers bestehen soll, bleibt unerfindlich. Folgt man Heinrich Eduard Jacob in der Ansicht, Becher habe die „wirkliche Grammatik dieses Krieges" gefunden, seine Syntax sei „das Bild einer Sprengung" (Heinrich Eduard Jacob, Zur Geschichte der deutschen Lyrik seit 1910, in: Expressionismus, Der Kampf um eine literarische Bewegung, l. c., S. 205), so heißt dies noch lange nicht, daß Becher gleich den „Futuristen" ein offen begeisterter oder latenter Befürworter des Kriegs und der Vernichtung gewesen ist. Weiterhin übersieht Hopster, daß die Zerstückelung des menschlichen Körpers ein Bild ist, das bei Becher – deutlich in „Verfall und Triumph" – in engem Zusammenhang mit der Problematik der Identität steht, die zweifellos durch den Ausbruch des Ersten Weltkriegs verschärft wurde.

[110] Armin Arnold, Die Literatur des Expressionismus, Stuttgart 1966.

[111] Arnold, Expressionismus, l. c., S. 45.

Es ist durchaus zu erwägen, ob „futuristische" Dichtungstheorien von einem bestimmten Zeitpunkt an Einfluß auf Becher gehabt haben. Der Einfluß wäre aber dann als solcher darzustellen. Es wäre zu zeigen, wie diese Einflüsse zur Gedichtstruktur beitragen bzw. sie verändern; es wäre auf ihre sprachliche und historische Funktion einzugehen. Dazu aber bedarf es Kriterien, deren Relevanz im Text sich nachprüfen läßt. Nicht von ungefähr findet sich bei Hopster keine Interpretation, die den Kontext des Werks berücksichtigt, statt dessen wird eine Summe von Einzelbeobachtungen zu der Formel „Futurismus" zusammengefaßt, von der die Kriterien zu diesen Einzelbeobachtungen wiederum abgeleitet sind.

Hopster arbeitet mit der These, Becher betreibe die „Funktionalisierung" der Sprache.[112] Was indes darunter zu verstehen ist, wird an keiner Stelle deutlich. Es heißt lediglich: „Die Zerstörung der traditionellen Syntax, die freie Kombination der Wörter und damit die Aufhebung der ‚Kategorien vornehmer oder gräßlicher, eleganter oder ärmlicher, übertriebener oder natürlicher Bilder'[113] sind Indizien der völligen Funktionalisierung der Sprache Bechers."[114] Gemeint ist offenbar, in Anlehnung auch an Waldens „Wortkunst"-Theorie, daß die Sprache in der Dichtung jeden kommunikativen Moments sich zu entäußern habe und als Material – bei Walden das „Wort" – auf den „Ausdruck" hin funktioniert werde. So heißt es bei Hopster: „Die Sprache Bechers will nicht mehr Mitteilung sein, sondern unmittelbarer Ausdruck."[115] „Seine (= Bechers) Sprache will nicht mehr Mitteilung sein (...), sondern ‚dynamische Vision'."[116] „Sprache wird hier ‚zu einer Funktion des subjektiv-inneren Erlebens'."[117] Es ist äußerst fraglich, ob der Begriff „Mitteilung", wie ihn Hopster dem Begriff „Ausdruck" entgegensetzt, im Hinblick auf ästhetische Gebilde jemals Relevanz gehabt hat. Im Grunde handelt es sich um das Mißverständnis, dem schon Walden aufgesessen war, als er die Aussagestruktur des Verses „Über allen Gipfeln ist Ruh" als solche absolut setzte und für Kommunikation hielt: „Nur ist der Satz im gewollten Sinn der gefühlsmäßigen Werte der Wörter keine Dichtung, er ist Aussage. Es wird ausgesagt, daß über allen Gipfeln Ruhe ist. Dadurch wird die Vorstellung der Ruhe nicht sichtbar, sie wird nur verstandesmäßig zur

[112] Hopster, Frühwerk, l. c., S. 62 ff.
[113] Hopster zitiert aus dem „Technischen Manifest".
[114] Hopster, Frühwerk, l. c., S. 62.
[115] Hopster, Frühwerk, l. c., S. 41.
[116] Hopster, Frühwerk, l. c., S. 50. Hopster zitiert aus dem „Technischen Manifest".
[117] Hopster, Frühwerk, l. c., S. 63. Hopster zitiert aus: Heinz Peter Dürsteler, Sprachliche Neuschöpfungen im Expressionismus, Diss. Bern 1953, S. 19.

Kenntnis gegeben."[118] Hinter Waldens Auffassung steckt ein naiver Positivismus, der sich vor allem darin zeigt, wenn er das Wort als eine Art „Urstoff", als nicht weiter Vermitteltes, zum alleinigen „Material" der Dichtung erklärt.

Zunächst wäre es also darauf angekommen, die Position Marinettis – und mit ihr die seines deutschen Vermittlers Herwarth Walden – kritisch zu würdigen. Dann wäre zu prüfen gewesen, ob Becher tatsächlich „das Postulat Marinettis zu erfüllen" versucht, ein „unsyntaktischer Dichter" zu sein, „der sich der losgelösten Wörter" bedient.[119] Für Stramm mag das zutreffen. Aber schon ein oberflächlicher Vergleich der Form Strammscher und Becherscher Gedichte – auch mit solchen, die nach „Verfall und Triumph" entstanden sind – müßte darüber belehren, daß es sich nicht um dieselbe Intention handeln kann. Mit der Formulierung, Becher beraube den Satz „aller seiner Meinung nach entbehrlichen Glieder"[120], gerät Hopster in Widerspruch zu seinem von Marinetti übernommenen Ansatzpunkt: denn wenn der Satz der „entbehrlichen Glieder" „beraubt" wird, so bleibt er dennoch ein Satz, ja, die syntaktische Struktur ist die Voraussetzung für den Eingriff. Von „unsyntaktisch" kann dann aber keine Rede sein.

Marinetti hatte erkannt, daß das konjugierte Verb ein wesentliches Moment des syntaktischen Charakters ist; er forderte deshalb, „den Infinitiv statt des konjugierten Verbs zu setzen"[121]. Daß gerade an diesem entscheidenden Punkt Becher nicht der „futuristischen" Theorie folgt, sieht Hopster durchaus[122]; es veranlaßt ihn aber nicht, mit dem Begriff „Futurist" im Hinblick auf Becher vorsichtiger umzugehen. Ebenso unbekümmert werden die Verbalmetaphern „Ozeane äsen", „Schatten gähnen" oder „Schläfen klirren"[123] mit der folgenden Begründung als „futuristische" Spezifika ausgegeben: „Der Zusammenhang zwischen Subjekt und Prädikat wird insofern aufgehoben, als Becher sie aus inhaltlich wie logisch disparaten Bereichen wählt und kombiniert."[124] Solche Verbalmetaphern kommen auch in anderer, vom „Futurismus" nicht inspirierter Dichtung

---

[118] Herwarth Walden, Kritik der vorexpressionistischen Dichtung, in: Der Sturm, Berlin 1920, Jg. XI, Nr. 7/8 und 9/10, S. 98–100 und 122–125 und Jg. XII, Nr. 1, S. 3–8; abgedr. in: Paul Pörtner, Literatur-Revolution 1910–1925, Bd. I Zur Ästhetik und Poetik, Neuwied am Rhein 1960, S. 419.
[119] Hopster, Frühwerk, l. c., S. 50. Hopster zitiert aus dem „Technischen Manifest".
[120] Hopster, Frühwerk, l. c., S. 50.
[121] Hopster, Frühwerk, l. c., S. 50.
[122] Vgl. Hopster, Frühwerk, l. c., S. 50.
[123] Die Beispiele entstammen den Gedichten „Marseillaise" und „Paralyse" aus dem Band „An Europa".
[124] Hopster, Frühwerk, l. c., S. 51.

vor; ihre Bildung wird auf Grund der formalen Leistung der Syntax erst möglich. So wenig Becher „Futurist" ist, so wenig ist er, der ein Gedicht mit dem Titel „Die neue Syntax" schrieb[125], ein unsyntaktischer Dichter.

Einmal mehr zeigt sich die Fragwürdigkeit von Hopsters Vorgehen. Daran ändert auch die Tatsache nichts, daß er die Briefe Bechers – soweit sie erhalten sind – mit heranzieht und teilweise zitiert. Gerade nämlich in jenen Partien seiner Studie, in denen Becher als „Futurist" gezeigt werden soll, macht Hopster von dem Briefmaterial sehr spärlich Gebrauch. Dies verwundert nicht, denn in jenen Briefen gibt es keine Stelle, die als Beleg für Bechers „Futurismus" gelten könnte. In dem Brief an Dr. Ernst Sulzbach vom 8. März 1916[126] erwähnt Becher keineswegs, wie Hopster behauptet, daß er mehrere „Futuristen" „gelesen habe"[127]. Zunächst und hauptsächlich geht es Becher darum, Sulzbach als Verleger für seine Arbeiten zu interessieren und sich gegen die Verpflichtung, „sämtliche Arbeiten dem betreffenden Verlage zuerst anzubieten", eine „kleine monatliche Unterstützung" im voraus einzuhandeln. Am Ende des Briefes empfiehlt Becher dem Verleger noch Werke von Victor Hadwiger und Theodor Däubler[128]; ferner die Übersetzungen italienischer Literatur durch Else Hadwiger. Becher zählt dann auf:

> „Marinetti: Gedichte
> Paolo Buzzi: Versi libri
> Lieder der Eingeschlossenen
> Gedichte auf die Städte"

Am Rande neben den Namen „Marinetti" und „Buzzi" macht Becher den lapidaren Vermerk „Futuristen". Becher lebte damals bei Else Hadwiger, der Witwe von Victor Hadwiger[129], und es ist anzunehmen, daß er die Übersetzungen der „Futuristen" mehr aus persönlichen Gründen als aus dichterischen Erwägungen heraus empfahl.

Ist es ohnehin fragwürdig, Becher mit seinen nach 1914 entstandenen Werken als „Futuristen" darzustellen, so sind „futuristische" Einflüsse für „Verfall und Triumph" gänzlich unwahrscheinlich. Es fehlt jeder Anhaltspunkt, daß Becher zur Zeit der Niederschrift von „Verfall und Triumph"

---

[125] „Die neue Syntax" erschien in dem Band „An Europa". Siehe die neue Ausgabe, Bd. I, S. 228.
[126] Der Brief liegt im Deutschen Literaturarchiv, Marbach.
[127] Hopster, Frühwerk, l. c., S. 38.
[128] Becher war mit Däubler damals befreundet; Ende 1916 verlobt er sich mit dessen Schwester Edith. Vgl. b I, 637.
[129] Vgl. Anmerkung in b I, S. 636.

1912/13 – er lebte damals noch in München – die Futuristen samt ihren Manifesten gekannt hat. Zwingender freilich schließt der Befund, daß Syntax und Metrum in diesen Gedichten eine beherrschende Rolle spielen, eine Strukturanalyse mit „futuristischen" technischen Begriffen aus.

Keine der angeführten Arbeiten beschäftigt sich nachdrücklich und ausreichend mit den Objektivationsformen, in denen sich expressionistische Lyrik vor dem Ersten Weltkrieg präsentiert. Mautz, Karl Ludwig Schneider und Hopster gehen gar nicht auf die formale Problematik ein; Rölleke entzieht sich ihr, indem er sie als unbedeutend abtut; Hansjörg Schneider schließlich bemüht für „Weltende" von van Hoddis ein ontologisches Schema zur Deutung der Form, ohne sie näher zu analysieren. Niemand nahm die leicht zu machende Beobachtung, daß in der frühen expressionistischen Gedichtproduktion in hohem Maße feste traditionelle Vers-, Strophen- und Gedichtformen verwendet wurden[130], zum Ausgangspunkt einer Untersuchung. Dabei ist offensichtlich, daß der formale Befund im Widerspruch steht zu der gängigen Ansicht von Expressionismus und expressionistischem Sprachstil, die sich in Formulierungen wie „reiner subjektiver Ausdruck", „zerbrochene Formen"[131], „Ekstase", „Schrei" etc. niederschlägt. Wir wiesen bereits darauf hin, daß diese Ansicht in den Anschauungen der Expressionisten selbst wurzelt, und es besteht kein Zweifel, daß es der Wille vieler dieser Dichter war, sich in totaler Subjektivität „reinen", „unmittelbaren" Ausdruck zu verschaffen. Gerade deshalb jedoch mußte ihnen Form, die ein Vermitteltes darstellt, grundsätzlich zum Problem werden.

Die einfachste Lösung dieses Widerspruchs wäre, sämtliche Gedichte, die feste Formen aufweisen, aus dem Bereich, den Expressionismus bezeichnen soll, auszuklammern. Damit würde man einen großen Teil der lyrischen Produktion vor dem Ersten Weltkrieg – darunter zahlreiche Gedichte von Heym, Stadler, Trakl, Lichtenstein, Zech, Wolfenstein u. a. m. – aus der Betrachtung expressionistischer Lyrik ausschließen. Dies hätte zur Folge,

---

[130] So gebraucht Heym in seinem ersten Gedichtband „Der ewige Tag" fast ausschließlich feste Formen. (Vgl. die Statistik zu diesen Formen in dieser Arbeit S. 34.) Dies ist keine Ausnahme: ein Blick in die ersten Jahrgänge der „Aktion" kann zeigen, daß sich Alfred Lichtenstein, Ernst Blaß, Max Brod, Jakob van Hoddis, Hugo Ball, Max Herrmann-Neiße, Rudolf Kayser, Paul Boldt u. a. derselben Formen bedienen. Bemerkenswert ist die große Zahl der Sonette.
[131] Ein Buch von K. L. Schneider mit Essays und Vorträgen zum frühen Expressionismus trägt den Titel „Zerbrochene Formen – Wort und Bild im Expressionismus" (Hamburg, 1967).

daß Expressionismus als Begriff für eine „literarische Bewegung" schließlich sinnlos würde, da ihm jede Basis entzogen wäre. An Versuchen solcher Art hat es nicht gefehlt. Wir wollen hier nicht in eine Diskussion eintreten, ob literarische Epochenbegriffe überhaupt und Expressionismus speziell berechtigt und als wissenschaftliche Kategorien brauchbar sind; soviel jedoch erscheint uns erwiesen, daß die gänzliche Verwerfung solcher Begriffe nichts leistet und letztlich undurchführbar ist. Selbstverständlich ist das Mißtrauen gegenüber einseitigen und dogmatischen Rubrizierungen – etwa in der rigorosen Fixierung eines Epochenstils – berechtigt; gerade die Erforschung des literarischen Expressionismus ist reich an Beispielen, in denen bereits vorhandene Vorstellungen von der Sache – etwa expressionistische Dichtung als Ausdruck eines „dynamischen Lebensgefühls" – unreflektiert in die Werke hineingelesen und dann als Struktur ausgegeben werden. Das Vorgehen, die vorgefundenen literarischen Zeugnisse unter einen fertigen Epochen- oder Epochenstilbegriff zu subsumieren oder rigoros auszuklammern, erscheint uns ebenso irreführend wie das Negieren jeglicher strukturbildender Epochenströmungen.

Konkret und positiv gewendet heißt dies: die Literatur, die unter dem Signum Expressionismus firmiert, weist Objektivationsformen auf, die im Widerspruch stehen zum Inhalt einer Idee von „Ausdruck", die diese literarische Bewegung selbst hervorbrachte und die sich in der gängigen Ansicht von expressionistischem Sprachstil reproduziert. Der Widerspruch ist als objektiver Widerspruch im Expressionismus selbst angelegt; er bestimmt maßgeblich die Strukturen dieser Dichtung. Nur wenn man dieser Situation Rechnung trägt, wird man den „geschichtlichen Sinn" (Mautz) und damit die Strukturen in ihrer Komplexität erfassen können. An dieser geht beispielsweise Rölleke vorbei, wenn er Heym zum Teil-Expressionisten erklärt, indem er den Epochen- bzw. Stilbegriff nur im Bereich der „Komplexion von Eindruck und Metapher" gelten läßt, nicht aber im Hinblick auf die „Sprach-, Vers- und Gedichtform" [132].

Man könnte einwenden, daß die Annahme dieses Widerspruchs für manche Dichter – etwa für Heym – verfehlt sei, da sie – was für Heym sicherlich zutrifft – weder „Schrei" noch „Ekstase" im Gedicht realisieren wollten. Man übersieht dabei die Tatsache, daß dieser Widerspruch in der historischen Situation begründet ist und daß sich Heym dieses Widerspruchs nicht bewußt zu sein brauchte, um dennoch an seiner Struktur zu partizipieren.

[132] Vgl. Rölleke, Georg Heym, l. c., S. 359 f.

Die formale Ähnlichkeit mit Gedichten Johannes R. Bechers, des – nach Uhlig – „wüstesten Expressionisten" [133], und die Möglichkeit, Form bei beiden Dichtern in ähnlicher Weise zu begreifen, bestätigen dies.

Immerhin kann man in der „Aktion" vom November 1912 ein Gedicht „Mein Schrei" von Johannes R. Becher finden, das den Gedichten Heyms kaum vergleichbar ist. Dieses Gedicht spricht eine ekstatische und pathetische Sprache, die Verse sind rhythmisch und metrisch völlig frei. Es gibt sich als ein einziger rasender Aufschrei:

> Mein Schrei
>
> Die trunkenen Nächte! Die trunkenen Nächte! –
> Oh meine Jugend du! Blutende du! Empor, empor und
> aufstehn, oh aufstehn!
> Die schlaffen Muskeln wieder strecken!
> Die matten Flügel wieder spreiten!
> Die müden Schwingen wieder entfalten:
> der Sonne zu! . . .
> Oh wieder:
> Morgenröte-Umarmungen! . . .
>
> Ja empor und aufstehn! Wenn es nicht anders geht
> dich aufreißen, dein wimmerndes Herz ausreißen,
> dich aufreißen aus Traumdämmerungen, Abendruhen mit
> der kalten, höhnischen Gelassenheit und Grausamkeit der
> Starken über die Vergewaltigten . . .
>
> Dann:
> mit gebreiteten Armen springen ins Morgenrot,
> fliegen im Strahl der Sonne über die großen Städte hin,
> über namenlose Finsternisse hin,
> Donnergründe, brausende Geheimnisse hin,
> höher empor über alle Not, alle Armut, alle Schmerzen hin,
> höher, höher empor:
> dem Aufgang zu! . . .
>
> Ja:
> empor und aufstehn! Empor aus
> qualmigen Verbrecherhöhlen, empor aus fettigen
>
> > Dirnenspelunken

[133] Uhlig, Becher, l. c., S. 182.

28

mit dem roten, gedämpften Ampellicht, mit dem
geputzten Schielen
weißhaariger Kupplerinnen, all der plumpen bäuerischen,
jämmerlichen Koketterie der Fleischschau . . .
Empor aus Spielhöllen, dem stieren Blick, dem Münzengeklirr,
empor aus Zuhälterkneipen, Ställen mit Absinthgerüchen,
schmierigen Aborten, Samengestank und Eitergeträufel,
dem Geklimper all der Tamburins, Klaviers und Musik-
automaten.
Empor aus Freudenhäusern, den Kneiplokalen der Homo-
sexuellen.
Empor aus Asylen, Krankenhäusern, Zuchthäusern.
Empor aus Irrenanstalten, Pestbaracken, all den Gehegen
tobender Alkoholiker,
ächzender Tuberkulöser,
demaskierter Syphilitiker . . .

Oh du mein Schrei: auch Schrei der Zeit!
Steht auf! Steht auf! Schlagt nieder! Stoßt zu! Brecht auf! . . .
Oh empor, oh empor: dem Aufgang zu! – –
Oh ihr Nächte! Oh ihr Nächte! . . .[134]

Hier liegt tatsächlich ein Gedicht vor, das in hohem Maße jenen angeführten Vorstellungen von „expressionistisch" entspricht. Es scheint vorweg-
zunehmen, was Margarete Susman 1918 als „Expressionismus" proklamierte:
„Was ist zu tun? Nur eines! nur schreien können wir – schreien mit aller
Kraft unserer armen, erstickten Menschenstimme – schreien, daß wir den
grauenhaften Lärm des Geschehens übertönen – schreien, daß wir gehört
werden von den Menschen, von Gott."[135] „Wo der Ausdruck alleiniger
Wille einer Zeit geworden ist, wo die nackte Seele kniet und zu Gott schreit,
da ist auch die Schönheit noch in Flammen aufgegangenes Gewand geworden, und die Verzweiflung zeichnet Formen, die nichts mehr sichtbar, hörbar werden lassen als Schrei und Gebet."[136]

---

[134] Abgedruckt in: Ich schneide die Zeit aus, l. c., S. 90 f., und, leicht modifiziert, in: „Verfall und Triumph" (Vgl. b, I, 88 ff.).
[135] Margarete Susman, Expressionismus; abgedr. in: Expressionismus – Der Kampf um
eine literarische Bewegung, l. c., S. 156.
[136] Susman, Expressionismus, l. c., S. 157.

Dieses Gedicht schrieb Becher wahrscheinlich im Sommer 1912. Es ist Bestandteil des Lyrik und hymnische Prosa umfassenden Bändchens „De Profundis Domine"[137], für das es durchaus repräsentativ ist. Wahrscheinlich noch im Jahre 1912 wandte sich Becher einer anderen lyrischen Schreibart zu, die dann den Gedichtband „Verfall und Triumph"[138] bestimmt. In diesem Band aber überwiegen die Gedichte in fester Vers- und Strophenform.[139]

Die Entwicklung Bechers vor dem Ersten Weltkrieg geht also – wahrscheinlich unter dem Einfluß Heyms[140], van Hoddis' u. a. – von den freirhythmischen Gedichten weg zu festen Formen hin; nicht umgekehrt, wie man es für die Entwicklung eines Expressionisten – und eines „wüsten" dazu – erwartet hätte.[141] Und dennoch ist es der Gedichtband „Verfall und Triumph" mit seinen Gedichten vorwiegend in Jamben und Reimen und nicht das ekstatische „De Profundis Domine", der Becher als Expressionisten auf einen Schlag berühmt macht, so daß Gottfried Benn noch Jahre später diesen Band den „Prototyp des Expressionismus"[142] nennt.

Aus der Klärung des widersprüchlichen Verhältnisses zwischen gebundenen Vers- und Strophenformen und dem Willen zum unvermittelten subjektiven Ausdruck im Expressionismus versprechen wir uns grundlegende Einsichten in die Strukturen und Strukturtendenzen dieser Lyrik. Die Fragen, die sich stellen, lauten also: Was bedeutet das zahlenmäßig starke Auftreten gebundener Formen innerhalb frühexpressionistischer Lyrik? Welches Bewußtsein gelangt in ihr zum Ausdruck? Wie verhalten sich in ihr Form und Subjektivität zueinander? Was ergibt sich aus diesem Verhältnis für Subjekt und Subjektivität einerseits und für die Form anderer-

---

[137] Johannes R. Becher, De Profundis Domine, München 1913.
[138] Johannes R. Becher, Verfall und Triumph, Bd. 1 Gedichte. – Die Gedichte von „Verfall und Triumph" seien „in der Zeit vom Dezember 1912 bis zum November 1913 geschrieben" worden. Vgl. auch die Anmerkung in der neuen Ausgabe, Bd. I, S. 624.
[139] Zwar sind die Gedichte von „De Profundis Domine" mit aufgenommen, bilden aber stilistisch einen Fremdkörper. Vgl. dazu unsere Arbeit S. 191 f.
[140] Den Gedichtband „Der ewige Tag" von Heym lernte Becher erst im Frühjahr 1912 kennen, wie aus einem Brief an Bachmair hervorgeht. Vgl. dazu unsere Arbeit S. 65. In „Verfall und Triumph" finden sich zahlreiche Anklänge an Heyms „Der ewige Tag" bis hin zur wörtlichen Übernahme.
[141] Man vergleiche die Entwicklung von Bechers Vorbild Rimbaud, bei dem das Ausbilden seines dichterischen Idioms schließlich zur Aufgabe der metrischen und syntaktischen Formen führt: „Rimbaud hat seiner entgliederten Phantasie nunmehr auch die Formensprache angepaßt." (Hugo Friedrich, Die Struktur der modernen Lyrik, Hamburg 1956, S. 64) Eine solche Übereinstimmung von Form und Inhalt herrscht in „Verfall und Triumph" nicht.
[142] Gottfried Benn, Einleitung zu der Anthologie „Lyrik des expressionistischen Jahrzehnts", dtv sr 4, 3. Aufl., München 1966, S. 9.

seits? Welchen „geschichtlichen Sinn" hat diese Art der Vermittlung? Wir werden immer von der äußeren metrischen Form ausgehen und deren Anwendung zu analysieren versuchen; dann werden weitere Strukturmerkmale herangezogen wie Syntax und Metaphorik und in Beziehung zueinander gesetzt.

Die Auswahl der Werke, die unserer Untersuchung von Form und Subjektivität zugrunde gelegt werden, erfolgte nach verschiedenen Gesichtspunkten. Die Dichtungen sollten in der Zeit des frühen Expressionismus, also vom Jahr 1910 bis zum Ausbruch des Ersten Weltkriegs, entstanden sein und einen gewissen repräsentativen Charakter für diese Zeit aufweisen. Gleichzeitig sollten an ihnen verschiedene Möglichkeiten der Gedichtstruktur aufgezeigt werden können, Möglichkeiten, die sich auch als Stationen einer übergreifenden Entwicklung begreifen lassen.[143] Es empfahl sich, die Zahl der Untersuchungsgegenstände zu beschränken, um intensiv auf die einzelnen Strukturen eingehen zu können.

Die Gedichte Georg Heyms – entstanden zwischen 1910 und 1912 – boten sich an, weil Heym als einer der frühesten, aber auch bedeutendsten Vertreter jener literarischen Epoche gelten kann und weil in vielen seiner Gedichte eine auffällige Regelmäßigkeit der Form zu beobachten ist. Das Gedicht „Weltende" von Jakob van Hoddis ist im Hinblick auf seine Form ebenfalls besonders interessant, zeigen sich doch hier die Merkmale einer Struktur, die weit über das Gedicht selbst und über die Epoche des Expressionismus hinaus bedeutsam bleiben. Bechers Gedichtband „Verfall und Triumph", kurz vor dem Ausbruch des Ersten Weltkriegs erschienen, erlaubt es schließlich, die an den Gedichten Heyms und besonders an „Weltende" unter der beschriebenen Fragestellung gewonnenen Einsichten zu erweitern und zu vertiefen und einen Zusammenhang herzustellen zur expressionistischen Dramatik und zum expressionistischen Begriff der „Verwandlung".

Bei der Untersuchung der verschiedenen Dichtungen ist die unterschiedliche Quellenlage in Rechnung zu stellen. Durch die Neuedition der Dichtungen und Schriften Georg Heyms von K. L. Schneider können wir Heyms Produktion in einem Maß überblicken, das weit über das hinausgeht, was durch die Gedichtbände „Der ewige Tag", „Umbra Vitae" und „Der Himmel Trauerspiel" gegeben war. Neben dem Zugang zu bisher unveröffentlichten Gedichten und Entwürfen ist besonders die chronologische Zuord-

---

[143] Diese Entwicklung ist keineswegs identisch mit der Entwicklung, die die einzelnen Dichter durchmachten.

nung der Gedichte für uns wertvoll. Ganz anders verhält es sich bei Becher. Hier sind wir fast ausschließlich auf die zwischen 1911 und 1914 erschienenen selbständigen Veröffentlichungen angewiesen; anderes Material – Veröffentlichungen in Zeitschriften, die sich nicht in den selbständigen Publikationen wiederfänden bzw. unterschiedliche Lesarten aufweisen würden [144], oder unveröffentlichte Autographen – ist so gut wie nicht vorhanden.

Wichtiger jedoch als die Quellenlage ist in unserem Zusammenhang die unterschiedliche Beschaffenheit der einzelnen Untersuchungsgegenstände. „Weltende" ist ein einzelnes Gedicht; Heyms Werk liegt im ganzen vor; „Verfall und Triumph" schließlich ist ein Gedichtband, der – im Gegensatz zu den Gedichtbänden Heyms – eine zyklenartige Anlage hat. Dieser Umstand erfordert ein unterschiedliches methodisches Vorgehen, was sich im Aufbau der einzelnen Kapitel niederschlägt. Ein schematisches Gliederungsprinzip, das sich in jedem Kapitel reproduzierte, ist also nicht vorhanden; wir versuchen vielmehr, den Aufbau jeden Kapitels dem Untersuchungsgegenstand unter Wahrung der Fragestellung anzupassen.

Der Gang der Untersuchung besteht darin, im Hinblick auf die Deutung von Form und Struktur in der Interpretation Begriffe zu entwickeln und diese dann sukzessive von Kapitel zu Kapitel anzuwenden und, wenn nötig, zu modifizieren. Die unterschiedliche Beschaffenheit der Untersuchungsgegenstände erweist sich dabei als Vorteil, da die gewonnenen Begriffe in verschiedenen Kontextsituationen sich neu und anders entfalten können. Nicht der Vergleich von Gedicht oder Gedichtband bestimmt also das Vorgehen, sondern die durch die Texte selbst veranlaßte ständig neue Konkretisierung der zentralen Kategorien.

Ein Schlußkapitel soll die verschiedenen Ergebnisse zusammenfassen und historisch und ästhetisch begründen.

---

[144] Eine Ausnahme bildet vielleicht das Gedicht „Die Wartenden", das im Juli 1912 in der „Aktion" erschien und das als Vorstufe zu „Die Huren" in „Verfall und Triumph" angesehen werden kann. – Vgl. die neue Ausgabe Bd. I, S. 563, S. 646 und S. 136 ff.

I. GEORG HEYM

Einleitung: Formenbestand und Formenwandel

Zunächst soll ein statistischer Überblick über die verwendeten Formen in den Gedichtbänden „Der ewige Tag" und „Umbra Vitae" gegeben werden. „Der ewige Tag" erschien im Frühjahr 1911 zu Lebzeiten Heyms; die Auswahl der Gedichte und die Textgestaltung besorgte der Dichter selbst. Mit Ausnahme des Gedichts „Sonnwendtag" (h I, 570 f.), das der neuen Gesamtausgabe zufolge bereits vom Herbst 1904 datiert, entstanden sämtliche Gedichte dieses Bandes in der Zeit vom März 1910 bis zum Januar oder Februar 1911.

„Der ewige Tag" enthält 51 Gedichte, wenn man die zyklisch angelegten Gedichte, die unter einem Titel stehen, je einzeln zählt.[1] Die Aufschlüsselung der Zyklen ist berechtigt, da nach dem Formenbestand gefragt wird: nicht alle Gedichte nämlich, für die ein Titel zuständig ist, weisen dieselbe Form auf.[2] Das Gedicht „Sonnwendtag" klammern wir aus, da es chronologisch einen Sonderfall darstellt. Die verbliebenen 50 Gedichte bilden somit unser Untersuchungsmaterial.

Für die statistische Aufgliederung ziehen wir drei formale Kategorien heran: Gedichtform, Reim und Metrum. Unter „Gedichtform" verstehen wir lediglich die Art der Strophen, aus denen das Gedicht zusammengesetzt ist; es ist uns an dieser Stelle also gleichgültig, ob sich in einem Gedicht ein Strophenschema fünfmal oder zwanzigmal wiederholt. Wenn wir dennoch von „Gedichtform" und nicht von „Strophenform" sprechen, so liegt dies u. a. daran, daß wir auch die feste Form des Sonetts unter dieser Kategorie fassen wollen. Der Einfachheit der Darstellung halber nehmen wir diese Unkorrektheit in Kauf. Außerdem soll ein falscher Eindruck vermieden werden, der entstehen könnte, wenn man auch die Zahl der Strophen berücksichtigte: der Eindruck nämlich, es herrsche große formale Differenziertheit, nur weil das gleiche Strophenschema in einem Gedicht vier-

---

[1] „Schwarze Visionen" I–VI (h I, 212 ff.) werden so als sechs Gedichte geführt.
[2] Vgl. „Styx" I und II (h I, 71 f.).

mal, in einem anderen vielleicht fünfmal oder siebenmal oder achtmal vorkommt. – Unter der Rubrik „Reim" wird nur gefragt, ob ein solcher per Schema angelegt ist oder nicht. Wie die Realisierung dann erfolgt, streng oder nachlässig (etwa „wirft / schlürft"; „Der Hunger", h I, 158), bleibt unberücksichtigt. – Auch die Kategorie „Metrum" soll nur über ein Schema aussagen. Wenn in einem jambischen Vers Schwebung (häufig) oder Doppelsenkung (selten) vorkommen, so ist dies für unsere Statistik ohne Bedeutung.

Es liegt an den Gedichten selbst, daß eine solch schematisch-formale Erfassung möglich ist. Differenzierte oder freie Formen, bei denen ein Schema entscheidend durchbrochen würde oder gar nicht mehr erkennbar wäre, kommen in „Der ewige Tag" nicht vor.

Die Statistik bietet folgendes Bild (die Zahlen in Klammern sind die Prozentzahlen an der Gesamtmasse von 50 Gedichten):

	gereimt	reimlos	5hebiger Jambus	andere Versfüße
Sonette	10 (20)	—	10 (20)	—
Gedichte aus vierzeiligen Strophen	39 (78)	—	38 (76)	1 (2)
andere Formen	—	1 (2)	1 (2)	—
freie Formen	—	—	—	—

Deutlich geht aus der Statistik hervor, daß die wichtigste Bauform des Heymschen Gedichts in „Der ewige Tag" die vierzeilige gereimte Strophe ist, deren Verse in fünfhebigen Jamben stehen. Eine variable Anzahl solcher Strophen – zwischen zwei und dreizehn – bildet dann jeweils ein Gedicht. Die feste Gedichtform des Sonetts verwendet Heym verhältnismäßig oft, nämlich zehnmal. Das Versmaß aller Sonette, die per definitionem reimen, ist ebenfalls der fünfhebige Jambus. Wir werden später sehen, daß die Sonette demselben Strukturprinzip verpflichtet sind wie die Gedichte, die aus den vierzeiligen Strophen bestehen.[3]

Lediglich die Formen der Gedichte „Der Baum" (h I, 81) und „Styx" II (h I, 72) weichen von den oben beschriebenen ab. Das Metrum von

[3] Vgl. den Abschnitt „Das erzwungene Ende" und dort besonders „Paradoxon und Sonett" auf den Seiten 65 ff. und 71 ff.

„Styx" II ist zwar der fünfhebige Jambus; die vierzehn Verse des Gedichts reimen jedoch nicht und bilden zudem eine einzige Strophe. „Der Baum" besteht seinerseits aus gereimten vierzeiligen Strophen, hat aber ein vierhebiges anapästisches Metrum, das freilich nicht streng eingehalten wird. – Gedichte mit freiem Aufbau und in freien Versen kommen in „Der ewige Tag" nicht vor.

Der Gedichtband „Umbra Vitae" wurde nicht mehr von Heym selbst, sondern von Freunden zusammengestellt und herausgegeben.[3a] Die in ihm enthaltenen 46 Gedichte sind in der Zeit vom Februar 1911 bis zum Januar 1912, also genau im letzten Lebensjahr Heyms, entstanden.[4] Der größte Teil davon, nämlich 31 Gedichte, stammt aus der Zeit vom September 1911 bis Januar 1912.

Im Hinblick auf die Gedichtformen bietet „Umbra Vitae" ein differenzierteres Bild als „Der ewige Tag". Zur Erfassung der Formen muß deshalb das statistische Instrumentarium erweitert werden. Die beiden Statistiken unterscheiden sich aber nicht nur in quantitativer, sondern auch in qualitativer Hinsicht, nämlich in der Relevanz der jeweils aufgestellten formalen Kategorien. Diese konnten bei der ersten Gedichtsammlung relativ eindeutig angewendet werden, d. h. das einem Gedicht zugrunde liegende formale Schema war immer, auch bei gelegentlicher Abweichung, faß- und ablösbar; Mischformen waren überhaupt nicht zu verzeichnen. Anders in „Umbra Vitae". Hier trifft eine formale Kategorie oft nur annähernd den Sachverhalt und gibt so ein Schema, das sich viel weniger deutlich im konkreten Material wiederfindet.

Bei den „Gedichtformen" ist dem Sonett und der vierzeiligen Strophe eine „gemischte Form" hinzuzufügen. Unter dieser Rubrik sollen die Gedichte erfaßt werden, deren Strophen unterschiedliche Verszahl aufweisen und dabei keinem verbindlichen Prinzip – wie es etwa das Sonett darstellt – folgen. Kannte Heym in „Der ewige Tag" mit einer Ausnahme nur gereimte Gedichte, so tauchen jetzt Formen auf, bei denen nur jeder zweite Vers reimt oder Reim, Assonanz und Reimlosigkeit gemischt und ohne erkennbares Prinzip nebeneinanderstehen. Der wichtigste Zusatz aber be-

---

[3a] Die näheren Umstände beschreibt Gunter Martens in seinem Aufsatz „Umbra Vitae und Der Himmel Trauerspiel – Die ersten Sammlungen der nachgelassenen Gedichte Georg Heyms"; in: Euphorion 59 (1965), S. 118–131.

[4] Die genaue Entstehungszeit der Gedichte ist im einzelnen: Februar 2, März 4, April 3, Mai 2, Juni 0, Juli 1, August 3, September 6, Oktober 6, November 4, Dezember 14, Januar 1.

trifft das Metrum: neben dem fünfhebigen Jambus erscheinen jetzt daktylisch-anapästische, trochäische und ziemlich freie Verse; innerhalb eines Gedichts können sich Zahl und Art der Versfüße ändern.

Für die Darstellung taucht das Problem auf, die drei Ebenen formaler Kategorien so darzustellen, daß die Interdependenzen sichtbar werden. Für die Sammlung „Der ewige Tag" bereitete dies keine Schwierigkeiten, da so gut wie keine formalen Varianten aufzuzeigen waren. Um die Formen in „Umbra Vitae" zu erfassen, muß formell ein dreidimensionales Koordinatensystem errichtet werden, in dem jeweils eine Kategorie auf einer Koordinate abgetragen wird. Da wir jedoch bei einer graphischen Darstellung nicht in den Raum gehen können, behelfen wir uns damit, auf der horizontalen Achse zwei verschiedene Kategorien – Reim und Versmetrum – abzutragen. Um die Aufschlüsselung, die sich in der Beziehung von Vertikaler (Gedichtform) und erster Horizontaler (Reim) ergibt, für die dritte Kategorie beizubehalten, wird die erste Horizontale um 90 Grad gedreht und als Differenzierung der Vertikalen mit der zweiten Horizontalen gekreuzt. Das Bild, das sich so für „Umbra Vitae" ergibt, zeigt Abbildung 1.

In einer weiteren Abbildung tragen wir die aus „Der ewige Tag" ermittelten Werte in die statistische Schablone ein, die wir für „Umbra Vitae" ausgearbeitet haben (vgl. Abb. 2). Von den 120 Feldern, die sich aus der Kombination von Vertikaler und den beiden Horizontalen ergeben, sind in der Statistik zu „Umbra Vitae" 21, in der zu „Der ewige Tag" dagegen nur vier besetzt. Ganz deutlich ergibt sich aus dieser Gegenüberstellung, um wieviel differenzierter der Formenbestand in „Umbra Vitae" ist.

Die Statistiken geben Auskunft über Interdependenzen der aufgestellten Kategorien. Zunächst fällt die Affinität der verwendeten Form des Sonetts zum fünfhebigen Jambus auf.[5] Ähnliches gilt für den Vierzeiler als strophischer Grundform des Gedichts. Hier jedoch offenbart sich ein wichtiger Unterschied zwischen den beiden Gedichtsammlungen: während in „Der ewige Tag" von 39 auf diese Weise gebauten Gedichten 38 (= 97,5 %) den fünfhebigen Jambus als Metrum haben, sind es von den 33 Gedichten in „Umbra Vitae" nur noch 15 (= 45,5 %). Zieht man noch das Kriterium

---

[5] Es gibt einige wenige Sonette im Gesamtwerk Heyms, die ein lockeres daktylisches Metrum haben oder bei denen der fünfhebige Jambus mit daktylisch-anapästischen Momenten durchsetzt ist. Zu nennen wären „Die Selbstmörder" II (I, 473), „Der Sonntag" (I, 391) oder „Die Bücher" (I, 439). Vor dem Erscheinen der neuen Gesamtausgabe ist nur „Der Sonntag" veröffentlicht worden.

des Reims heran, so ändert dies für „Der ewige Tag" nichts am Ergebnis, da alle 38 Gedichte reimen; von den 33 Gedichten in Vierzeilern in „Umbra Vitae" reimen dagegen nur 19 (= 57,5 %) durchgängig, und von diesen wiederum haben nur 12 (= 36 %) den fünfhebigen Jambus zum Metrum. Gedichte, die aus vierzeiligen Strophen gebildet sind, herrschen in beiden Gedichtsammlungen vor. Im Gegensatz zu „Der ewige Tag" finden sich jedoch in „Umbra Vitae" Gedichte, deren Strophen verschiedene Verszahl aufweisen, ohne daß es sich um feste Formen handelte. Immerhin sind 15 Prozent aller Gedichte der letztgenannten Sammlung in dieser Weise gebaut.

Man darf annehmen, daß der Formenbestand der Gedichtsammlungen einigermaßen repräsentativ für Heyms Gedichtproduktion in seinen letzten beiden Lebensjahren ist.[6] Da die Entstehungszeit der beiden Bände sich nicht überschneidet und „Umbra Vitae" chronologisch direkt an „Der ewige Tag" anschließt, weisen die Ergebnisse der statistischen Aufschlüsselung auf einen Prozeß formaler Differenzierung und formalen Wandels in der Lyrik Heyms, der ungefähr acht bis zehn Monate vor seinem Tod einsetzt.[7] Um die Bedeutung dieses Prozesses für Heyms Lyrik zu erfassen, werden wir in unserer Untersuchung zunächst der Frage nachgehen, welche besondere Struktur für den auffallend einheitlichen Formenbestand in „Der ewige Tag" verantwortlich ist. Dann erst wird sich zeigen, in welchem Umfang der Wandel der Form in einem Wandel der Gedichtstruktur begründet ist.

[6] Es gibt einige wenige Gedichte aus der Zeit, in der „Der ewige Tag" entstand, die in Metrum und Strophenbau von denen in „Der ewige Tag" abweichen, so „Rom" (h I, 183), „Barbarisches Sonett" (h I, 156), „Mors" (h I, 130) oder „O weiter, weiter Abend..." (h I, 113); die Grundtendenz jedoch findet in der Gedichtsammlung ihren Ausdruck. Ähnliches gilt für „Umbra Vitae". Im übrigen kommt es uns auch gar nicht darauf an, genaue prozentuale Werte zu ermitteln. Wir wollen lediglich Tendenzen veranschaulichen. – Man könnte noch einwenden, daß „Umbra Vitae" einer Untersuchung nicht zugrunde gelegt werden dürfe, weil die Auswahl der Gedichte in dieser Sammlung nicht von Heym selbst, sondern von Freunden besorgt worden sei, und weil die Freunde bei vielen Gedichten – bewußt und aus Flüchtigkeit – Eingriffe vornahmen, die den Sinn oft entscheidend veränderten. (Vgl. Gunter Martens, Umbra Vitae und Der Himmel Trauerspiel. Die ersten Sammlungen der nachgelassenen Gedichte Georg Heyms, in: Euphorion 59 [1965], S. 118–131). Dem ist entgegenzuhalten, daß es bei der statistischen Erfassung lediglich darauf ankommt, eine einigermaßen repräsentative Auswahl zu treffen; die Texte zur Interpretation entnehmen wir später der neuen Gesamtausgabe. Die Auswahl jedoch, auf die es hier allein ankommt, ist in „Umbra Vitae" keineswegs so, daß sie das Bild der Entwicklung Heyms gänzlich verfälschen könnte.
[7] Einen Eindruck davon kann man schon gewinnen, wenn man die neue Gesamtausgabe, deren Anlage chronologisch ist, durchblättert.

relativ feste daktylo-anapäst. Metren

	Total	reimt normal [1]	jeder 2. Vers reimt [2]	Mischformen (reimt z. T., assoniert) [3]	reim-los [4]		5heb. Jambus	Tro-chäus	bis zu 3 Hebungen	4 Hebungen und mehr	Mischformen (Wechsel des Versfußes)	sehr frei
Sonette	3 (6,5)	3 (6,5)				1	3 (6,5)					
						2						
						3						
						4						
Vierzeiler	33 (72)	19 (41)	3 (6,5)	10 (22)	1 (2)	1	12 (26)	1 (2)		6 (13)		
						2	1 (2)		1 (2)	1 (2)		
						3	2 (4,5)		2 (4,5)	5 (11)	1 (2)	
						4			1 (2)			
8zeilige Strophen	1 (2)		1 (2)			1						
						2			1 (2)			
						3						
						4						
gemischte	7 (15)	3 (6,5)		4 (9)		1	1 (2)			1 (2)	1 (2)	2 (4,5)
						2						
						3	1 (2)		1 (2)			
						4						
1strophige Gedichte	2 (4,5)	1 (2)		1 (2)		1				1 (2)		
						2						
						3			1 (2)			
						4						

Horizontale I = Reim Horizontale I gedreht Horizontale II = Metrum

Abb. 1: „Umbra Vitae"

Strophenform	Total	reimt normal (1)	jeder 2. Vers reimt (2)	Mischformen (reimt z. T., assoniert) (3)	reim-los (4)	5heb. Jambus	Tro-chäus	bis zu 3 Hebungen	4 Hebungen und mehr	Mischformen (Wechsel des Versfußes)	sehr frei
Sonette	10 (20)	10 (20)				10 (20)					
Vierzeiler	39 (78)	39 (78)				38 (76)			1 (2)		
8zeilige Strophen											
gemischte	1				1						
1strophige Gedichte	(2)				(2)	1 (2)					

Abb. 2: „Der ewige Tag"

Die aus unseren Statistiken gewonnene Erkenntnis, daß sich in Heyms später Lyrik Formendifferenzierung und Formenwandel abzeichnen, steht in direktem Gegensatz zu Untersuchungsergebnissen Heinz Röllekes. Rölleke setzt sich in seinem Buch „Die Stadt bei Stadler, Heym und Trakl" mit Anton Regenbergs These auseinander, nach der in den späteren Gedichten Heyms „einzig der andrängende Stoff die Gestalt des Gedichts" bestimme.[8] Darüber hinaus glaubt Regenberg, den „Durchbruch" zu einer neuen Form auch zeitlich fixieren zu können: „Wüßten wir den Zeitpunkt der Entstehung der ‚Morgue', wir könnten diesen Durchbruch vermutlich auf den Tag genau angeben."[9] Gegen diese zumindest rhetorisch als Vermutung formulierte These polemisiert Rölleke und versucht, den Gegenbeweis statistisch zu erbringen: „Das Morgue-Gedicht mit seinem wirklich faszinierenden Übergang zu acht reimlosen Zeilen nach 26 gereimten vierzeiligen Strophen (nicht zwölf, wie Regenberg angibt, dem wohl eine verkürzte Fassung vorlag) wurde im November 1911 vollendet. Danach folgen wahrscheinlich noch 35 Entwürfe und ausgeführte Gedichte; sie zeigen, daß es mit dem von Regenberg kühn erschlossenen ‚Durchbruch' wenig auf sich hat. Zwar ergibt sich bei den Entwürfen ein Verhältnis von nur 13:8 zwischen den typischen Vierzeilern und anderen Formen; die ausgeführten Gedichte bevorzugen aber nicht weniger als zwölfmal vierzeilige Strophen, nur zweimal dagegen andere Formen! – Die verdienstvolle Ausgabe sämtlicher Gedichte wird ähnlich haltlose Spekulationen künftig nicht mehr zulassen."[10]

Röllekes Methode zeigt deutlich, wie Material und Statistik eines erwünschten Beweises willen manipuliert werden können. Regenberg spricht von der *Entstehung* des Morgue-Gedichts, nicht von dessen letzter Fassung oder – wie Rölleke dies nennt – „Vollendung"[11]. Um einen Gegenbeweis

---

[8] Anton Regenberg, Die Dichtung Georg Heyms und ihr Verhältnis zur Lyrik Charles Baudelaires und Arthur Rimbauds. Neue Arten der Wirklichkeitserfahrung in französischer und deutscher Lyrik, Diss. München 1961, S. 145.

[9] Regenberg, l. c., S. 145. – Eine differenzierte Auseinandersetzung mit Regenbergs Ausführungen, die ja bereits Interpretation des Formenwandels sind, kann hier nicht erfolgen. Wichtig ist, daß Regenberg einen Formenwandel feststellt, Rölleke einen solchen bestreitet. Im übrigen trifft Regenberg mit dem Morgue-Gedicht (ohne eine sichere Chronologie zu kennen!) durchaus den Zeitpunkt, an dem der Wandel einsetzt; um einen plötzlichen „Durchbruch" freilich handelt es sich nicht.

[10] Heinz Rölleke, Die Stadt, l. c., S. 86.

[11] Im Falle des Morgue-Gedichts liegt, laut Gesamtausgabe, eine erste und eine zweite Fassung vor. Spricht man im Hinblick auf die letzte Fassung von „Vollendung", so suggeriert diese Formulierung allzu leicht den Eindruck, bei der ersten Fassung handle es sich um eine Art Entwurf. Davon aber kann keine Rede sein.

anzutreten, hätte Rölleke von der ersten Fassung ausgehen müssen, die, wie die Gesamtausgabe verzeichnet, bereits im Mai/Juni 1911 vorlag[12], zumal sich die erste Fassung unter formalem Aspekt (und auf diesen kommt es hier allein an) nicht von der letzten unterscheidet.[13]

Das Ergebnis Röllekes erborgt sich vom statistischen Verfahren den Schein wertneutraler Objektivität. Bei näherer Prüfung freilich erweist sich sein Vorgehen – ganz abgesehen von der eben beschriebenen Manipulation – als höchst fragwürdig. Rölleke unterscheidet zwischen „typischen Vierzeilern" und „anderen Formen", zieht also als einzige Formkategorie die Verszahl der Strophen heran. Ein solches Vorgehen aber wird, wie wir durch die Gegenüberstellung der beiden Statistiken zu zeigen versuchten, den formalen Aspekten der späteren Heymschen Lyrik nicht gerecht. Weiterhin bleibt Rölleke die Definition schuldig, was er unter einem „typischen Vierzeiler" bei Heym versteht. Offenbar ist nicht der gereimte Vierzeiler in fünfhebigen Jamben gemeint, denn nur drei der 35 von Rölleke erfaßten Gedichte[14], von den 14 ausgeführten sogar nur eines[15], setzen sich aus solchen Strophen zusammen. Was aber soll das „Typische" von Strophen sein, die formal nichts als die Verszahl verbindet? Wir bringen eine Auswahl von Strophen aus jenen 35 Gedichten:

> Meiner Seele unendliche See
> Ebbet langsam in sanfter Flut.
> Ganz grün bin ich innen. Ich schwinde hinaus
> Wie ein gläserner Luftballon. (h I, 482)

> An der Ecke der Tauentzienstraße,
> Wo meine Liebste gewohnt,
> Ach die Lenchen Franke,
> Die ich so sehr geliebt, (h I, 493)

> Ausgestreuet auf dem Boden, daß sie sprangen
> Mit Lachen und laut vor die Füße rollten –

---

[12] h I, 286 ff.
[13] Nebenbei muß bemerkt werden, daß die letzte Strophe des Morgue-Gedichts nicht reimlos ist, wie Rölleke angibt. Jeder zweite Vers reimt (Schema: x a x b x a x b), eine Form, die Heym bisweilen in den Gedichten seines letzten Lebensjahres anwendet. – Fünf Seiten vor derjenigen, der wir unser Zitat entnahmen, tadelt Rölleke Curt Hohoff, der gereimte Gedichte Stadlers als reimlos bezeichnet hatte: Hohoff unterscheide „leider nicht einmal mehr reimlose von gereimten Versen". Rölleke nennt den Fehler Hohoffs eine „kaum glaubliche Tatsache" (Rölleke, l. c., S. 81).
[14] h I, 481, 497, 513.
[15] h I, 513.

Seine Hände, die langen, wissen nicht, was sie sollten.
Seinen Kopf schüttelte dünner Schultern Bangen.

(. . .)

Jemand steht ihm im Rücken
Und er dreht sich nicht um,
Weite Säle blicken
Mit leeren Augen stumm. (h I, 489)

Röllekes Unterscheidung von „konventionellen Formen", zu denen er jede Art von Vierzeiler rechnet, und „anderen Formen" ist viel zuwenig differenziert, als daß mit ihr sich eine Formenanalyse anstellen ließe.[16] So muß ihm freilich der Formenwandel entgehen, der sich in den Gedichten Heyms nach und nach vollzieht. Mit dem Formenwandel aber entgeht ihm auch der damit verbundene Wandel der Gedichtstruktur.[17]

[16] Selbst wenn man Röllekes Kategorien übernimmt, weist eine Statistik ein anderes Bild auf, wenn man die Gedichtproduktion aus seinem Zeitraum, der nach der ersten Morgue-Fassung liegt, betrachtet. Von den 23 ausgeführten Gedichten, die im September 1911 entstanden sind, sind nur 11 in „typischen Vierzeilern" geschrieben, während weitere 11 Gedichte „andere Formen" aufweisen.

[17] Auch Heselhaus entgeht der Wandel in Heyms Gedichten. Er meint: „So ist es nicht verwunderlich, daß sich auch der erste Gedichtband Heyms ‚Der ewige Tag' trotz seines Titels kaum von der ‚Umbra Vitae' unterscheidet." Clemens Heselhaus, Deutsche Lyrik der Moderne von Nietzsche bis Yvan Goll, Düsseldorf 2. Aufl. 1962, S. 183.

A. Gebannte Angst („Der ewige Tag")

1. Jambische Vierzeiler: struktive Monotonie

Der ersten Statistik konnte entnommen werden, daß die bevorzugten Formen Heyms in dem Zeitraum, dem „Der ewige Tag" entstammt, der gereimte jambische fünfhebige Vierzeiler und das Sonett – ebenfalls in fünfhebigen Jamben – sind. Einigen Interpreten ist aufgefallen, daß eine derartig regelmäßige Form in einem merkwürdigen Kontrast zum Inhalt der Gedichte steht. Ernst Stadler beschreibt diese Heymsche Eigentümlichkeit als einer der ersten. In einer Rezension zu „Der ewige Tag" vom Mai 1912 schreibt er: „Ganz hingenommen im Anschaun seiner Gesichte, gleichsam erstarrt von ihrer Furchtbarkeit, aber ohne fühlbares Mitschwingen der Seele, ohne lyrische Bewegtheit, ganz der gegenständlichen Gewalt seiner Bilder anheimgegeben, deren oft ins Grelle und Ungeheuerliche verzerrte Umrisse er mit wuchtigen, harten, kühlen Strichen nachzeichnet. Die strenge Sachlichkeit, die unerschütterlich Bild an Bild reiht, ohne jemals abzuirren, ins Unbestimmte auszuschweifen; die starre Regelmäßigkeit seiner Rhythmik, die ein gärendes, brausendes Chaos in eine knappe und gleichsam unbewegte Form sperrt, geben mit der Fremdartigkeit seiner Vorwürfe die seltsamste Wirkung: ein Totentanz in den verbindlichen Formen höfischen Zeremoniells." [18]

Diesen Ansatz nimmt Rölleke auf und führt ihn weiter: „Vielleicht darf man hinzusetzen, daß diese eigentümlich strenge Form eine derart objektive Darstellung des Chaos überhaupt erst ermöglicht. Vergleicht man Heyms Lyrik mit dem Formenreichtum Rilkes oder mit den Gedichten Trakls, so will es scheinen, als habe Heym seine Gedanken und Visionen bewußt mit gleichsam imperatorischem Duktus immer erneut in die gleiche kaum bewegliche Form gepreßt, so daß alles wie unter *einer* starren Perspektive erscheint." [19] Rölleke gerät hier an ein wichtiges Element der Heymschen Gedichtstruktur, indem er Gedichtform und Perspektive in Zusammenhang bringt. Umso befremdlicher ist die „grundlegende Erklä-

---

[18] h VI, 238.
[19] Rölleke, Die Stadt, l. c., S. 85.

rung"[20], die er für die Verwendung konventioneller Formen findet: „Probleme und Visionen drängen diesen temperamentvollen Dichter viel zu sehr zur Aussage, als daß er für Formexperimente Sinn und Zeit aufbringen könnte. Er braucht eine kurze, leicht zu handhabende Form (auch darum wendet er sich vom Drama der Novelle zu): da ist ihm die überkommene Gedichtform, die er schon als Zwölfjähriger beherrschte, gerade recht."[21] Heym könne sich „kaum mit formalen Problemen aufhalten: ‚die dichterischen Bilder rauchen mir aus den Ohren heraus' (h III, 154) – es fehlt die Zeit zur Niederschrift, geschweige denn zum Ausfeilen der Form"[22]. Heym liege „grundsätzlich wenig an der Form des eigenen Dichtens"[23].

Rölleke unternimmt angestrengte Versuche, die Form, die er im Zusammenhang mit dem Begriff „Perspektive" als Bestandteil der Gedichtstruktur eben erst bestimmt hatte, durch (zudem anfechtbare) genetische Erklärungen aus der Betrachtung auszuklammern. Die angeblich ganz zufällige Wahl der Form („gerade recht") soll die Bedeutungslosigkeit der Form selbst beweisen und so das Vorgehen rechtfertigen, die Form bei der Betrachtung der Gedichte zu vernachlässigen, wie es denn auch Rölleke und Karl Ludwig Schneider, auf dessen Abhandlung „Der bildhafte Ausdruck in den Dichtungen Georg Heyms, Georg Trakls und Ernst Stadlers" sich Rölleke beruft, tun. Nicht zuletzt aus diesem Grund bestreitet Rölleke jeden Formenwandel bei Heym. Zwar könnte, wenn die Form wirklich unbedeutend wäre, auch ein Formenwandel bedenkenlos unberücksichtigt bleiben; Rölleke nimmt dieses Argument jedoch nicht für sich in Anspruch, sondern negiert – für alle Fälle, so scheint es – von vornherein jeden Wandel. Schon die Genauigkeit, mit der Heym das metrische Schema füllt, verbietet eigentlich den Schluß, daß die Form ganz zufällig sei. Und selbst wenn Heym noch so zufällig oder gar „gleichgültig"[24] seine Formen gewählt hätte, müßte zunächst der Beweis erbracht werden, daß diese Tatsache auch für die Betrachtung der Gedichte gleichgültig ist.

Um jene „knappe und gleichsam unbewegte Form" näher zu bestimmen, von der Stadler in seiner Rezension zu „Der ewige Tag" spricht, müssen jene Formenelemente gesucht werden, die möglichst vielen Gedichten gemeinsam sind. Die erste Statistik zeigte, daß die Gedichtformen – vierzeilige Gedichtstrophen und Sonette – kaum variieren; sie wies darüber

[20] Rölleke, Die Stadt, l. c., S. 86.
[21] Rölleke, Die Stadt, l. c., S. 88.
[22] Rölleke, Die Stadt, l. c., S. 87.
[23] Rölleke, Die Stadt, l. c., S. 87.
[24] Rölleke, Die Stadt, l. c., S. 88.

44

hinaus auf, daß das formale Element, das am häufigsten wiederkehrt, das Metrum des fünfhebigen Jambus ist. Zieht man als weiteres Kriterium den Endreim heran (dies ist sinnvoll, da fast alle Gedichte reimen), so weisen 96 Prozent der Gedichte dieselben formalen Aspekte auf.

Wolfgang Kayser versucht, den Charakter des Jambus zu beschreiben, indem er ihn dem Trochäus gegenüberstellt: „Man darf vielleicht sagen, daß der Jambus besser trägt, daß der Bewegungsverlauf ausgeglichener ist, daß er im ganzen schmiegsamer gleitet als der Trochäus." [25] Diese Eigenschaften machen den Jambus zu einem verhältnismäßig unauffälligen Metrum, das sich rhythmischer Gestaltung gegenüber ziemlich neutral zu verhalten vermag. Nicht zuletzt aus diesem Grunde eignet sich der Jambus gut zu längeren Versen. [26]

Neben solchen allgemeinen Charakteristika des Jambus ist die historische Situation zu beachten, in der Heym zu seinen formalen Mitteln greift. Da ist auf George hinzuweisen, den Heym zwar ablehnt und verachtet, der aber dennoch entscheidenden Einfluß auf Heym ausgeübt hat. [27] George verwendet in den Gedichten, die Heym kennen konnte, den fünfhebigen gereimten Jambus durchaus häufig, oft auch in der Form des Vierzeilers. Es fehlt jedoch die Ausschließlichkeit, mit der sich Heym dieser Form bedient. An George gemahnt vor allem die Strenge, mit der Heym das Metrum durchführt.

Heinrich Eduard Jacob versuchte 1922, dieses Verhältnis an Hand des Gedichts „Beteerte Fässer rollten . . ." [28] zu bestimmen: „Was ist das? Nun, das ist sicherlich das Gedicht eines der vielen Schüler ‚aus des großen George Seminar'. Zucht rafft den Rhythmus. Wie eine Flucht paralleler Zimmer durchgehen wir diese Zeilen, warten jedesmal, bis die Portiere des Reims sich hebt und betreten die nächste. Kein Sentiment, das sich in Seufzern oder Gedankenstrichen verliert, macht ausgleiten: gerade geht der Weg bis zur Mauer des Endes. Ganz wie es George gelehrt hat. Aber obendrein doch ein ungeschicktes, untönendes Gedicht, wie? Was ist das mit den Musikkapellen, mit dem Zusammenstoß der beiden k? Was wollen rußig und ölig auf derselben Zeile? Was soll bei so klarer Rhythmik die unklare Ortsangabe der braunen Felle? Schwimmen die mit dem Gestank zugleich auf den schmutzigen Wogen oder lagern sie in den Gerbereien? Und die Dativ-

[25] Wolfgang Kayser, Kleine deutsche Versschule, Bern [8]1961, S. 27.
[26] Vgl. Kayser, Versschule, l. c., S. 28.
[27] Mautz weist eine Jugendstilschicht in den Bildern Heyms nach. Vgl. Mautz, Mythologie und Gesellschaft, l. c., S. 88 ff.
[28] In h I, 58, unter dem Titel „Berlin I".

bildung: ‚In dem Idylle' genießen wir wohl um des Reimes willen? Und, andererseits, was ist das überhaupt für ein rätselhaftes Thema! Das kann doch kein Schüler – das muß ein Feind Georges geschrieben haben. Hier ist ja alles Verpönte und Verdrängte aufgestellt, hier starrt der Maschinenkosmos des zwanzigsten Jahrhunderts, und mit was für greulichen Details! Mit den Petroleumflecken, die auf dem Spreewasser ziehn, und mit dem Gestank aller Gewerbe, die um die Oberbaumbrücke zwischen Wasser und Kohlehaufen wuchern! Ein begabter Kerl vielleicht? Nein, nicht begabt. Er ist ja ungeschickt wie ein Sekundaner." [29] Jacob versucht auch darzustellen, welches Element an George für Heym so wichtig wurde: „George – den er maßlos haßte, im Unbewußten aber vielleicht so sehr verehrte, wie Kleist Goethe gehaßt, verehrt und geliebt hatte – war für Heym eine Art von Ahnenschicksal. George nicht als Geist (die Gundolfiaden seiner Schüler und Freunde waren für Heym ein Nonliquet) und andererseits auch nicht das Georgesche Gedicht, das er in seiner ganzen Ausdehnung überhaupt nicht kannte – wohl aber George als Form, als Äußerung jenes Zwanges zur Latinität, den George selbst von Baudelaire übernommen hatte. Diese Form umschloß zeitlebens den Rasenden wie ein Kristall. Schmerzhaft genug wohnte er sich ihr ein, mit blutenden Händen bosselte er den Quarzstaub von den inneren Wänden." [30]

Mit der Feststellung, Georges „Latinität" habe Heym beeindruckt, widerspricht sich Jacob. Es ist wohl kaum ein größerer Gegensatz zur „Latinität" Georges denkbar als die Ungeschicklichkeiten Heyms, die Jacob selbst registrierte. Streng eingehaltenes Metrum, durchsichtige äußere Form bedeuten strukturell bei Heym ein ganz anderes als bei George. Jacob überträgt einfach, ohne die Dialektik solcher Abhängigkeit zu erkennen. Die „lateinische Form", wie Heym selbst den Jambus nannte [31], war diesem in ihren historischen Implikationen, ausgeprägt durch Baudelaire und George, niemals Ziel der Darstellung.

Die Tatsache, daß Heym vom Jambus als „lateinischer Form" spricht, wirkt im Hinblick auf den deutschen und englischen dramatischen Blankvers zunächst befremdlich. Möglicherweise spielt er mit dieser Formulierung auf Baudelaire und Rimbaud und deren Einfluß in deutschen Übersetzungen auf die zeitgenössische Lyrik an. Auch hier rückt, wie Ludwig Dietz zeigte, George wieder ins Blickfeld: „Eine der großen Neuerungen

[29] h VI, 67 f.
[30] h VI, 70.
[31] h III, 166.

46

Georges ist, den französischen Alexandriner nicht mehr, wie bislang geschehen (etwa in Geibels Übersetzungen), mit dem deutschen Alexandriner wiederzugeben, der etwas völlig anderes darstellt, sondern bessere Äquivalente zu suchen. Diese fand er in Versen verschiedenster Art, je nach dem rhythmischen Charakter der ‚Vorlage‘. Die den Alexandriner ersetzenden Verse, die man deshalb Alexandriner-Paraphrasen nennen muß, sind vornehmlich der fünfhebige jambische Vers und der fünfhebige daktylo-trochäische Vers; der letzte oft mit freiem Auftakt. Stefan George folgen in der Wiedergabe des Alexandriners durch diese zwei metrischen Paraphrasen Zweig, Schaukal, Ammer und Däubler.“ [32] Heym kannte die Gedichte Rimbauds und Baudelaires gut, nach der Vermutung Heinrich Eduard Jacobs „vielleicht besser, als er irgendeinen deutschen Dichter kannte“ [33]. Ob Heym die Franzosen im Original gelesen hat, ist nicht auszumachen, aber anzunehmen; die sprachlichen Voraussetzungen dazu hatte er jedenfalls. [34] Die bevorzugte Form der Franzosen, der sechshebige Jambus (Alexandriner), spielt in Heyms Dichtungen keine Rolle. Es ist denkbar, daß Heym in der Nachfolge Georges und anderer Übersetzer den fünfhebigen jambischen Vers übernahm, freilich nicht, weil er französische Dichtungen übertragen wollte, sondern weil er in ihm die Form sah, die seinen eigenen dichterischen, sicherlich stark von den Franzosen beeinflußten Intentionen entsprach. [35]

Schon von hier aus erscheint Röllekes These, Heyms „auffällige Vorliebe für den fünfhebigen Jambus“ sei „auch aus den frühen dramatischen Versuchen Heyms erwachsen“ [36], fragwürdig. Heym mag sich in diesen Dramenversuchen im Takt des Blankverses geübt haben, den er sicherlich in der Nachfolge Kleists und Grabbes – beide von ihm hochgeschätzt – verwendete; er dürfte sich aber bewußt gewesen sein, daß der Blankvers im Drama etwas anderes darstellt als der fünfhebige Jambus im Gedicht. Heym trägt diesem Unterschied bis weit in die Sprachgestaltung hinein Rechnung. So ändert etwa der Endreim, der fast ausnahmslos im Gedicht mit fünfhebigen Jamben

[32] Ludwig Dietz, Die lyrische Form Georg Trakls, Salzburg 1959, S. 19.
[33] h VI, 82.
[34] So weist sein Reifezeugnis im Fach Französisch die Note „gut“ auf (h VI, 384).
[35] Dietz (l. c., S. 19) nimmt an, Heym habe vornehmlich daktylo-trochäische Verse in regellosem Wechsel von vier oder fünf Hebungen verwendet, wie sie Ammer in seiner Nachdichtung von Rimbauds „Bateau ivre“ in Verkennung der Gesetze, die George den deutschen Alexandriner-Paraphrasen gab (nämlich strenge Fünfhebigkeit), ausbildete. Dies trifft zumindest für die Gedichtproduktion aus der Phase von „Der ewige Tag“ nicht zu; gerade aber in den Gedichten dieser Zeit dürfte Rimbauds und Baudelaires Einfluß am gewichtigsten gewesen sein.
[36] Rölleke, Die Stadt, l. c., S. 84.

herrscht, den Charakter des Verses erheblich. Die Zeile wird besser hörbar, die Zäsur am Versende deutlicher. Enjambements und lange, gespannte Satzperioden werden seltener. Selbst wo die Dramensprache unverkennbar sich Heymscher Bilder bedient, folgt sie einem anderen Duktus. Wir geben ein Beispiel aus „Atalanta oder Die Angst", 1910/11 entstanden:

> Des ganzen Abgrunds ungeheures Maul
> Sog an der Sohle mir. Die weite Helle
> Des bodenlosen Nichts. Die langen Ketten,
> Daran die Geister wie ein Bienenschwarm
> Mit Bergeslast sich schaukelnd hin und her
> Mich niederzogen in den weiten Fall
> Der hellen Klüfte, wo Gelächter rief
> Von jedem Grat der Schlünde, jedem Karst,
> Und großen Nestern, drin die graue Brut
> Der Teufel saß, in schwarzem Federkleid,
> Wie ungeheure Geier auf dem Horst.
>
> (h II, 381 f.)

Über sechs der zehn Verszäsuren spielt die Syntax deutlich hinweg; vier dieser Enjambements setzt Heym unmittelbar nacheinander. Heym folgt hier tatsächlich der dramatischen Sprachtradition, wie auch in der weitgespannten Satzperiode in den Versen 4 bis 7. Die Sprache erhält etwas Drängendes, das in Heyms Lyrik weitgehend fehlt. Die Behauptung Greulichs, der fünfhebige Jambus bedeute in den Gedichten „Annäherung an dramatische Gestaltungsart"[37], ist entschieden zurückzuweisen.

Wie nun realisiert Heym den fünfhebigen Jambus im Gedicht? Diese Frage läßt sich vielleicht beantworten, wenn man die Beobachtung einiger Interpreten heranzieht. Sie stellen fest, daß in Heyms Gedichten „Monotonie" und „Gleichförmigkeit" herrschen, bezeichnen und bewerten diese Erscheinung aber verschieden. Heselhaus spricht von „gewalttätige(r) Monotonie der Form"[38]. Rölleke interpretiert: „Bedrückende Monotonie und dämonische Langeweile, die das Tagebuch so häufig zitiert, haben sich bis in die Form Heymscher Dichtungen durchgesetzt."[39] Mautz spricht davon, daß die Jamben Heyms „die Monotonie eines Weltzustandes" „widerhallen"

---

[37] Helmut Greulich, Georg Heym (1887–1912) – Leben und Werk – Ein Beitrag zur Geschichte des deutschen Frühexpressionismus, Berlin 1931, S. 112.
[38] Clemens Heselhaus, Lyrik der Moderne, l. c., S. 182.
[39] Rölleke, Die Stadt, l. c., S. 85.

lassen.[40] Herwarth Walden schließlich bemängelt, „alles sei im gleichen Rhythmus erlebt"[41].

Monotonie vermag sich nur in der Wiederholung des Gleichen zu konstituieren; sie ist damit eine Funktion von Länge. Ihr Wesen besteht u. a. darin, daß sie strenger Funktionalität der Teile innerhalb eines Gebildes entgegenwirkt, ja, Funktionalität tendenziell aufhebt. Wolfgang Kayser führt verschiedene Gründe an, wodurch im Gedicht möglicherweise Monotonie entsteht. Monotonie kann auftreten, wenn „Betonungsgleichheit der Wörter"[42] oder „Gleichmäßigkeit der kräftigen Hebungsschweren" bei völliger „Gleichheit der Hebungsabstände"[43] vorliegen; schließlich auch, wenn viele Zeilen, die in sich keineswegs monoton sein müssen, rhythmisch gleich gebaut sind[44]. Aus dem letzteren geht hervor, daß langzeilige Gedichte der Gefahr rhythmischer Eintönigkeit weniger ausgesetzt sind als kurzzeilige, „wo meist der ganze Vers eine rhythmische Einheit bildet oder doch die Möglichkeit zu variieren gering ist. Bei längeren Zeilen ist mit der Vielzahl der möglichen Schnitte der Abwechslung Tür und Tor geöffnet."[45]

Der fünfhebige jambische Vers und die aus ihm gebildete vierzeilige gereimte Strophe bieten potentiell ein hohes Maß an rhythmischer Abwechslungsmöglichkeit. Da ist einmal der „schmiegsame" Charakter des jambischen Verses, dann die verhältnismäßig lange Verszeile, die viele verschiedene, aber keine symmetrischen rhythmischen Einschnitte zuläßt, und schließlich die formale Unverbindlichkeit des gereimten Vierzeilers.[46] Rein theoretisch ergibt sich, daß bei Ausschöpfung sämtlicher Möglichkeiten eine verhältnismäßig große Gedichtlänge nötig wäre, um Monotonie aufkommen zu lassen. Bei Heym finden sich einige ziemlich lange Gedichte (etwa „Die Morgue" mit 112 Versen); diese sind aber keinesfalls die Regel. Im Durchschnitt besteht ein Gedicht in „Der ewige Tag" aus 24 Versen.

Heym nützt längst nicht alle Möglichkeiten rhythmischer Abwechslung. Dennoch ist es nicht einfach, die von den Interpreten bemerkte Monotonie aufzuweisen. So hat es wenig Sinn, einzelne Verse herauszusuchen, die sich

[40] Mautz, Mythologie, l. c., S. 216.
[41] Herwarth Walden, Bab, der Lyriksucher, in: Der Sturm 3 (1912), S. 125 f.; abgedr. in: h VI, 256.
[42] Kayser, Versschule, l. c., S. 79.
[43] Kayser, Versschule, l. c., S. 104 f.
[44] Vgl. Kayser, Versschule, l. c., S. 106 f.
[45] Kayser, Verschule, l. c., S. 107.
[46] Vgl. Kayser, Versschule, l. c., S. 38: „Die vierzeilige Strophe ist von allen Strophenformen (. . .) die ungewichtigste."

durch „Gleichmäßigkeit der kräftigen Hebungsschweren und der völligen Gleichheit der Hebungsabstände" auszeichnen. Solche Verse sind nicht selten, man könnte aber genügend Gegenbeispiele ins Feld führen. Ebenso leicht ist es, rhythmisch gleich gebaute Verszeilen zu finden, die aufeinander folgen, wie Versfolgen, in denen dies nicht der Fall ist.

Heyms Gedichte „leiern" nicht, sie sind nicht monoton im üblichen Sinn. Wie gut Heym rhythmisch zu gestalten wußte, soll ein kurzer Blick auf das Sonett „Louis Capet" zeigen:

> Die Trommeln schallen am Schafott im Kreis,
> Das wie ein Sarg steht, schwarz mit Tuch verschlagen.
> Darauf steht der Block. Dabei der offene Schragen
> Für seinen Leib. Das Fallbeil glitzert weiß.
>
> Von vollen Dächern flattern rot Standarten.
> Die Rufer schrein der Fensterplätze Preis.
> Im Winter ist es. Doch dem Volk wird heiß,
> Es drängt sich murrend vor. Man läßt es warten.
>
> Da hört man Lärm. Er steigt. Das Schreien braust.
> Auf seinem Karren kommt Capet, bedreckt,
> Mit Kot beworfen, und das Haar zerzaust.
>
> Man schleift ihn schnell herauf. Er wird gestreckt.
> Der Kopf liegt auf dem Block. Das Fallbeil saust.
> Blut speit sein Hals, der fest im Loche steckt.
>
> (h 1, 87)

Die beiden Quartette bringen im wesentlichen drei Möglichkeiten rhythmischer Organisation des fünfhebigen jambischen Verses: 1. der Vers selbst bildet die rhythmische Einheit (V 1, 5, 6); 2. Zäsur nach der zweiten Hebung (V 2, 3, 4, 7); 3. Zäsur nach der dritten Hebung (V 8). Vor allem die Zäsur nach der zweiten Hebung schafft Kola, die die rhythmische Bewegung der Quartette bestimmen. Der Kolontyp am Versanfang erscheint dabei in verschiedenen Variationen: 1. x x' x 'x x (V 2); 2. x 'x x x x' x (V 7); 3. x (x) x' x 'x (V 3 und 4). Beide Quartette setzen mit Versen ein, die eine rhythmische Einheit darstellen. In beiden Quartetten wird durch die Zäsuren in den folgenden Versen der Rhythmus bewegter, wobei die parallelen starken Zäsuren der Verse 3 und 4 einen vorläufigen Höhepunkt darstellen. Das zweite

Quartett ist viel ruhiger; Vers 8 mit der neuen Aufteilung der Kola wirkt wie eine Kadenz.

Die Quartette bereiten die Terzette rhythmisch vor. Deren Einsatz in Vers 9 beginnt mit dem bereits bekannten abrupt wirkenden Kolon der Verse 3 und 4, verstärkt durch den ziemlich starken Akzent auf „hört". Doch nun läuft die Zeile nicht einfach aus, sondern wird nochmals unterbrochen. Sämtliche drei Kola dieser den Neueinsatz deutlich markierenden Zeile enden mit einer Hebung und sind durch Punkte nachdrücklich voneinander getrennt: der abgehackte Rhythmus, der sich in den Terzetten vollends durchsetzt, antizipiert gleichsam die Arbeit der Guillotine. Die rhythmische Zäsur, die in den Quartetten im ersten Teil der Verse statthatte, verlagert sich gegen das Ende; lediglich die Schlußverse der Terzette machen eine Ausnahme. So tritt in Vers 11 nochmals kurze Beruhigung ein, doch nur, um den Rhythmus der Verse 12 und 13 prägnanter erscheinen zu lassen. Diese Verse sind rhythmisch identisch und erscheinen mit der Zäsur direkt nach der dritten Hebung als Umkehrung der Verse 3 und 4.

Der gesamte rhythmische Bau der Verse 1 bis 13 kann als Einleitung zum Schlußvers gedeutet werden. Das Kolon x ′x x ′x erfährt hier seine entscheidende Veränderung: die stärkste Betonung, die das Gedicht überhaupt aufzuweisen hat, fällt hier auf die erste Silbe: ″x x x ′x. Dem stärksten Kolon folgt die längste Pause, deren Wirkung durch die lapidare Erfüllung des Metrums im zweiten Teil des Verses sich gewissermaßen fortpflanzt. [47]

Heym fehlt es also bestimmt nicht an Rhythmus. H. E. Jacob verglich bei der Beschreibung des Gedichts „Berlin I" dessen Rhythmus mit dem eines Gedichts von George. Tatsächlich erinnert der rhythmische Gestus oft an George. Wollte man ihn in einem der Rhythmustypen einordnen, die Wolfgang Kayser an die Hand gibt, so müßte man von „bauendem Rhythmus" sprechen. Dessen Kennzeichen sind eine gewisse Einheitlichkeit und Regelmäßigkeit der Kola, dabei verhältnismäßige Selbständigkeit der rhythmischen Einheiten[48]. Der „bauende Rhythmus" ist „durchaus zum gehobenen Sprechen disponiert"[49]. Der Sprachgestus ist fest, gelassen[50], verhalten[51].

---

[47] Vgl. auch Mautz, Mythologie, l. c., S. 231.
[48] Vgl. Wolfgang Kayser, Das sprachliche Kunstwerk, Bern und München, 9. Aufl. 1963, S. 261.
[49] Kayser, Sprachl. Kunstwerk, l. c., S. 261.
[50] Kayser, Sprachl. Kunstwerk, l. c., S. 261.
[51] Kayser, Versschule, l. c., S. 113.

Dabei steigert sich die Bedeutungskraft der Wörter.[52] Stanze, Alexandriner und Sonett sind geeignete Formen für den „bauenden Rhythmus"[53].

Heyms Gedichte weisen fast alle Eigenschaften auf, die Kayser dem „bauenden Rhythmus" zuschreibt. Sicher entsprechen das Metrum des fünfhebigen Jambus und die Formen des gereimten Vierzeilers und des Sonetts diesem Rhythmustyp vorzüglich.[54] Heym führt das Metrum exakt durch: Abweichungen gibt es nur am Versanfang, also da, wo im jambischen Vers „grundsätzlich" Betonungsfreiheit herrscht[55]; Tonbeugungen kommen so gut wie nicht vor, und selbst eine vergleichsweise harmlose Lizenz wie gelegentliche Doppelsenkung ist äußerst selten und wird bewußt vermieden[56]. Die rhythmischen Einheiten drängen durchaus zu einer gewissen Selbständigkeit. Genannt seien die kräftigen Zäsuren nach Vers, Doppelvers und Strophe, die durch Reim und nicht zuletzt durch das Zusammenfallen von rhythmischer und syntaktischer Einheit entstehen, wobei die Tatsache, daß es sich meist um parataktische Fügungen handelt, wichtig ist. Gehobenes, gemessenes Sprechen ist angebracht.

Es dürfte selten gelingen, Monotonie als Individualfall eines Heymschen Gedichts nachzuweisen, so wie es Kayser an Gedichten Schlegels und Platens unternommen hat[57]. Dies hat nicht zuletzt seinen Grund darin, daß die besondere Art der Eintönigkeit, die vielen Beobachtern charakteristisch für Heym erscheint, kein ungewolltes Nebenprodukt, sondern ein wesentlicher Teil der künstlerischen Struktur der Gedichte ist: sie ist nicht Wiederholung des Gleichen, sondern Ausdruck von „Gleichgültigkeit".

Der „bauende Rhythmus" mit seiner Disposition zum „gehobenen Sprechen" ist als Rhythmustyp weniger Ausdruck sich verströmenden subjektiven Empfindens als Ausdruck des Maßes und der Würde. In diesem Sinn verwendete ihn George. Anders Georg Heym. In seinen Gedichten überschreiten schon die Bilder sowohl in ihren Inhalten als auch in ihrer Fülle jedes Maß. Dem Rhythmus kommt hier vor allem die Funktion zu, jede subjektive Anteilnahme, jedes „Mitschwingen der Seele" (Stadler) auszuschließen[58]; er ist Träger einer Haltung, die weit über den Dingen steht und so an die

---

[52] Kayser, Versschule, l. c., S. 113.
[53] Kayser, Sprachl. Kunstwerk, l. c., S. 261 f.
[54] Der fünfhebige jambische Vers als Paraphrase des französischen Alexandriners!
[55] Kayser, Versschule, l. c., S. 74.
[56] So heißt es in: „Bastille": „Das erzne Maul der grau'n Kanonen droht." (h I, 86)
[57] Kayser, Versschule, l. c., S. 104 ff.
[58] Der „bauende Rhythmus" wird dabei entscheidend unterstützt von der Syntax, wie in den folgenden Abschnitten noch zu zeigen sein wird.

Situation des Epikers erinnert[59]. Heselhaus findet bei Heym ein „episches Moment"[60] und präzisiert an anderer Stelle: „Der Dichter scheint nur ein Registrierender oder Reproduzierender zu sein."[61] Damit spielt Heselhaus auf dieselbe Erscheinung an, die Rölleke im Sinn hat, wenn er von der „starren" Perspektive – wir nennen sie im folgenden „neutrale" Perspektive – in Heyms Gedichten redet.

Die neutrale Perspektive ist ebensowenig wie die Monotonie der Individualfall eines Gedichts: Art der Perspektive und deren ausschließliche Gültigkeit sind in den Gedichten aus der Phase von „Der ewige Tag" unlösbar miteinander verknüpft. Äußeres Zeichen für diese Ausschließlichkeit der Perspektive ist die Ausschließlichkeit, mit der Heym *eine* Form verwendet. Diese Form ist – sieht man vom charakteristischen Sonderfall des Sonetts ab – der gereimte fünfhebige jambische Vierzeiler. Perspektive und Form treten damit in einen engen Zusammenhang: jedes neue Metrum, und sei es für den „bauenden Rhythmus" noch so geeignet, würde die Ausschließlichkeit der neutralen Perspektive in Frage stellen.

So wie Heym innerhalb eines Gedichts dasselbe Metrum exakt durchführt, um die Monotonie nicht zu unterbrechen, so kann der Tendenz nach kein Gedicht als Ganzes ein anderes formales Schema als den beschriebenen Vierzeiler haben.[62] Heym setzt voraus, daß dieser Vierzeiler ganz wie die neutrale Perspektive allem und jedem angemessen ist. Diese Voraussetzung ist konstitutives Strukturelement der Gedichte, die damit zusammenhängende Monotonie ist struktiv. Die universale Angemessenheit *einer* Perspektive und *einer* Form hat Heym im Sinn, wenn er in einem Brief an John Wolfsohn vom 2. 9. 1910 schreibt: „Und Dichten (ist) so unendlich leicht, wenn man nur Optik hat. Wobei nur gut ist, daß das so wenige wissen."[63] Mit einem dialektischen Trick läßt Heym Dichten als Formkunst unproblematisch werden, denn wo eine Form universale Gültigkeit hat, ist die Beziehung von Form und Inhalt scheinbar problemlos. Dies kann natürlich nicht heißen, daß sich das Formproblem nicht stellte; ist es doch gerade die Aufdeckung dieses Tricks als das formale Problem, die den Zugang zu den Gedichten aus der Zeit des „Ewigen Tag" öffnet.

[59] Ein typisch epischer Vers, der Hexameter, ist Kaysers erstes Beispiel für den „bauenden Rhythmus". Vgl. Sprachl. Kunstwerk, l. c., S. 261.
[60] Heselhaus, Lyrik der Moderne, l. c., S. 177.
[61] Heselhaus, Lyrik der Moderne, l. c., S. 181.
[62] Die wenigen Gedichte, die abweichen, wie „Rom" (h I, 183), fallen so aus dem Rahmen.
[63] h III, 205.

2. Periphrasen: Topographien im geschichtslosen Raum

a. *Perspektive und Bilder*

Die durchgehende Monotonie kennt von sich aus keine Funktionalität, weder Anfang noch Ende. Dies zeigt sich vor allem in der Struktur der Bilder. Hier bestimmt die neutrale Perspektive die Stellung der Bilder zueinander: es gibt weder Rangordnung noch Wertung. Vom Spülicht der Großstadt ist mit derselben Objektivität die Rede wie von der Wasserleiche. [64]

Heym selbst hat einen Hinweis gegeben, aus dem die Bilderstruktur erschlossen werden kann. Im Juli 1910 notiert er in seinem Tagebuch: „Ich glaube, daß meine Größe darin liegt, daß ich erkannt habe, es gibt wenig Nacheinander. Das meiste liegt in einer Ebene. Es ist alles ein Nebeneinander." [65] Diese Notiz [66] ist im Grunde nichts anderes als die Explikation der neutralen Perspektive in ihrer ausschließlichen Gültigkeit. Auch die Bilder in Heyms Gedichten liegen „nebeneinander", die Art ihrer Beziehung ist durch dieses „Nebeneinander" bestimmt. Was sich perspektivisch als Haltung der Gleichgültigkeit ausdrückt, bedeutet für die in der „Ebene" lagernden Objekte gegenseitige Gleichwertigkeit.

Diese „Ebene" ist freilich nicht identisch mit dem Anschauungsbereich, der gemeinhin der Realität zugeordnet ist. Sie liegt gleichsam quer dazu und ist fähig, Reales wie den Großstadtspülicht gleichberechtigt neben Mythologischem, Dämonischem, Groteskem aufzunehmen. Ein einfaches Beispiel bietet die letzte Strophe von „Die Tote im Wasser", in der es von der Wasserleiche heißt:

> Sie treibt ins Meer. Ihr salutiert Neptun
> Von einem Wrack, da sie das Meer verschlingt,
> Darinnen sie zur grünen Tiefe sinkt,
> Im Arm der feisten Kraken auszuruhn.
>
> (h I, 118)

Die Bilder, gleichgültig welchen Bereichen sie entstammen, stehen nebeneinander wie in einer Landschaft; ihre Realitätsebene im Gedicht ist dieselbe. Heym scheint sie lediglich mit objektivem Blick zu reproduzieren.

---

[64] h I, 177.
[65] h III, 140.
[66] Mit ihrer Interpretation durch Rölleke haben wir uns in der Einleitung kritisch auseinandergesetzt.

Aus dieser Landschaft scheint jede Zeit geschwunden. Heym betont dies selbst, wenn er sagt, es gebe kaum „Nacheinander" [67]. Nun ist es freilich verfehlt, das entgegengesetzte „Nebeneinander" als „Simultaneität" zu interpretieren. „Nebeneinander" bedeutet nicht Gleichzeitigkeit, sondern eine räumliche Beziehung, innerhalb deren Zeitlosigkeit herrscht. Wenn das Thema der Zeit auftaucht wie im Gedicht „Der Tag" [68], so scheint Zeit in Konstellationen des Raums umgesetzt. Kein Tagesverlauf als zeitliche Erfahrung wird wiedergegeben, sondern der Tag selbst, personifiziert und so als Allegorie substantialisiert, schreitet Stationen von Osten nach Westen – Palmyra, Damaskus, Libanon, Griechenland – ab. Diese Zeitlosigkeit, wie sie den Bildern anhaftet, war als Monotonie bereits in der Konstruktion der neutralen Perspektive beschlossen; sie drückt sich den Bildern selbst auf in jener Metaphorik der Statik und Erstarrung, auf die Mautz nachdrücklich hingewiesen hat.

Die zahlreichen Personifikationen in den Gedichten – vor allem fast barock anmutende wie die des Tages – weisen darauf hin, daß Heyms Bilder den Charakter der „uneigentlichen Redeweise" tragen. Diese Bilder sind der barocken Allegorie verwandt, wie sie Benjamin beschrieben hat. In der Zeitlosigkeit kehrt in ihnen eine ähnliche „Wendung" wieder wie die „von Geschichte in Natur, die Allegorischem zugrunde liegt" [69]. Freilich darf trotz der ähnlichen Struktur der Ausdrucksmittel nicht übersehen werden, daß Heyms Bilder auf einer anderen geschichtlichen Erfahrung basieren als die barocken Allegorien. Während sich in der „Figur" des Totenkopfes, die hier stellvertretend für die barocke Allegorie schlechthin zu stehen vermag, in ständiger Reflexion auf die Todesverfallenheit „die biographische Geschichtlichkeit eines Einzelnen" „bedeutungsvoll als Rätselfrage" ausspricht [70], ist Heyms Bilderwelt – wie noch zu zeigen sein wird – geprägt von der Erfahrung des „Realitätszerfalls".

Die Bilder sind die gleich-gültigen Bestandteile in den Ausschnitten der einzigen neutralen Perspektive, wie sie die Gedichte bieten. Sie haben den Charakter der „uneigentlichen Redeweise" und sind doch das einzige Relevante, denn sie entspringen einer Situation, in der es kein „Eigentliches" gibt. Sie sind Periphrasen eines Unbekannten, angesiedelt in einem Raum, der weder Zeit noch Geschichte kennt. Die Zeit ist von ihnen abgefallen

---

[67] „Nacheinander" ist eindeutig zeitlich zu verstehen. Erst so tritt es in einen Gegensatz zu „Nebeneinander".

[68] h I, 147 f.

[69] Walter Benjamin, Ursprung des deutschen Trauerspiels, Frankfurt 1969, S. 203.

[70] Benjamin, Trauerspiel, l. c., S. 183.

wie von jenen lebendigen Toten und toten Lebenden, die die Gedichte bevölkern. Dies gerade verleiht den Bildern jene eigentümliche Konkretheit, die Heselhaus veranlaßt, von „krudem Realismus" [71] zu sprechen. Unbekümmert um Verweisungszusammenhänge können sich die Allegorien ausbreiten, ihre einzige Entfaltungsmöglichkeit liegt in ihnen selbst:

> ... Und auf dem dunklen Tal,
>
> Mit grünem Fittich auf der dunklen Flut
> Flattert der Schlaf, den Schnabel dunkelrot,
> Drin eine Lilie welkt, der Nacht Salut,
> Den Kopf von einem Greise gelb und tot.
>
> (h I, 77)

Eine einseitige Auslegung der Bildinhalte, die mit einer der Empirie abgewonnenen Logik „Bezugsgegenstand" und „Bildvorstellung" trennen zu können glaubt, verfehlt so grundsätzlich das Wesen der Heymschen Bilder. Sie verkennt, daß diese ihrer eigenen Gesetzlichkeit folgen, die in der ausschließlichen Gültigkeit einer neutralen Perspektive begründet ist. So kann sich K. L. Schneider die Bilderfülle in Heyms Gedichten nur psychologisch erklären: „Man gewinnt den Eindruck, daß der Dichter unter einem gewaltigen inneren Andrang von Bildern leidet, so daß es nicht mehr zu einer Auswahl *eines,* dem jeweiligen Bezugsgegenstand angemessenen Bildes, sondern immer gleich zu metaphorischen Entladungen, ja Explosionen kommt." [72] Die Bilderstruktur ist damit nicht erfaßt. Dagegen suggeriert Schneider mit den Ausdrücken „metaphorische Entladungen" und „Explosionen" Vorstellungen, die sich mühelos in sein eigenes Interpretationsschema, das Heym auf ein „dynamisches Lebensgefühl" festlegen will, einfügen lassen.

b. *Relativsätze und Lokative*

Das kompositorische Prinzip, das aus dem „Nebeneinander" der Bilder hervorgeht, ist ganz allgemein das der Reihung. Ihm entspricht auf syntaktischer Ebene zunächst die einfache Form der Parataxe:

> Die braunen Segel blähen an den Trossen,
> Die Kähne furchen silbergrau das Meer.

[71] Heselhaus, Lyrik der Moderne, l. c., S. 181.
[72] K. L. Schneider, Bildh. Ausdr., l. c., S. 60.

Der Borde schwarze Netze hangen schwer
Von Schuppenleibern und von roten Flossen.

(h I, 111)

Zwei Dampfer kamen mit Musikkapellen.
Den Schornstein kappten sie am Brückenbogen.

(h I, 58)

Charakteristischer jedoch als die parataktische Fügung ist für Heym die
Form des Relativsatzes. Die ungewöhnliche Häufigkeit, mit der Heym von
dieser Form Gebrauch macht, ist H. E. Jacob aufgefallen: „Gebt acht, er
erwürgt sich noch im Schleppseil seiner Lokativbestimmungen und Relativsätze."[73] Aus der Art und Weise, in der Heym den Relativsatz verwendet,
können weitere Merkmale der Bilderstruktur erschlossen werden.

Heym kennt den Relativsatz einmal in seiner normalen Gestalt mit den
Relativpronomina „der", „die", „das" als Anschlußwort, niemals jedoch mit
„welcher", „welche", „welches":

Blut speit sein Hals, der fest im Loche steckt.

(h I, 87)

Aus vielen Pfützen dampft des Blutes Rauch,
Die schwarz und rot den braunen Feldweg decken.

(h I, 124)

Zum anderen sind Relativadverbia sehr häufig, vor allem das lokative „wo":

Am schwarzen Leib der Nacht, wo bodenlos
Die Tiefe sinkt.   (h I, 177)

Charakteristisch für Heym ist es, wenn er die Pronominaladverbia „darin", „daraus", „davon" etc. als Relativadverbia einsetzt:

Und es birst
Ein Dach, daraus ein rotes Feuer schwemmt.

(h I, 187)

Ein schwarzes Loch gähnt, draus die Kälte stiert.

(h I, 158)

Sein leerer Schlund ist wie ein großes Tor,
Drin Feuer sickert (...)   (h I, 158)

---

[73] h VI, 68.

Ihr blondes Haar brennt durch die Nacht, darein
Die tiefe Hand des feuchten Dunkels wühlt.

(h I, 176)

Der Sonne Atem dampft am Firmament,
Davon das Eis, das in den Lachen steht
Hinab die Straße rot wie Feuer brennt.

(h I, 163)

Ein Moloch, drum die schwarzen Knechte knien.

(h I, 161)

In allen Brücken, drunter uns die Zille
Hindurchgebracht (. . .)   (h I, 58)

Hinter diesen Konstruktionen steht der Wille, dem Relativadverb eine
gewisse Selbständigkeit durch den deutlich demonstrativen Charakter zu
geben (Heym schreibt nicht: „Ein schwarzes Loch gähnt, *woraus* die Kälte
stiert.") und gleichzeitig die Fügung aus Relativpronomen und Präposition
zu vermeiden („Ein schwarzes Loch gähnt, *aus dem* die Kälte stiert.").

Die Relativsätze stehen meist in der Rolle von Attributen[74]. Letztere
sind grammatisch gesprochen kein Bestandteil des „eigentlichen" Satzes und
„nicht selbst unmittelbar auf den Satz bezogen"; sie sind „sich um einen
Kern (der zum eigentlichen Satz gehört. J. Z.) lagernde Gliedteile"[75]. Heym
kennt selbstverständlich die verschiedenen Möglichkeiten des Attributs; in
der Form des Relativsatzes aber begegnen wir der Form, die für die Struktur der Gedichte die bezeichnende ist.

Im Vergleich zum einfachen Attribut ist die Bindung des Relativsatzes
an den „Kern" verhältnismäßig locker. Der schon gezeigte demonstrative
Charakter mancher Formen, der sich noch in der Vermeidung von „welcher" – als Fragewort stärker an das Vorhergehende anknüpfend – andeu-
tet, verstärkt diesen Eindruck. Tatsächlich scheint Heym an der relativen
Selbständigkeit der Attribute gelegen zu sein, wie einfache Fälle zu zeigen
vermögen:

Der Wasser Dunkelheit, die meilenlos,
(. . .)   (h I, 201)

---

[74] Der Große Duden, Bd. 4, Grammatik der deutschen Gegenwartssprache, 2. Aufl. Mannheim 1966, S. 570.
[75] Duden, Grammatik, l. c., S. 512.

Sturm fegt auf leeren Straßen fort
Des Waldes Laub, das schwarz ward und verdorrt.

(h I, 149)

Der Relativsatz erweist sich dabei als Fortführung einer Tendenz, die bereits angedeutet ist, wenn die Attribute grammatisch locker angefügt sind:

Ein ungeheurer Schädel, weiß und tot,
(...)   (h I, 133)

Auf seinem Karren kommt Capet, bedreckt,
Mit Kot beworfen, und das Haar zerzaust.

(h I, 87)

Schließlich wird der Übergang vom Relativsatz als Attribut zum Relativsatz als „weiterführenden Teilsatz", in dem „unabhängige Sachverhalte" aufeinander bezogen werden[76], tendenziell angestrebt. So ist nicht mehr klar auszumachen, welche grammatische Funktion der Relativsatz in den folgenden Beispielen erfüllt:

Befaßt uns nicht, die schon das Land erschaun
(...)   (h I, 286)

In ihrem Viertel, in dem Gassenkot,
Wo sich der große Mond durch Dünste drängt,
Und sinkend an dem niedern Himmel hängt,
Ein ungeheurer Schädel, weiß und tot,

Da sitzen sie die warme Sommernacht
(...)   (h I, 133)

Heym nützt so die grammatische Funktion der Attribute. Indem er sie aus dem ohnehin schon lockeren Zusammenhang treibt und verselbständigt – am deutlichsten, wenn der starke demonstrative Charakter der Relativpronomina die Relativsätze aus ihrer syntaktisch untergeordneten Stellung emanzipiert –, verwandelt er das Beigefügte in Substanz, das Akzidentelle in das Eigentliche. Dies ist das innerste Strukturgesetz, dem die Bilder Heyms verpflichtet sind; in der Konstruktion der Relativsätze ist es syntaktisch formalisiert.[77] Am augenfälligsten äußert sich diese Tendenz, wenn es zu regelrechten Ketten von Relativsätzen kommt:

[76] Duden, Grammatik, l. c., S. 570.
[77] Greulichs Behauptung, Heym benutze den Relativsatz, „um dem Substantiv eine mög-

Die großen Bäume wandern durch die Nacht
Mit langem Schatten, der hinüber läuft
Ins weiße Herz der Schläfer, die bewacht
Der kalte Mond, der seine Gifte träuft

Wie ein erfahrner Arzt tief in ihr Blut.

(h I, 177)

Vorbei an China, wo das gelbe Meer
Die Drachenschunken vor den Städten wiegt,
Wo Feuerwerk die Himmel überfliegt
Und Trommeln schlagen um die Tempel her.

Der Regen jagt, der spärlich niedertropft
Auf seinen Mantel, der im Sturme bläht.
Im Mast, der hinter seinem Rücken steht,
Hört er die Totenuhr, die ruhlos klopft.

(h I, 201)

Hoch über Sardes und der schwarzen Nacht,
Auf Silbertürmen und der Zinnen Meer,
Wo mit Posaunen schon der Wächter wacht,
Der ruft vom Pontos bald den Morgen her.

(h I, 239)

Die Wasser stehn am Kai und sie entzünden
Sich dunkelrot mit trüber Abendglut,
Wo in den schwarzen Hafen dunkle Fleete münden
Und schwarze Schatten wiegen auf der Flut,

Wo hohe Häuser, dunkel und verraucht,
Wie Mumien sind am Wasser aufgepflanzt,
Drin nachts der Mond die gelben Füße taucht,
Der auf der Wasserrosen Teppich tanzt.

(h I, 223)

Ihrer Tendenz nach kennt diese Bildentwicklung weder Richtung noch
Ziel; jedem Bild kann ein neues entspringen. Diese Möglichkeit hängt eng

---

lich (möglichst?) große Bewegtheit zu verleihen", trifft die Sache nur halb. Zu sehr betont
er die syntaktische Unterordnung des Relativsatzes. Eine Beobachtung, die er selbst macht,
daß nämlich „die Hauptaussage ... in den Nebensatz verlegt" ist, hätte ihn der Erkenntnis
der strukturellen Bedeutung, die der Relativsatz hat, näher gebracht. Vgl. Greulich, Georg
Heym, l. c., S. 104.

zusammen mit der besonderen Beschaffenheit der Bilder, die einerseits Periphrasen sind, andererseits aber auf kein „Eigentliches" verweisen bzw. es
vertreten. Deshalb geht die Bewegung von den Bildern selbst aus und kommt
bei Bildern an, die zwar einen anderen Inhalt, doch denselben Stellenwert
haben. Damit läßt sich die Monotonie der Gedichte Heyms auch in der
Struktur der Bilder fassen: als eine ständige Reproduktion der Bilder aus
sich selbst heraus und damit als eine Bewegung, in der sich der Verweisungscharakter der Periphrasen perpetuiert, ohne jemals eingelöst werden zu
können.

Die Relativpronomina und -adverbia könnte man die Wegemarken dieser
Bildbewegung nennen: sie bezeichnen die Stelle, an der ein Bild aus dem
anderen folgt. Damit unterstreichen sie die eigentümliche Selbständigkeit
der Heymschen Bilderwelt, in der jede Subjektivität ausgeschaltet scheint.
Sie helfen den Eindruck verhindern, die Bilderreihen seien auf assoziativem
Wege gewonnen oder nur mit Hilfe der Assoziation zu verbinden. Assoziation setzt Erinnerung voraus, auf Grund derer die Zuordnung erfolgt. Damit
aber wäre der Verweis auf ein Subjekt gegeben, das Ähnlichkeiten erkennt
und erstellt. In den Bildern Heyms gibt es kein solches Subjekt; die Bilder
sind sich selbst ähnlich. Sie stellen den Bezug zueinander selbst her, auf der
Ebene, auf der sie existieren.

Auf dieselbe Struktur weisen die „Lokativbestimmungen", deren Häu-
fung im Gedicht „Berlin II" H. E. Jacob aufgefallen ist:

> Beteerte Fässer rollten *von den Schwellen*
> Der dunklen Speicher *auf die hohen Kähne.*
> Die Schlepper zogen an. Des Rauches Mähne
> Hing rußig nieder *auf die öligen Wellen.*
>
> Zwei Dampfer kamen mit Musikkapellen.
> Den Schornstein kappten sie *am Brückenbogen.*
> Rauch, Ruß, Gestank lag *auf den schmutzigen Wogen*
> Der Gerbereien mit den braunen Fellen.
>
> *In allen Brücken, drunter* uns die Zille
> Hindurchgebracht, ertönten die Signale
> Gleichwie in Trommeln wachsend in der Stille.
>
> Wir ließen los und trieben *im Kanale*
> *An Gärten* langsam hin. *In dem Idylle*
> Sahn wir der Riesenschlote Nachtfanale.

(h I, 58)

Dieses Gedicht zeigt exemplarisch, wie mit den Bildern die Topographie eines Raumes entworfen wird. Es ist der Raum, den Heym im Tagebuch als „Ebene" bezeichnete.[78] In ihm ist die Erfahrung keine zeitliche, sondern eine lokale. Punkt für Punkt erfolgt die Orientierung.[79] Die ständigen Lokativbestimmungen erfassen diesen Zustand grammatisch. Ihre Häufigkeit, ihre Exorbitanz, nicht haltmachend vor scheinbar sinnlosen Wiederholungen („öligen Wellen", „schmutzigen Wogen"), und ihre Deutlichkeit zeigen aber, daß auch diese Topographie ganz relativ bleibt: so wie sich aus jedem Bild ein neues entwickeln kann, so steht hinter jedem Lokativ noch ein anderer. Keiner vermag ein Ende zu setzen.

c. Wie-Vergleiche

In seiner Untersuchung des „bildhaften Ausdrucks" kommt K. L. Schneider zu folgendem Ergebnis: „Bei Heym (. . .) ist fraglos der Vergleich, in allen verschiedenen möglichen Formen, die am häufigsten gebrauchte Bildform. Allein, man kann ihr für die Dichtung Heyms keine entscheidende Bedeutung zusprechen. Diese besitzt die verbale Metapher, in deren Schatten alle anderen Formen stehen. (. . .) Die verbale Metapher beherrscht bei Heym nicht quantitativ, aber qualitativ das Feld. Nur mit ihrer Hilfe kann der Dichter sein dämonisch-animistisches Weltbild entwerfen."[80] Die Kritik von Mautz, Schneider trage vorgefaßte Begriffs- und Gedankenmuster an die Gedichte heran, gilt hier uneingeschränkt. Die Vorstellung vom „dämonisch-animistischen Weltbild" Heyms, zu der die stilistische Präponderanz der verbalen Metapher gehört, macht Schneider blind gegen die Texte. Weil er mit dem eigenen Befund im Hinblick auf sein Interpretationsschema nichts anzufangen weiß, deklariert er einfach den quali-

---

[78] Ebene und Raum bedeuten hier dasselbe; wichtig ist das Fehlen von Zeit.
[79] Die Konstruktion eines solchen Punktes in der „Ebene" erfolgt in dem Gedicht „Der Winter" (h I, 163):

> Der blaue Schnee liegt auf dem ebenen Land,
> Das Winter dehnt. Und die Wegweiser zeigen
> Einander mit der ausgestreckten Hand
> Der Horizonte violettes Schweigen.
>
> *Hier* treffen sich auf ihrem Weg ins Leere
> Vier Straßen an.

Dieses „hier" ist keineswegs so unbestimmt, daß es auch „irgendwo" heißen könnte, wie Mautz (Mythologie, l. c., S. 144) annimmt. Der Punkt ist durch zwei sich kreuzende Geraden („vier Straßen") genau festgelegt, allerdings – und das ist entscheidend – in einer unbegrenzten Fläche. Deutlich zeigt sich hier die Relativität (und nicht die Unbestimmtheit) der Heymschen Topographie.
[80] K. L. Schneider, Bildh. Ausdr., l. c., S. 63.

tativen Vorrang einer passenden Metaphernform. Er erachtet es nicht für nötig, den Bedingungen nachzugehen, unter denen die „am häufigsten gebrauchte Bildform" im Kontext erscheint.

Auch Rölleke findet – wie bereits in der Einleitung gezeigt werden konnte[81] – nur die unbefriedigende und die Gedichtstruktur verfehlende Erklärung, die Wie-Vergleiche Heyms seien unvollkommene Vorstufen einer „Komplexion von Eindruck und Metapher"[82] genannten Bildform. Im Ansatz lehnt er sich dabei eng an Gottfried Benn an, der in seinem Vortrag „Probleme der Lyrik" die Auffassung vertritt, der Wie-Vergleich sei poetisch minderwertig. Nach Benn gilt grundsätzlich, „daß ein WIE immer ein Einbruch des Erzählerischen, Feuilletonistischen in die Lyrik ist, ein Nachlassen der sprachlichen Spannung, eine Schwäche der schöpferischen Transformation"[83]. Benn spricht von „Hilfskonstruktion", von „Leerlauf" und deutlicher: „Dies Wie ist immer ein Bruch in der Vision, es holt heran, es vergleicht, es ist keine primäre Setzung."[84] Er räumt allerdings ein, daß es „großartige Gedichte mit WIE" gibt.[85] Wenn Benn im „wie" einen „Bruch in der Vision" sieht, dann interpretiert er den Wie-Vergleich von dessen scheinbar immanenter sprachlicher Logik her. Als Vehikel signalisiert ihm das „wie" ein reflektierendes Subjekt, das visionäre Potenz durch eine „Hilfskonstruktion" ersetzen will und damit ein Moment der Distanz ins Gedicht bringt. Deshalb redet Benn vom „Einbruch des Erzählerischen". Am „wie" moniert er letztlich, daß es assoziative Vorstellungen als „herangeholte" offen zeigt und damit den Vorgang der Assoziation formal rationalisiert. Er vermißt im Wie-Vergleich die Direktheit der „primären Setzung", die er für Lyrik unerläßlich hält.

Wie Schneider der verbalen Metapher so weist Benn dem Wie-Vergleich einen absolut feststehenden Stilwert zu. Zur Erhellung von Textstrukturen trägt dieses Vorgehen indes wenig bei, da es hier vor allem auf die Stellung der einzelnen Formen im Kontext ankommt. Für Heym bedeutet dies, daß man den Wie-Vergleich im Zusammenhang mit der neutralen Perspektive und dem damit verbundenen periphrastischen Bildcharakter sehen muß. Unter der neutralen Perspektive wird der Verweis auf ein reflektierendes Subjekt sinnlos. Das „wie", nicht mehr Schaltstelle eines Subjekts, erhält

[81] Vgl. S. 5 ff.
[82] Rölleke, Georg Heym, l. c., S. 360.
[83] Gottfried Benn, Gesammelte Werke, hrsg. v. Dieter Wellershoff, Bd. 4, Wiesbaden 1968, S. 1068.
[84] Benn, Ges. Werke, l. c., S. 1068.
[85] Benn, Ges. Werke, l. c., S. 1068.

plötzlich objektive Qualität. Es hilft, ähnlich den Relativpronomina, die Topographie der Bilder entwerfen.

Wiederum entwickelt Heym diese Struktur aus der Syntax. Auch der Wie-Vergleich hat den Charakter eines Attributs; die Partikel „wie" tendiert zur Nebenordnung wie die Relativadverbia „drin", „daraus" etc. Wenn Heym diese Art des Vergleichs bevorzugt, so liegt es eben daran, daß seine Bilder aus Attributen entwickelt sind und nicht im „eigentlichen" Kern stehen, wie dies etwa die verbale Metapher tut. Nebenordnung und Perspektive aber bewirken, daß der Vergleich in der Funktion der beschriebenen Periphrase auf einer Ebene bleibt.

Der „Leerlauf", den Benn dem Wie-Vergleich vorwirft, wandelt sich unter der neutralen Perspektive zur Heymschen Monotonie. Der Vergleich „holt" nicht „heran", gar noch willkürlich, sondern zeigt das Beieinanderliegende. Die „Hilfskonstruktion", das Uneigentliche, der Umweg allein zählen. Das „wie" stellt keinen „Bruch in der Vision" dar; gleich den Relativpronomina ist es eine Wegemarke der Bildbewegung. Die Beobachtung Schneiders, daß sich die Bilder „aus ihrer dienenden Funktion gegenüber der Bezugssache losgemacht" haben[86], basiert auf der satzlogischen Trennung von Sache und Bild; implizit erkennt Schneider richtig, daß nicht Unter-, sondern Nebenordnung die Bildstruktur bestimmt. Dabei leisten Wie-Vergleich und Relativsatz tendenziell das gleiche. Zwei Strophen aus dem Gedicht „Das infernalische Abendmahl" II, das als Musterbeispiel von Häufungen von Relativsätzen und Wie-Vergleichen dienen kann (20 Wie-Vergleiche in 56 Versen), mögen dies zeigen:

> Sein Leid ist wie ein Teppich, drauf die Schrift
> Der Kabbalisten brennt durch Dunkelheit,
> Ein Eiland, dem vorbei ein Segler schifft,
> Wenn in den Bergen fern das Einhorn schreit.
>
> Sein Leib trägt eines Schattenwaldes Duft,
> Wo großer Sümpfe Trauervögel ziehn,
> Ein König, der durch seiner Ahnen Gruft
> Nachdenklich geht in weißem Hermelin.
>
> (h I, 234)

Am selben Gedicht kann studiert werden, wie Funktionalität im Prinzip der Nebenordnung zerschlagen scheint. Fast alle Vergleiche sind an Erschei-

---

[86] K. L. Schneider, Bildh. Ausdr., l. c., S. 61.

nungsformen oder Eigenschaften des „Gottes" angehängt. Genannt werden: Haupt, Mund, Blut, Lippen, Bart, Stirn, Leib, Atem; Schwermut, Leid; die Eigenschaften kühl, weich, sanft. Alle diese Teile aber fügen sich nicht zu einem Organismus, sondern sie sind durch die Bilder in eine Art Landschaft ausgebreitet, deren Organisationsprinzip das der Reihung ist. Um einen Vergleich zu wagen: die Dimension einer Kugel wird allein auf deren Oberfläche erfahren und ausgemessen. Das Prinzip der Organisation bleibt unkenntlich: man sieht zwar die Markierungen der geometrischen Örter, nicht aber deren Formel.

3. Das erzwungene Ende

a. *Sprachlose Angst*

Die durchgehende Monotonie, die sowohl in der metrischen Form als auch in den Bildern strukturell sich niederschlägt, impliziert, daß die von ihr geprägten Gedichte ihrer Tendenz nach unbegrenzt fortgesetzt werden können und damit ohne Abschluß bleiben. Johannes R. Becher hat dies bemerkt, wenn auch nicht zu deuten gewußt, wie die folgenden Sätze aus einem Brief, den er am Gründonnerstag (4. April) 1912 an seinen Freund Bachmair schrieb, zu zeigen vermögen: „Georg Heyms ‚Ewigen Tag' und Stefan Georges Dantestellen habe ich mir angeschafft. In ersterem Buche sind prächtige Stellen darin, aber kein einziges Gedicht nur einigermaßen abgeschlossen." [87] Aus diesen Sätzen spricht die Vorstellung, ein Gedicht, sofern es gelungen sein soll, müsse ein in sich geschlossenes Gebilde darstellen. Aus unseren bisherigen Ausführungen sollte hervorgehen, daß den Gedichten Heyms mit diesem ästhetischen Vorurteil nicht beizukommen ist.

Als eng verschränkt mit der Monotonie erwies sich die neutrale Perspektive. Diese läßt keine subjektive Regung zu. Subjektivität und neutrale Perspektive stehen also in einem sich gegenseitig ausschließenden Verhältnis. Wie streng dieses negative Verhältnis gewahrt bleibt, zeigt sich, wenn Subjektivität dennoch sich regen möchte. In diesem Moment enthüllt sich die Perspektive als Zwang. Sie spiegelt die Gewalt, der das Subjekt objektiv ausgesetzt ist. Der trostlose Rest von Subjektivität, den die Perspektive in Heyms Gedichten übrig läßt, ist ohnmächtiges Aufbegehren. Das Subjekt

[87] Briefe der Expressionisten, hrsg. v. Kasimir Edschmid, Berlin 1964, S. 19.

möchte in einem Augenblick zu sich, in dem es zu spät ist, weil es längst
schon ganz und gar Objekt wurde. Angst und Grauen begleiten diesen Akt
der Erkenntnis.

Dieser Augenblick kann zum Thema werden. Heym wählt das Motiv
des Scheintoten, der irrtümlicherweise begraben wurde und im Sarg er-
wacht [88]:

> „Was ist das? Dunkel? Welche schwere Luft?
> Wo bin ich?" Voller Angst die Finger hasten
> Auf feuchten Kissen hin und oben tasten
> Des Sarges Deckel sie in niedrer Gruft.
>
> „Bin ich begraben? Bin ich nicht erwacht?"
> Er stemmt die Schultern an Entsetzens toll.
> Umsonst. Der Deckel hebt sich keinen Zoll.
> Er fällt zurück und starret in die Nacht
>
> Vor Graun wahnsinnig. Setzt sich hoch und brüllt:
> „Hilfe. Ah. Hilfe. Hilfe. Ich erstick."
> Wie Donner es der Erde Gründe füllt.
>
> Er hält sich an des Sarges Deckel fest.
> Der Atem wälzt sich wie durch Schlamm so dick.
> Er fällt. Ein Stein wird ihm ins Maul gepreßt.

$\hfill$ (h I, 67)

Der rhetorischen Geschwätzigkeit solcher Auflehnung wird mit einem
unerwarteten Bild ein rigoroses Ende gesetzt: „Ein Stein wird ihm ins Maul
gepreßt." Heym begnügt sich nicht damit, die Situation des Eingeschlos-
senen auf sich beruhen zu lassen. Der Zwang, den dieser erleidet, nimmt
aktive Züge an, gewissermaßen um dem Subjekt deutlich zu machen, daß
das Gesetz des Handelns nicht mehr an ihm ist.

Strukturell dieselbe Möglichkeit bietet das von Heym aufgegriffene
Thema der Hinrichtung: auch es vermag den totalem Zwang ausgeliefer-
ten Menschen zu zeigen. Das Sonett „Louis Capet" wurde in anderem Zusammenhang bereits angeführt. Capet ist hier tatsächlich bloßes Objekt,

---

[88] Mit diesem Motiv beschäftigte sich bereits Edgar Allan Poe in seiner Erzählung „The
Premature Burial". Verschiedene Beobachter, unter ihnen Ernst Stadler und Kurt Pinthus,
haben auf die Verwandtschaft Heyms mit Poe hingewiesen. Vgl. h VI, 102, 224, 238, 271.

an dem etwas vollzogen wird. Die Vertauschung von Subjekt und Objekt spiegelt sich bis weit in die Sprache: im Gegensatz zur Passivität des Hinzurichtenden („Man schleift ihn . . .“, „Er wird gestreckt . . .“, „Der Kopf liegt . . .“) steht die Aktivität des hingerichteten Leichnams („Blut speit sein Hals . . .“).

Im selben Monat, im Juni 1910, entstand ein weiteres Sonett mit dem Thema der Hinrichtung; es trägt den Titel „Robespierre“. Im Gegensatz zu „Louis Capet“ und in Anlehnung an das Sonett „Was ist das? Dunkel?“ wird hier wieder der Moment ohnmächtiger Auflehnung festgehalten:

> Er meckert vor sich hin. Die Augen starren
> Ins Wagenstroh. Der Mund kaut weißen Schleim.
> Er zieht ihn schluckend durch die Backen ein.
> Sein Fuß hängt nackt heraus durch zwei der Sparren.
>
> Bei jedem Wagenstoß fliegt er nach oben.
> Der Arme Ketten rasseln dann wie Schellen.
> Man hört der Kinder frohes Lachen gellen,
> Die ihre Mütter aus der Menge hoben.
>
> Man kitzelt ihn am Bein, er merkt es nicht.
> Da hält der Wagen. Er sieht auf und schaut
> Am Straßenende schwarz das Hochgericht.
>
> Die aschengraue Stirn wird schweißbetaut.
> Der Mund verzerrt sich furchtbar im Gesicht.
> Man harrt des Schreis. Doch hört man keinen Laut.
>
> (h I, 90)

Hier gibt es keine wohlgesetzte Rede wie beim lebendig Begrabenen; Robespierre ist keiner menschlichen Äußerung fähig. Er erscheint völlig depersonalisiert. Diesen Zustand gibt Heym im Detail wieder: nicht von der Person Robespierre ist die Rede, sondern von dessen Körperteilen. Taucht das Personalpronomen „er“ noch auf, so wird ihm durch das Verb Bescheid erteilt: „er meckert“.

Das Entsetzen läßt nichts übrig als leeren Raum, als ein Loch, während das Gedicht gemäß Metrum und Reim völlig erwartet zu Ende geht. Wie die Erwartung des Publikums den Raum für den Schrei gleichsam umzirkelt und damit ex negativo faßbar macht, so umschreibt die Form das enstandene Vakuum.

Faßt man dieses Moment ins Auge, so zeigt sich, daß auch das Gedicht „Danton", fast gleichzeitig mit „Robespierre" entstanden, der Struktur nach hierher gehört:

> „Mich töten? Herrscht der Wahnsinn im Konvent?
> Die Schafe dulden es?" Und wütend greift
> Ans Gitter seine Hand, das schneebereift.
> Er schlägt die Stirn sich, die vom Wachen brennt.
>
> „Wär es noch Marat, der im Staube schleift
> Paris und mich. Doch solch ein Regiment,
> Das nur aus Angst von Mord zu Morde rennt,
> Und das mit Tugendschlamm das Volk beseift.
>
> Der dürre Geckenkopf, der nichts vollbracht,
> Er soll mich töten dürfen? Robespierre,
> Ich zieh dich hinter mir in Todes Nacht."
>
> Er weint vor Wut. „Ist keine Rettung mehr?"
> Des Halstuchs rote Seide wird ihm sacht
> Von Tränen schwarz. Die Augen werden leer.

(h I, 88)

Das Sonett nimmt eine Zwischenstellung zwischen „Was ist das? Dunkel?" und „Robespierre" ein. Zunächst noch wortreiche Auflehnung, deren Vergeblichkeit freilich im wütenden Griff ans Kerkergitter (erste Strophe) oder in dem Satz „Er weint vor Wut" (letzte Strophe) offenbar wird. Dem leeren Raum, den Robespierres ungeschrier Schrei läßt, entspricht das Leer-Werden der Augen Dantons.

Deutlich läßt sich eine Steigerung von „Was ist das? Dunkel?" über „Danton" zu „Robespierre" verfolgen. Im ersten Gedicht wird das Entsetzen noch in Aktion vorgeführt („die Finger hasten . . .", „Er stemmt die Schultern . . .", „Setzt sich hoch und brüllt . . ."); deshalb muß der Zwang ebenfalls aktive Züge annehmen. In „Danton" gelingt Heym ein zusammenfassendes Schlußbild: das Leer-Werden der Augen nimmt den Tod vorweg. Allerdings geht dies auf Kosten der Spannung. Im antizipierten Übergang vom Leben zum Tod scheint sich Dantons innere Verkrampfung zu lösen; das kurz aufeinander folgende Verb „wird" bzw. „werden" und der Zusatz „sacht" deuten darauf hin.

Anders in „Robespierre". Hier ist ohnmächtige Auflehnung und Entsetzen in einer einzigen Gebärde verdichtet. Keine Entkrampfung erfolgt: der

Schrei bleibt Robespierre im Halse stecken. Die Angst ist sprachlos; die letzte Möglichkeit subjektiver Äußerung, das Schreien, bleibt versagt.[89] Expressionistische Lyrik versuchte in den folgenden Jahren vergeblich, dies rückgängig zu machen.

b. *Tod ohne Metaphysik*

Die leeren Augen Dantons weisen ebenso wie das Loch, das der ungeschriene Schrei Robespierres hinterläßt, auf den Tod. Es ist ein Tod, dem keine Metaphysik einen Sinn abzugewinnen vermag; es ist das Nichts.

Man könnte einwenden, daß Heym die Vorstellung vom Tod als Schlaf, Ruhe, Heimat durchaus geläufig ist. Wir geben drei Proben:

> Der Tod ist sanft. Und die uns niemand gab,
> Er gibt uns Heimat. Und er trägt uns weich
> In seinem Mantel in das dunkle Grab,
> Wo viele schlafen schon im stillen Reich.
>
> (h I, 153)

> Sie treibt ins Meer. Ihr salutiert Neptun
> Von einem Wrack, da sie das Meer verschlingt,
> Darinnen sie zur grünen Tiefe sinkt,
> Im Arm der feisten Kraken auszuruhn.
>
> (h I, 118)

> Seit Morgen ruht er. Da die Sonne rot
> Durch Regenwolken seine Wunde traf.
> Das Laub tropft langsam noch. Der Wald liegt tot.
> Im Baume ruft ein Vögelchen im Schlaf.

> Der Tote schläft im ewigen Vergessen,
> Umrauscht vom Walde. Und die Würmer singen,
> Die in des Schädels Höhle tief sich fressen,
> In seine Träume ihn mit Flügelklingen.

---

[89] Ein Brief an Erwin Loewenson, den Heym am 30. Mai 1910 – also kurze Zeit vor der Entstehung des Gedichts „Robespierre" – schrieb, trägt die Unterschrift: „Georg Heym (...) alias Robespierre auf dem Thespiskarren" (h III, 203). In der spielerischen Identifikation gibt Heym ein negatives Bild der eigenen Situation. Die neutrale Perspektive gibt ihm nämlich die Möglichkeit, diese Situation in einer Figur zu objektivieren und sie im Gedicht in neutraler Darstellung vorzuzeigen. Aus der Spannung heraus, die zwischen Situation und Objektivationsmöglichkeit besteht, entwickelt Heym seine Periphrasen.

Wie süß ist es, zu träumen nach den Leiden
Den Traum, in Licht und Erde zu zerfallen,
Nichts mehr zu sein, von allem abzuscheiden,
Und wie ein Hauch der Nacht hinabzuwallen,

Zum Reich der Schläfer. (...)

(...)

Er scheint zu lächeln aus des Schädels Leere,
Er schläft, ein Gott, den süßer Traum bezwang.
Die Würmer blähen sich in seiner Schwäre,
Sie kriechen satt die rote Stirn entlang.

(h I, 40)

Besonders die beiden ersten Beispiele klingen wie Paraphrasen zur zweiten Strophe von Claudius' „Der Tod und das Mädchen", in der der Tod spricht:

Sei guten Muts! ich bin nicht wild,
Sollst sanft in meinen Armen schlafen.

Der Trost, der ungebrochen bei Claudius herrscht, will sich indes bei Heym nicht einstellen. Während Claudius die Allegorie vom Knochenmann in den Vorstellungen von Sanftheit und Schlaf aufhebt, stehen bei Heym der Tod als Schlaf und Ruhe und die äußere physische Erscheinung des Todes unverbunden nebeneinander. Der Metaphysik des Todes wird die Physik und Chemie der Leiche entgegengesetzt. Die neutrale Perspektive nimmt eins wie das andere, gewissermaßen wörtlich. Die traditionellen Metaphern von „Schlaf" und „Ruhe" werden in eine „konkrete", „reale" Welt zurückgeholt: „Im Arm der feisten Kraken auszuruhn." Damit aber ist ihr metaphysischer Gehalt dahin.

Dringt dies zum Bewußtsein des Subjekts, stellt sich Angst ein. In dem Dramenversuch mit dem bezeichnenden Titel „Atalanta oder Die Angst", 1910/11 entstanden, werden die beiden Formen des Todes einander gegenübergestellt, wieder unter Verwendung des Motivs vom Eingesperrtsein im Grab. Atalanta sagt zu ihrem eben erst angetrauten Gatten Bartolomeo, im Glauben, dieser wolle sie in der Hochzeitsnacht umbringen:

Ein wenig wartet noch, nur wenig Tage,
Minuten, Stunden. Was ist eine Stunde,
Wenn man den Tod an ihrem Ende sieht,
Die Sense auf der Knochenschulter wippen.

(5)   Vielleicht ist nur im Tode einzig Ruhe,
     Doch ist das Sterben ewig fürchterlich.
     Wie hab ich's mir so schön gedacht zu ruhn,
     So sanft zu ruhn in weißer Fackel Schein,
     Im Katafalke in der bleichen Tracht.
(10)   Nun seh ich nur die Würmer und den Tod,
     Das meilenlange Nichts, das Nichtmehrsein,
     Die ganze Ewigkeit, den schwarzen Trichter,
     Der grundlos aufgähnt, drin man ewig ruht.
     Stumm, taub, blind. In seinem Fache jeder
(15)   Wie in der Lade Frucht, die dörren soll
     Mit einem Täfelchen: Hier ruht in Gott
     – Warum nicht in der Hölle – die und der.
     Indes des Lebens tolles Tanzen dröhnt,
     Von oben auf der Särge bleiernes Dach,
(20)   Daß weit sein froher Laut im kalten Reich
     Der Toten widerhallt. Du möchtest hoch.
     Dich aus der Erde graben, stemmst dich an.
     Umsonst, du kannst nicht hoch. Du liegst
     Im Maul des Todes, der dich langsam kaut,
(25)   Und niemals wieder auswirft.
            (h II, 368 f.)

Fünfmal verwendet Atalanta das Wort „Ruhe" bzw. „ruhen" (V 5, 7, 8, 13, 16), um ihm schließlich in einem Sarkasmus – „Hier ruht in Gott – Warum nicht in der Hölle" – jeden tröstlichen Gehalt zu nehmen. Das Nichts, von dem Atalanta zu berichten weiß, wird in den Gedichten mit dem Maßstab des Jambus zu vermessen versucht. Es ist das strukturelle Korrelat zu Heyms Bildern: als Periphrasen umschreiben sie es unaufhörlich. Die „ganze Ewigkeit", die dem Nichts eignet, schlägt sich nieder als Monotonie und – in der Bilderstruktur – als das Fehlen von Zeit. Aus der Unfähigkeit, den Tod zu transzendieren, entspringt die Vorstellung vom Tod als dem Nichts; die bildhaften Entsprechungen sind die lebendigen Toten, die ohne Geschichte bleiben.

c. *Paradoxon und Sonett*

Die Vergeblichkeit, mit der das Publikum auf den Schrei Robespierres wartet, ist dieselbe, mit der die Bildbewegung abläuft, ohne jemals von sich aus an ein Ziel zu gelangen. Becher, der diese Ziellosigkeit immerhin bemerkte, wenn auch nicht verstand, übersah allerdings, daß es einige Gedichte gibt, die durchaus „abgeschlossen" genannt werden dürfen. Sie sind dies freilich auf charakteristische Weise: das Ende ist gewaltsam erzwungen.

Dies liegt in der beschriebenen Struktur selbst. Die Konstruktion der neutralen Perspektive ist eine gewaltsame; ganz richtig spricht Rölleke von dem „imperatorischen Duktus" der Gedichte. In der Monotonie reproduziert sich diese Gewalt ständig, ohne daß sie deshalb handgreiflich würde. Wird die endlose Bewegung plötzlich gestoppt, so wird die Gewalt gleichsam freigesetzt und damit sichtbar. Inhaltlich schlägt sich dies nieder im thematischen Interesse an der Hinrichtung bzw. an der Gewalttat überhaupt.[90] Formal zeigt es sich in der Paradoxie mancher Bilder. Paradox ist schon das Verhältnis, in dem das Nichts und die Periphrasen zueinander stehen – Atalanta formuliert dieses Verhältnis präzis als das „meilenlange Nichts" –; in der durchgehenden Paradoxie von Form und Bildern, die nach Stadler jene „seltsamste Wirkung" ausmacht, ist die Gewalt enthalten und aufgehoben. Bei plötzlichem Stillstand der Bewegung entspringt das paradoxe Bild: wie der Mund Robespierres sich verzerrt, ohne daß ein Schrei sich löste, so erstarrt die Monotonie in der Figur der Verkrampfung.

Paradoxe Bilder vermögen deshalb ein Gedicht „abzuschließen":

> Der Sonne Atem dampft am Firmament,
> Davon das Eis, das in den Lachen steht
> Hinab die Straße rot wie Feuer brennt.
>
> (h I, 163)

> Und es erfriert sein Schrei auf dem Gebiß,
> Das er im Tode weit noch offen hält.
>
> (h I, 169)

> In seinem Auge rollt ein Feuer, weiß
> Kalt wie ein Frosch, und seine Stirn gerinnt
> In viele Runzeln, wie ein Greis
> Uralt, und wie ein neugebornes Kind.
>
> (h I, 199)

---

[90] Vgl. den letzten Vers von „Was ist das? Dunkel?": „Ein Stein wird ihm ins Maul gepreßt."; auch die Schlüsse der Gedichte „Der Hunger" (h I, 158), „Das Fieberspital" I und II (h I, 167 und 169), „Abends" (h I, 176), „Die Dämonen der Städte" (h I, 187), „Der Gott der Stadt" (h I, 192).

Tief in dem Wald ein See, der purpurrot
Wie eines Toten dunkles Auge glast.
In seinem wilden Schlunde tost und rast
Ein Wetter unten auf wo Flamme loht.

(h I, 275)

Vergleichbar der Schlußzeile von „Robespierre" bleibt in diesen Bildern
der Spannungszustand erstarrt erhalten; keine Lösung, kein abgerundeter
Schluß stellt sich ein. In dem Sonett „Die Gorillas" hat Heym diese Verkrampfung als Vorgang dargestellt:

Auf einer Lichtung in dem Urwaldsumpfe
Ein wildes Stampfen. Zwei Gorillas ringen.
Die Riesenarme umeinander schlingen.
In heißer Schwüle dampft der Schweiß vom Rumpfe.

Vor Ingrimm sind sie stumm. Und nur das dumpfe
Gekeuch des Atems rasselt aus den Lungen.
Sie taumeln, von dem Rausch des Zorns bezwungen.
Auf Röhricht stürzen sie und faule Stumpfe.

Der eine reißt dem andern an dem Schopfe
Das Haupt nach hinten. Und er trinkt die Flut
Aus seinen Adern im zerbißnen Kropfe.

Indes der andre mit der letzten Wut
Die Schläfen ihm zerdrückt im niedern Kopfe.
Die riesgen Toten überrollt das Blut.

(h I, 59)

Tendenziell leistet die Sonettform dem Paradoxon Vergleichbares: sie
setzt ein Ende, ja, sie zwingt es herbei. Diese Funktion hat sie im formalen
Kontext, auch wenn es nicht an jedem Sonett ablesbar ist. Die Form wird
hier gleichsam selbst zur Guillotine, und dies umso deutlicher, je perfekter
sie verwirklicht ist. „Robespierre" und „Louis Capet" können so als die
Prototypen des Heymschen Sonetts überhaupt betrachtet werden.[91] Das
Unerhörte und Neue dieser Gedichte bestand nicht allein in einer Unange-

---

[91] Dies gilt für den Zeitraum, aus dem „Der ewige Tag" stammt. Die Sonettform ist
strukturell vom jambischen Vierzeiler nicht zu trennen. Ein Blick auf die Statistiken lehrt,
daß das Sonett in der späten Phase des Heymschen Schaffens keine entscheidende Rolle
mehr spielt.

messenheit von Form und Inhalt, indem nämlich der Vorgang einer Hinrichtung in ein Gedicht – und gar in die anspruchsvolle Form des Sonetts –
gebracht wurde; vielmehr noch mußte frappieren, daß das Unangemessene
als äußerst zwingend sich erwies.

4. Perspektive, „Symbol", Maske

a. *Perspektive und „Symbol"*

Die Gedichte in „Der ewige Tag" sind subjektlos, in dem Sinn, daß kein
„lyrisches Ich" Gefühle o. ä. verströmt. Dies kommt schon formal zum Ausdruck: nur in 18 Gedichten (36 %) tauchen die Personalpronomina „ich"
oder „wir" bzw. Formen wie Possessivpronomina oder Anrede, die auf einen
Sprechenden schließen lassen, auf. Doch auch bei diesen Gedichten handelt
es sich nicht um subjektiven Gefühlsausdruck, dem eine Empfindung oder
ein Erlebnis zugrunde liegen würde.

In einigen Gedichten, die ein „ich" bzw. „wir" aufweisen, sind die jenen
Subjekten zugeschriebenen Passagen durch Anführungszeichen als Reden
gekennzeichnet; so etwa in „Der Tod der Liebenden" (h I, 153), „Der
Blinde" (h I, 150) oder in den bereits angeführten Sonetten „Was ist das?
Dunkel?" und „Danton". Es handelt sich also um eine Art Objektivierung
zur Rolle. Dasselbe kann aber auch vorliegen, wenn Anführungszeichen
fehlen, wie das Gedicht „Bist du nun tot?" (h I, 79 f.) zu zeigen vermag. Wir
zitieren die letzten drei Strophen dieses Gedichts, das vom ersten Vers an
den Charakter eines Selbstgesprächs hat:

> Wie ist das alles fremd und sonderbar?
> Wo bist du nun? Was gibst du Antwort nicht?
> – Ihr nackter Leib ist kalt und eisesklar
> Im blassen Schein vom blauen Ampellicht. –
>
> Was ließ sie alles auch so stumm geschehn.
> Sie wird mir furchtbar, wenn so stumm sie liegt.
> O wäre nur ein Tropfen Bluts zu sehn.
> Was ist das, hat sie ihren Kopf gewiegt?
>
> Ich will hier fort. – Er stürzt aus dem Gemach.
> Der Nachtwind, der im Haar der Toten zischt,

Löst leis es auf. Es weht dem Winde nach,
Gleich schwarzer Flamme, die im Sturm verlischt.

(h I, 80)

In der letzten Strophe – vermutlich auch in den Schlußzeilen der dritt-
letzten Strophe – wird die Ebene des Monologs verlassen und in neutraler
Form über Situation und Verhalten dessen berichtet, der eben sprach. Dasselbe Verhältnis von Rede und neutralem Bericht findet man in „Der Tod
der Liebenden", „Danton" oder „Der Blinde" vor. Der Wechsel der Sprech-
ebenen deutet darauf hin, daß es sich nicht um Rollengedichte üblichen Stils
– Goethes „Schäfers Klagelied", Rilkes „Stundenbuch" – handelt. Die Verfahrensweise läßt eher an die Ballade oder an erzählende Prosa denken.

Auch Anredeformen vermögen kein lyrisches Ich zu evozieren, selbst da,
wo Heym auf sich selbst Bezug nimmt:

Dich grüßt der Dichter, düsteres Phantom,
Den durch die Nacht der Liebe Schatten führt,
Im unterirdisch ungeheuern Dom,
Wo schwarzer Sturm die Kirchenlampe schürt,
(...)   (h I, 202)

Die Beziehung bleibt singulär, zufällig; in ihr konstituiert sich kein Gefühl, keine Empfindung, so wie es etwa die odische Sprechhaltung auszeichnet, wo das Subjekt auf das angeredete Objekt – Person oder Sache – angewiesen ist, um seinem eigenen sich verströmenden Gefühl Ausdruck verleihen
zu können.

Geht man freilich von der Gedichtstruktur aus, so ergibt sich manche
Übereinstimmung mit dem Rollengedicht, und zwar gerade da, wo sich kein
„lyrisches Subjekt" zu erkennen gibt. Im Rollengedicht schafft die Fixierung auf eine bestimmte Gestalt einen Rahmen, innerhalb dessen sich die
dichterische Sprache wie in einem kohärenten System bewegen kann. Statt
von Rahmen könnte man auch von Perspektivierung sprechen, die durch die
Wahl der jeweiligen Rolle und nicht etwa durch das „ich" des Dichters
erfolgt. Die Rolle schafft eine Art Grammatik, nach deren Regeln – die wiederum durch einen bestimmten consensus eingesetzt werden – sich das Gedicht in Bildern, Sprechhaltung, Themen etc. richtet.

Auch in Heyms Gedichten gibt es eine perspektivische Ausrichtung, wenngleich eine bestimmte gegebene Thematik, die als Rolle oder Metapher im
Zentrum steht, nicht ausgemacht werden kann. Die Gedichte haben Per-

spektive, ohne daß sich sagen ließe wessen. Gerade dieser Umstand bestimmte, wie wir in der Untersuchung der neutralen Perspektive zu zeigen versuchten, die Gedichtstruktur entscheidend.

In einem umfassenden Sinn war Perspektivierung die Methode des Symbolismus. In Anlehnung an die Ausführungen Valérys über Leonardo da Vinci hat Heselhaus diese Methode als „die Projizierung eines Bildes" – einer „geistigen Formel", einer „Metapher", eines „Symbols" im Sinne des Symbolismus[92] – „in den Raum der Erscheinungen" genannt.[93] Dabei schafft der „Geist des Symbols" „aus Chaos und Einzelheiten eine neue und schöne Ordnung". Das Gedicht ist nur von jener „Formel" her, die dem Eingeweihten bekannt ist, verständlich; sie allein ist der Fluchtpunkt „des symbolischen oder metaphorischen Bezuges", der so in sich geschlossen und dunkel bleibt.[94] Aus diesem Grund hat man das Verfahren auch als „Hermetismus" bezeichnet.

Die Komplexität des „Symbols", die Möglichkeiten der Beziehungen, die bei seiner „Projizierung" zustande kommen, überschreiten das Fassungsvermögen des einzelnen Gedichts. Es entstehen lyrische Zyklen, in denen ein „Symbol" die Kohärenz eines geschlossenen, hermetischen Bezugssystems schafft. Das System der „symbolistischen Zeichensprache" ist dem einzelnen Gedicht übergeordnet, „das vielfach an Umriß verliert und nur noch im Bezug zum Ganzen erkennbar ist. (. . .) Ein Gedicht fügt sich zum anderen im engen funktionalen Zusammenhang. Nicht das einzelne Gedicht enthält die Bedeutung, sondern erst das Zusammen aller Gedichte. Der moderne lyrische Zyklus erhebt den Anspruch einer Totalität, die jeden Eingriff als ein Antasten des Bestandes verbietet. Man muß sich darüber klar sein, daß die ineinander verzahnte Fügung der einzelnen Gedichte eine artistische Konstruktion ist und durch gar keinen gegenständlichen Umriß, manchmal durch keinen einsehbaren logischen Zusammenhang gerechtfertigt ist. Wie die Taube des Geistes schwebt die Metapher darüber; wie ein verlorener Pfad tastet sich der Sinn durch den Wald der Symbole; wie der stille Abend fällt das klangvolle Dunkel nieder."[95]

Die Funktion der „geistigen Formel" hat in den Gedichten Heyms die neutrale Perspektive übernommen. Keine besondere „feste Bedeutung" wie

---

[92] „Symbol" nicht im Sinne der Klassik und Romantik. Vgl. Heselhaus, Lyrik der Moderne, l. c., S. 19.
[93] Heselhaus, Lyrik der Moderne, l. c., S. 20.
[94] Heselhaus, Lyrik der Moderne, l. c., S. 20.
[95] Heselhaus, Lyrik der Moderne, l. c., S. 19.

die Figur des spätantiken Kaisers „Algabal" oder das Stundenbuch läßt sich ausmachen, die auf „andere Zusammenhänge" übertragen wird[96]; kein „Kostüm"[97] wird sichtbar. Im Sinne des Symbolismus ist die „geistige Formel" Heyms unpoetisch, da sie – so scheint es wenigstens – keine Bezüge zu schaffen vermag, schon gar nicht solche mit dem Merkmal strenger Funktionalität. Sie ist sogar „ungeistig", da sie jeden ästhetischen und gedanklichen Vorwurfs entbehrt. Sie ist schließlich prosaisch, da sie keine „neue und schöne Ordnung" schafft, sondern sich darauf beschränkt, zu registrieren und zu reproduzieren.

Vor dem Hintergrund des symbolistischen poetischen Verfahrens erhalten Heyms Gedichte ihre historische Bedeutung; nur in diesem Zusammenhang wird seine poetische Technik voll verständlich. Heym ist gleichsam der Vollstrecker symbolistischer Poetik, indem er deren Tendenzen und Möglichkeiten rücksichtslos gebraucht und zu Ende führt. Er greift zum Mittel der Perspektivierung mit sämtlichen damit verbundenen Prätentionen, verzichtet aber darauf, die ästhetischen und weltanschaulichen Vorstellungen, die die Symbolisten zu dieser Methode hatten greifen lassen, aufzunehmen; er verkehrt sie sogar ins Gegenteil.

So nimmt er auch jenen Hermetismus, der die symbolistische Verfahrensweise auszeichnet, auf und verändert ihn entscheidend. Die „eine Ebene", in der seine Bilder existieren, ist eine hermetische Konstruktion, ist Formulierung des Systems, innerhalb dessen die Bezüge gesetzt werden. Gleichzeitig aber wird dieser Hermetismus universal, d. h. er duldet keinerlei andere Perspektivierungen neben sich. Der Anspruch des vormals abgeschlossenen Gebildes, den es für sich erhob, dehnt sich jetzt auf die Produktion überhaupt aus. Die Heymschen Bilder verdanken ihre Konkretheit ihrer Ansiedlung in einem gegen alles andere abgedichteten System, ihre mangelnde Funktionalität innerhalb dieses Systems entspringt dessen ausschließlicher Gültigkeit. Dies gilt für die einzelnen Bilder wie für die Gedichte. Sie schließen sich nicht zu einem Zyklus zusammen, obwohl sie dem Prinzip der Perspektivierung ganz wie die symbolistischen Zyklen ihre notwendige Existenz verdanken. Kein abgeschlossenes und streng funktionales Gebilde, über dem „die Taube des Geistes schwebt", entsteht, denn der Zyklus, den Heym schreiben müßte, bestünde aus unendlich vielen Gedichten. Dies drückt sich schon im Titel der Gedichtsammlung „Der ewige Tag" aus, findet aber

[96] Heselhaus, Lyrik der Moderne, l. c., S. 18.
[97] Heselhaus, Lyrik der Moderne, l. c., S. 22.

auch seinen Niederschlag in der unaufhörlichen Produktion neuer Gedichte. Wo diese sich nicht funktional zusammenzuschließen vermögen, obwohl sie eine „geistige Formel", einen den Gedichten übergeordneten Fluchtpunkt haben, da ist es in der Tat sinnvoll, sich – wie Heym im November 1910 im Tagebuch notiert – nur für die noch nicht gemachten Gedichte und nicht mehr für die bereits niedergeschriebenen zu interessieren.[98]

Heyms Polemik gegen George richtet sich vor allem gegen dessen Esoterik und Exklusivität und damit gegen den gesellschaftlichen Ausdruck der „hermetische(n) Abschließung vom Zeitgeist"[99]. Sie richtet sich gegen die „Flucht in ferne und frühe Welten"[100], denen die Symbolisten ihre „Symbole" bzw. Metaphern entnahmen, um umso ungestörter ihr „eigenes dichterisches Idiom"[101] ausbilden zu können. Heym lehnte diese Flucht aus der Zeit – und das heißt aus der Gegenwart – als falsche Innerlichkeit und als Verlogenheit ab. Anders sind die Ausfälle gegen Rilke und George kaum zu erklären. Mit der neutralen Perspektive versetzt er den Fluchtpunkt der Symbolisten in die Gegenwart, freilich in dialektischer Weise. Er wählt keine im naturalistischen Sinn „gegenwartsbezogene" Metapher und versucht nicht, auf diese Weise aktuell zu sein, sondern er zeigt, daß der Standpunkt des symbolistischen Dichters außerhalb der Zeit ein äußerst aktuelles Symptom des „Zeitgeists" selbst ist. Dies gelingt ihm, indem er den Standpunkt außerhalb der Zeit, der dem symbolistischen Dichter das Verfahren vorschreibt, in das Verfahren selbst hineinnimmt und damit in der Struktur objektiviert. Die schon bei Rimbaud vorhandene Tendenz, daß das „Ich" der Gedichte – und das heißt hier letztlich die Perspektive der Gedichte – „alle Masken anlegen, sich auf alle Existenzweisen, Zeiten und Völker ausdehnen" kann[102], führt Heym konsequent zu Ende, indem er die Universalität der Möglichkeiten als neutrale Perspektive der Struktur einverleibt. Die Gedichte Heyms zeigen Geschichtslosigkeit und Zeitlosigkeit, gerade weil er in der Gegenwart verharrt und es ablehnt, aus der Zeit zu fliehen. Über die Perspektivierung bringt er seine wichtigste Erfahrung der Gegenwart, die der zeitlichen Diskontinuität, in die Gedichtstruktur. Das universal gültige Idiom der neutralen Perspektive denunziert so das „eigene dichterische Idiom" der Symbolisten und dessen Grundlage, die artistische Freiheit, als Eskapismus.

[98] h III, 151.
[99] Heselhaus, Lyrik der Moderne, l. c., S. 23.
[100] Heselhaus, Lyrik der Moderne, l. c., S. 22.
[101] Heselhaus, Lyrik der Moderne, l. c., S. 23.
[102] Friedrich, Struktur der modernen Lyrik, l. c., S. 52.

Die neutrale Perspektive ist Folge symbolistischer Ästhetik, gleichzeitig aber auch deren Kritik und Vernichtung. [103]

Die Perspektivierung, wie sie die Symbolisten vornahmen, erforderte äußerste artistische Disziplin. Ihre Reduktion zur neutralen Perspektive hat eine Reduktion des artistischen Prinzips zur Folge. Der unerhörte „lyrische Primitivismus" Heyms, den u. a. Heselhaus feststellte [104], muß von hier aus gesehen werden. Diese Sprache ist nichts Unvermitteltes, Ursprüngliches, etwa im Sinn des aufkommenden Kults für primitive Kunst; ihr Primitivismus ist aus der Artistik abzuleiten. So ist sie auch fern von der „Grazie des Primitiven" und grenzt an sprachliche Kraftmeierei.

b. *Perspektive und Maske*

Die individuellen Voraussetzungen für die Subjektlosigkeit der Gedichte beschreibt Heym selbst im Tagebuch. Am 17. November 1910 notiert er: „Trotz aller Attaquen, die ich noch durchmachen muß, bin ich jetzt viel glücklicher, wie die Jahre vorher. Denn ich habe gelernt, zu schauen, ohne zu wünschen, einfach zu betrachten. Wie ich vielleicht 17 Jahr alt war, hoffte ich auf das Glück, auf etwas fernes, wesenloses, eine Chimäre. Jetzt bin ich 23, ich habe gelernt, mit den Dingen zu rechnen, und auf ihrer Blöße und Torheit zu stehen und allem eine neue Schönheit abzugewinnen. Natürlich ist das noch nicht die Krone, aber es ist das Fundament." [105] Die Worte „zu schauen, ohne zu wünschen, einfach zu betrachten" bezeichnen genau das, was wir mit dem Begriff der neutralen Perspektive zu fassen versuchten. Heyms Selbstzeugnis sagt aus, daß die neutrale Perspektive, so sehr sie sich

---

[103] Mautz, der die Herkunft und die Bedeutung des Mythologischen bei Heym untersucht, kommt zu ähnlichen Ergebnissen. An Hand der letzten Strophe des Gedichts „Der Wald" (h I, 275) setzt er sich mit dem von K. L. Schneider geprägten Begriff der „peiorisierenden Metapher" kritisch auseinander und beschreibt gleichzeitig die Stellung Heyms zum Symbolismus (Mautz spricht, vor allem im Hinblick auf George, von „Jugendstil"): „Die Metapher (See = Auge eines Toten; J. Z.) wertet nicht um, peiorisiert nicht, sondern zieht in der pointierten Schlußstrophe nur die Konsequenz des Ganzen. Aus derselben inneren Notwendigkeit kann sie im allerletzten Bild noch hyperbolisch überboten werden durch die Weltuntergangsmetapher des im ‚wilden Schlunde' des Sees selbst aufstürmenden Wetters mit dem doppelten Oxymoron, daß der verglaste, totenhaft erstarrte See gleichzeitig ein ‚wilder Schlund' ist, in dem das Wetter ‚tost und rast', und daß in seinem verglasten Wasser, d. h. in Eis, ‚Flamme loht'. Indem die Weltuntergangsmetaphorik der Schlußstrophe im Unterschied zum hintergründig parodistischen Charakter der vorausgegangenen Bilder das drohende Ende der Traumwelt des Jugendstils ernst nimmt, sie aus sich selbst heraus untergehen läßt, drückt sich in ihr die objektive geschichtliche Tendenz aus, die den Ausbruch aus jener Welt erzwang." (Mautz, Mythologie, l. c., S. 25).
[104] Heselhaus, Lyrik der Moderne, l. c., S. 182.
[105] h III, 150.

historisch und strukturell aus der symbolistischen Methode ableiten läßt, in irgendeiner Weise mit dem persönlichen Glücksbefinden des die Gedichte schreibenden Subjekts verknüpft ist.

Eine weitere Tagebuchnotiz mit ähnlichem Inhalt vom 17. Juni desselben Jahres kann bei der Klärung der Zusammenhänge weiterhelfen: „Im allgemeinen Sinne bin ich jetzt glücklicher, ruhiger, wie in den früheren Jahren. Ich lebe mich auf den robusten Stil ein, der mich wie eine Festung umschanzt."[106] Die Haltung der neutralen Perspektive ist also ein „robuster Stil", auf den man sich „einleben" kann, den man, wie es im ersten Zitat hieß, „lernen" kann. Sicher ist damit ein Hinweis auf Heyms lyrischen „Primitivismus" gegeben. Das Wort „einleben" verrät aber auch, daß es sich um mehr als nur um eine literarische Schreibweise handelt, nämlich um eine Haltung im Leben, um ein Verhalten nach außen, den Menschen gegenüber. Zahlreiche Berichte von Zeitgenossen beschreiben die kraftgenialische Pose, in der sich Heym oft gefiel.[107] Bereits als Gymnasiast hatte er in seinem äußeren Verhalten Robustheit an den Tag gelegt, um innere Sensibilität und Labilität zu überdecken[108]; und noch kurz vor seinem Tod notiert er im Tagebuch: „Das wunderbarste ist, daß noch keiner gemerkt hat, daß ich der allerzarteste bin, (...), aber ich habe es gut versteckt, weil ich mich immer dessen geschämt habe."[109] Immer wieder redet Heym im Tagebuch davon, daß er sich nach außen hin verstelle; so am 10. 11. 1910: „Ich bin stark, weil ich das Gegenteil der Charactereigenschaften, die ich habe, in Erscheinung treten lasse."[110] Und am 31. 12. 1910 heißt es: „Hoddis trägt keine Maske, Heym ist maskiert. Ihm beliebt es, als Naturbursche zu erscheinen."[111]

Heym verstand es, seine Maske gut zu tragen; noch 1959 entwirft Friedrich Schulze-Maizier von Heym das Bild des „Naturburschen"[112]. Das Tagebuch freilich weiß es anders: „Wenn ich mich frage, warum ich bis jetzt gelebt habe. Ich wüßte keine Antwort. Nichts wie Quälerei, Leid und Misere aller Art. Sie meinen, Herr Wolfssohn, Ihnen wäre noch nie jemand so ungebrochen vorgekommen, wie ich. Ach nein, lieber Herr, ich bin von dem grauen Elend zerfressen, als wäre ich ein Tropfstein, in den die Bienen ihre Nester

---

[106] h III, 135.
[107] Vgl. etwa die Berichte von David Baumgardt (h VI, 8 ff.) oder Friedrich Schulze-Maizier (h VI, 13 ff.).
[108] Vgl. Carl Seelig, Leben und Sterben von Georg Heym; in: Georg Heym, Gesammelte Gedichte, hrsg. v. Carl Seelig, Zürich 1947, S. 210.
[109] h III, 174.
[110] h III, 149.
[111] h III, 155.
[112] Vgl. h VI, 13 ff.

bauen. Ich bin zerblasen wie ein taubes Ei, ich bin wie alter Lumpen, den die Maden und die Motten fressen. Was Sie sehen, ist nur die Maske, die ich mit soviel Geschick trage." [113] Der Eintrag stammt vom 6. Juli 1910. Bereits hier, am Anfang der Phase, die von der neutralen Perspektive bestimmt wird, kündigt sich an, wie gefährdet jene „Festung" ist, wie schwer es Heym fällt, die Haltung „göttlicher Ruhe" und Gelassenheit einzunehmen.

Es liegt nahe, zwischen der Konstruktion der neutralen Perspektive und Heyms Maskierung einen Zusammenhang zu sehen. Die neutrale Perspektive ist vergleichbar einer Maske, hinter der sich das Subjekt verbirgt. Deutlich wird dieser Zusammenhang, wenn man die strukturelle Ähnlichkeit mit der symbolistischen Methode berücksichtigt. Die Wahl eines „Symbols", eines „Kostüms", einer „Rolle" schafft einen Bezugspunkt, der außerhalb des Bereichs unmittelbarer Subjektivität liegt, schafft ein „künstliches Ich" [114]. Nicht anders die neutrale Perspektive. Im Unterschied jedoch zu den Symbolisten, die in der Erarbeitung eines „eigenen dichterischen Idioms" ein artistisches Ziel verfolgten, geht es Heym um die Suspendierung subjektiven Ausdrucks überhaupt. Angesichts der inneren Aushöhlung, die im Tagebuch so eindrucksvoll beschrieben ist, fürchtet er, das Schicksal Robespierres zu teilen und als Subjekt zu totaler Ausdrucksunfähigkeit verurteilt zu sein. Die neutrale Perspektive expliziert diesen Zustand des Subjekts, ohne ihn als den eigenen aussprechen zu müssen. Wie die Maske nach außen hin zu schützen vermag, so die Haltung „göttlicher Ruhe", wie Heym später die der neutralen Perspektive zugrunde liegende Haltung nannte [115], nach innen. Die Angst vor dem Nichts, beispielhaft objektiviert in der Gebärde Robespierres, scheint gebannt.

---

[113] h III, 138.
[114] Friedrich, Struktur d. mod. Lyrik, l. c., S. 52.
[115] h III, 174.

B. Das betroffene Subjekt („Umbra Vitae")

1. Aufgabe des jambischen Schemas

Ungefähr von der Mitte des Jahres 1911 an, ein halbes Jahr vor seinem Tod also, gibt Heym die beschriebene Form des fünfhebigen jambischen Vierzeilers nach und nach auf. Die Statistik konnte dies veranschaulichen. Heym tut diesen Schritt, ohne eine neue verbindliche Form gefunden zu haben. Die Vielzahl neuer Gedichtformen legt vielmehr den Schluß nahe, daß Heym in ein Stadium des Suchens geraten war.

Eine auffällige formale Änderung betrifft zunächst das Metrum. Der Jambus verliert seine beherrschende Stellung. An Hand der ersten Fassung des „Morgue"-Gedichts kann dieser Sachverhalt exemplarisch aufgewiesen werden – trotz der Polemik Röllekes gegen Regenberg[116]. Eine genaue Betrachtung des Gedichts wird erbringen, daß die umstrittene spektakuläre letzte Strophe (Str. 27) sich metrisch konsequent aus den vorangegangenen Strophen entwickelt.

Wir zitieren die neun letzten Strophen (19–27):

> Was fanden wir im Glanz der Himmelsenden?
> Ein leeres Nichts. Nun schlappt uns das Gebein,
> Wie einen Pfennig in den leeren Händen
> Ein Bettler klappern läßt am Straßenrain.

20   Was wartet noch der Herr? Das Haus ist voll,
> Die Kammern rings der Karawanserei,
> Der Markt der Toten, der von Knochen scholl
> Wie Zinken laut hinaus zur Wüstenei.

> Was kommt er nicht? Wir haben Tücher an,
> Und Totenschuhe. Und wir sind gespeist.
> Wo ist der Fürst, der wandert uns voran,
> Der schwarze Knochenmann, der mit uns reist.

[116] Vgl. S. 40.

Wo wird uns seine weiße Fahne wehen?
Zu welcher Dämmerung geht unser Flug?
Verlassen in der Einsamkeit zu stehen
Vor welcher leeren Himmel Hohn und Trug?

Ruhen wir aus in stummem Turm, vergessen?
Werden wir Wellen einer Lethe sein?
Oder daß Sturm uns treibt um Winteressen,
Wie Dohlen, reitend auf dem Feuerschein.

Werden wir Blumen sein? Werden wir Vögel werden,
Im Stolze des Blauen, im Zorne der Meere weit?
Werden wir wohnen in den tiefen Erden,
Maulwürfe stumm in toter Einsamkeit?

25   Werden wir auf den Locken der Frühe wohnen,
Werden wir blühen im Baum, und schlummern als Frucht?
Oder Libellen blau, auf den See-Anemonen
Zittern im Mittag in schweigender Wasser Bucht?

Werden wir schweifen, wo strahlende Äther sind,
Ewig hinauf und hinab im unendlichen Raum?
Werden wir Wolken sein? Oder der Wälder Wind?
Vielleicht nur ein Lied, und ein Kuß, und ein Traum.

Oder – wird niemand kommen?
Und werden wir langsam zerfallen
Zu dem Gelächter des Monds,
Der hoch über Wolken saust,
Zerbröckeln ins Nichts,
Daß ein Kind kann zerballen
Unsere Größe dereinst
In der dürftigen Faust?

(h I, 289 f.)

Bis einschließlich Strophe 22 herrscht ungebrochen der fünfhebige Jambus. Schwebung am Versanfang kommt gelegentlich vor, besonders an Stellen mit anredendem oder demonstrativem Charakter („Ihr, die ihr eingeschrumpft wie Zwerge seid . . .“; h I, 286); Doppelsenkungen werden dagegen vermieden. Nachdrücklich zeigt dies Strophe 15, in der es heißt:

> Ein Ratte hopst auf feuchtem Zehenbein.
>
>   (h I, 288)

Heym verwendet „Ratte" als Maskulinum (vielleicht in Anlehnung an das umgangssprachliche „der Ratz") und umgeht so zwei Senkungen am Versbeginn.

Auch Strophe 23 weicht nicht vom metrischen Schema ab, fügt sich aber in der Realisation weniger als die vorangegangenen Strophen ein: dreimal hintereinander (V 1–3) beginnen die Verse mit einer Schwebung. Diese rhythmische Wendung wird in den folgenden Strophen so dominant, daß schließlich das Schema des fünfhebigen Jambus entscheidend durchbrochen wird. Dabei bleibt die Doppelsenkung nicht länger auf den Versbeginn beschränkt, sondern wird ins Innere hineingetragen. In Zeilen wie:

> Zittern im Mittag in schweigender Wasser Bucht?

oder:

> Vielleicht nur ein Lied, und ein Kuß, und ein Traum.

ist schließlich vom Jambus nichts mehr zu hören.

Die Auflockerung und Aufgabe des fünfhebigen jambischen Verses in den Strophen 24 bis 26 findet ihren Abschluß in der letzten Strophe des Gedichts. Deren formale Herkunft aus den vorangegangenen Strophen wird evident, wenn man probeweise jeweils zwei Zeilen zu einem Vers zusammenfaßt; besonders der Kreuzreim, der auf diese Weise wieder zum Vorschein kommt, weist auf den Zusammenhang:

> Oder – wird niemand kommen? Und werden wir langsam
>   zerfallen
> Zu dem Gelächter des Monds, der hoch über Wolken saust,
> Zerbröckeln ins Nichts, daß ein Kind kann zerballen
> Unsere Größe dereinst in der dürftigen Faust?

Wenn Heym diese letzte Strophe dennoch in acht Verse bringt, so führt er lediglich eine Tendenz zu Ende, die mit der Auflockerung des jambischen Schemas bereits angelegt war. Mit der Einführung der Doppelsenkung vergrößert er die Silbenzahl des Verses, statt 10 und 11 Silben füllen jetzt 12, 13 und mehr die Zeile. Deren Potenz, eine geschlossene Einheit zu bilden, wird damit vermindert, und die Zäsur, die sich innerhalb einer langen Zeile gern einzustellen pflegt, kann sich leicht zur Versgrenze entwickeln.

Die universale Gültigkeit des jambischen fünfhebigen Vierzeilers ist damit in Frage gestellt. So wird man bereits für die 26. Strophe kein Schema
erstellen können, das an Verbindlichkeit dem bisher verwendeten vergleichbar wäre. Deutlich ist, daß der Vers

> Vielléicht nur ein Líed, und ein Kúß, und ein Tráum.

im Gegensatz zu den anderen Versen nur vier Hebungen aufweist. Und wie
weit reicht die Verbindlichkeit eines Schemas, wenn der Vers

> Werden wir Wolken sein? Oder der Wälder Wind?

sowohl als Fünfheber ('xxx 'xxx 'xxx 'xx 'x) als auch als Sechsheber ('xxx
'xx 'x 'xxx 'xx 'x) aufgefaßt werden kann? Für beide Lesearten gibt es Ar-
gumente.

Dieser Prozeß, wie er sich hier innerhalb eines Gedichts ankündigt, zieht
sich in zahlreichen Abwandlungen und Versuchen bis zu Heyms Tod hin.
Mit der Aufgabe des jambischen Metrums als beinahe einziges formales
Gestaltungsprinzip verschwindet auch die starre Regelmäßigkeit aus den
Gedichten. Daktylen und Trochäen, aber auch unregelmäßige Versfüße treten in bisher unbekanntem Ausmaß auf; die Zahl der Hebungen kann
schwanken. Beachtenswert ist die Tendenz zum kurzen Vers mit zwei oder
drei Hebungen. Neue Strophenformen wie Terzinen, Fünfverser oder Zehn-
verser lockern das Bild auf; häufig bilden sich die Strophen frei.

Wie sehr sich Heym von seinen bisherigen Gestaltungsprinzipien zu lösen
beginnt, soll das folgende – keineswegs vereinzelt dastehende – Gedicht
vom Oktober 1911 veranschaulichen:

> Die hohen Glockenstühle . . .
>
> Die hohen Glockenstühle
> Vor gelbem Himmel
> Läuten noch immer.
>
> Und unten die Ströme
> Im Lärme der Städte
> Ziehen hinaus
> In goldenem Schimmer
> Wie Straßen ⟨breit⟩. [117]

[117] Die Winkelklammern ⟨ ⟩ kennzeichnen hier und im folgenden unsichere Lesungen. –
Vgl. h I, 746.

Aber der Glocken Geläut
Geht auf den Strömen weit
In der riesigen Stadt
Unter den Brücken, den krummen.

Und hinten im Abend
Bei schwarzer Schiffe
Rauch und Verstummen
Ist es noch immer
Wie Bienensummen.

(h I, 400)

2. Das betroffene Subjekt

a. *Jugendgedichte*

Die Veränderungen im formalen Bereich weisen auf Veränderungen in der Gedichtstruktur. Heym reflektiert diesen Zusammenhang am 27. 9. 1911 im Tagebuch: „Der Jambus ist eine Lüge. Mindestens eine lateinische Form, ‚Durchsichtiges, vierkantiges‘ ist eine Kette am Gedanken. (. . .) Der gezwungene Reim ist eine Gotteslästerung (. . .)."[118] Diese Worte sind kein „flüchtiger Protest unter anderen", wie Rölleke annimmt[119], sondern eine ernstzunehmende heftige Kritik des Gestaltungsprinzips, das in den Gedichten aus der Phase von „Der ewige Tag" wirksam war. Bemerkenswert an dieser Kritik ist, daß sie weniger ästhetische als ethische Maßstäbe anlegt.

---

[118] h III, 166. – Aus dem die Korrekturen verzeichnenden Anhang der Schneiderschen Ausgabe (h III, 292 ff.) geht hervor, daß die zitierte Tagebuchstelle in der Handschrift folgendermaßen ausgesehen hat: „Der Jambus ist eine Lüge. mindestens eine lateinische Form, ‚Durchsichtiges, vierkantiges‘ ist eine Kette am Gedanken." Die Kleinschreibung von „mindestens" weist darauf hin, daß sich der Teilsatz „mindestens eine lateinische Form" auf das Vorangegangene bezieht. Die Großschreibung von „Durchsichtiges" läßt vermuten, daß ein neuer Gedanke beginnt, und nicht etwa, daß dem Substantivcharakter dieses Wortes entsprochen werden soll; das grammatisch identische „vierkantiges" wird nämlich klein geschrieben. Wie die Anmerkungen zur Textgestaltung (h III, 290) zeigen, nimmt es Heym mit der Zeichensetzung nicht sehr genau, was im übrigen dem assoziativ-aphoristischen Stil der Aufzeichnungen entspricht. Der Sinn der Tagebuchnotiz wäre deutlicher geworden, wenn der Herausgeber nach „Lüge" ein Komma und nach „Form" einen Punkt gesetzt hätte. Eine Paraphrasierung des Textes könnte ungefähr so aussehen: Der Jambus ist eine Lüge; ist dies zuviel gesagt, so ist er zumindest eine lateinische Form. Lateinische Formen sind durchsichtig, vierkantig und bilden eine Kette am Gedanken.
[119] Rölleke, Die Stadt, l. c., S. 88.

Mit derselben Problematik beschäftigt sich ein weiterer Tagebucheintrag knapp zwei Monate später: „20. 11. 11. Jetzt habe ich den Kampf. Denn meine Phantasie ist gegen mich aufgetreten und will nicht mehr wie ich will. Meine Phantasie, meine Seele, sie haben Angst und rennen wie verzweifelt in ihrem Käfig. Ich kann sie nicht mehr fangen. Wo ist die göttliche Ruhe des Tages, der Ophelia, des Fieberspitals."[120] Heym bezieht sich auf die Gedichte „Der Tag"[121], „Ophelia" I und II[122] und „Das Fieberspital" I und II[123], die ein Jahr vorher, im Oktober bis Dezember 1910, entstanden und in die Sammlung „Der ewige Tag" aufgenommen worden waren. Als „göttliche Ruhe" bezeichnet er die Haltung, aus der heraus er die Struktur der neutralen Perspektive entwickelt hatte, die für ihn gleichzeitig eine Art Maske darstellte und ihm erlaubte, Schrecken und Angst in wahrhaft „göttlicher", nämlich unmenschlich erscheinender Distanz in zahlreichen Bildern zu objektivieren.

Auch in der Tagebuchnotiz vom 27. 9. 1911, die wir bereits auszugsweise zitierten, bedenkt Heym seine momentane Situation und vergleicht sie mit seiner Vergangenheit: „In einer großen Curve bin ich dahin zurück gekehrt, wo ich einst ausging, wie jemand der in den Windungen einer Bergstraße geht, und plötzlich an der selben Stelle des Berges steht, nur eben um einen weiten Abhang höher. (. . .) ich bin wieder bei meinen allerersten Gedichten, wie.: Das alte Haus: auch rote Lichter flammen. O einmal Mensch sein dürfen. –"[124] Die Gedichte, auf die sich Heym hier beruft, sind freilich nicht seine ersten; sie stammen vielmehr aus den Jahren 1904 und 1905. Zunächst spielt er auf ein Gedicht vom September 1904 an, das allerdings nicht „Das alte Haus", sondern „Das tote Haus" überschrieben ist. Der im Zusammenhang des Tagebuches unverständliche Satz „auch rote Lichter

[120] h III, 174.
[121] h I, 147.
[122] h I, 160 ff.
[123] h I, 166 ff.
[124] h III, 166. – Im Zusammenhang lautet die Stelle in der Schneiderschen Ausgabe folgendermaßen: „Der gezwungene Reim ist eine Gotteslästerung, ich bin wieder bei meinen allerersten Gedichten . . ." Gegen unsere Darstellung könnte man einwenden, daß sich die Bemerkung vom „gezwungenen Reim" als „Gotteslästerung" nicht auf die Gedichte in fünfhebigen Jamben, sondern auf die „allerersten Gedichte" beziehe. Ein Blick auf diese frühen Gedichte macht jedoch schnell deutlich, daß bei ihnen von „gezwungenem Reim" keine Rede sein kann. Nach dem Wort „Gotteslästerung" setzt ein neuer Gedanke ein, wie die unberichtigte Version zu zeigen vermag: trotz des Kommas nach „Gotteslästerung" fährt Heym in der Handschrift mit Großschreibung fort: „. . . Gotteslästerung, Ich . . ." (vgl. h III, 293). Schneider hätte besser daran getan, genau nach der Handschrift zu verfahren oder die beiden Sätze durch einen Punkt zu trennen, als in einer oberflächlich berichtigten Lesart eine unnötige Zweideutigkeit in den Text zu bringen.

flammen" ist ein Zitat aus diesem Gedicht. Wir geben das ganze Gedicht wieder:

Das tote Haus

Im Osten war die Nacht und harrte,
Daß im West der Tag verglimme.
Der Mond blaß in die Gassen starrte.
Da rief mich eine leise Stimme:

Zu treten auf den dunkelnden Altan.
Mir war so einsam und so bang.
Drum flammt ich mir ein rotes Flämmchen an,
Um nicht allein zu sein.
Da – vor ihm rang
Mein Schatten ellenlang
Sich auf.
Über die Gasse er lautlos sprang.
Er schlang sich hoch hinauf
Am toten Haus
Und schlang sich hoch
Am öden Fenster fest
Am höchsten Turm
Am toten Haus.

Da – durch die Gassen fuhr ein Sturm
Und blies mein Lichtchen aus.
Der Schatten sank
Und schwand im Nichts,
Tief in mir klang
Ein Ton, als sprang
Etwas entzwei.

So ruft mich ein verhaltner Schrei
Allabendlich vom toten Haus
Und jeden Abend trete ich,
Ein Flämmchen in der Hand, hinaus
Und warte, daß vom toten Haus
Auch rote Lichter flammen.
Doch nur mein Schatten springt herauf

Und schwingt sich hoch am Turm hinauf
Und stürzt im Sturm in sich zusammen.

(h I, 559 f.)

Der Satz „O einmal Mensch sein dürfen." scheint zunächst eine empha-
tische Äußerung des Tagebuchschreibers zu sein. Bei näherer Prüfung stellt
er sich jedoch ebenfalls als abgewandeltes Zitat eines frühen Gedichts heraus.
In dem Gedicht „Im Halbschlaf" vom April 1905 lautet die entsprechende
Stelle (V 17 ff.):

Und da, auf einmal stieß
Der Nachtwind jäh das Fenster auf,
Und deutlich hörte ich ganz nah
Den wehen Ruf:
„Einmal noch Mensch sein dürfen,
Einmal nur."

(h I, 593)

Die beiden Gedichte der Frühzeit gleichen sich formal: kein fester Vers-
und Strophenbau, kein Reimzwang, sondern sich frei einstellende Reime
und Assonanzen; Tendenz zum kurzen Vers. Ein ganz ähnliches Bild ergibt sich, wenn man einige Gedichte aus der Zeit der zitierten Tagebuchaufzeichnung, vom September 1911 also, betrachtet. Zu nennen wären u. a.
„Herbstliche Tetralogie" I–IV[125], „Die Schatten" I und II[126], „Nachmittag"[127] oder „Die Dämonen"[128].

Daneben gibt es eine ganze Reihe eindeutiger motivischer Bezüge zwischen
den Früh- und den Spätgedichten. Einige davon deuten wir kurz an. In
„Herbstliche Tetralogie" I ist in Vers 32 von „dem alten Haus" die Rede, im
Hinblick auf die fast gleichzeitig niedergeschriebene Tagebuchstelle (Gedicht:
24./25. September; Tagebucheintrag: 27. September), die an Stelle von
„totes Haus", wie es im Jugendgedicht hieß, fälschlicherweise ein *altes
Haus* zitiert, sicherlich mehr als ein Zufall. Eine direkte Reminiszenz an
das Jugendgedicht „Das tote Haus" bilden folgende Verse:

Und ein kleines Licht
Hält ⟨er in magrer⟩ Faust

[125] h I, 370–377.
[126] h I, 378 ff.
[127] h I, 381.
[128] h I, 382 ff.

Wenn der Wind in die Kammer ⟨braust⟩
Und das Licht flackert und weht
Da im Sturm es vergeht.

(h I, 375)

Weiterhin ist auf die Thematik menschlicher Einsamkeit hinzuweisen, die in beiden Stilphasen zentral ist und sich im häufigen Gebrauch von Wörtern wie „einsam", „allein", „öd", „tot", „dunkel" etc. niederschlägt. Schließlich ließe sich die Sturm- und Windmetapher der späten Gedichte, immer Untergang und Tod signalisierend[129], aus dem Bild des Sturms entwickeln, der im Jugendgedicht das „Lichtlein" ausbläst.

Formale und motivische Übereinstimmungen sind Zeichen einer tiefgreifenden Gemeinsamkeit, die Heym im Sinn hat, wenn er schreibt: „... ich bin wieder bei meinen allerersten Gedichten ..." Die Gedichte vom Herbst 1911 weisen nämlich – ähnlich den Jugendgedichten – einen deutlich subjektiven Gehalt auf. Häufiger als in den Gedichten in jambischen Vierzeilern taucht als „ich", „wir" oder in der Anrede ein „lyrisches Subjekt" auf, das zur Selbstaussprache und -darstellung drängt und das nicht als Rolle festgelegt werden kann. Eine weitere Gemeinsamkeit besteht darin, daß sich dieses Subjekt als unglücklich erfährt und zeigt. Der sentimentalisierende Topos „O einmal Mensch sein dürfen" gilt für beide Entwicklungsstufen von Heyms dichterischem Schaffen.

Übereinstimmungen und Anklänge besagen nun freilich nicht, daß die Gedichte vom Herbst 1911 den früheren Gedichten an die Seite zu stellen wären. Heym selbst spricht ja davon, daß er zwar „an der selben Stelle des Berges" stehe, „nur eben um einen weiten Abhang höher". Dies ist eine präzise Bestimmung des dichterischen Standorts. Deutlich kommt in Heyms Worten zum Ausdruck, daß er die Erfahrung und Mittel, die er seiner bisherigen dichterischen Entwicklung verdankt, nicht einfach ignorieren kann und daß er die Phase des jambischen Vierzeilers und der neutralen Perspektive als notwendigen und nicht rückgängig zu machenden Schritt versteht. Dies bedeutet aber, daß die Jugendgedichte zwar einen wichtigen Hinweis zur Ermittlung der Struktur der Spätgedichte abgeben, daß sie aber zur direkten Ableitung und Interpretation dieser Struktur nicht taugen. Nach einer Phase

---

[129] Vgl. „Der Abend":
Und der ⟨Sterbewind⟩
Ächzt in des Dunkels Grunde.   (h I, 387)
Bemerkenswert ist weiterhin, daß „Wind" und „Sturm" meist in Verbindung mit den Verben „ächzen" oder „stöhnen" gebraucht werden.

der neutralen Perspektive ist subjektiver Gehalt etwas ganz anderes als zu einer Zeit, in der Heym zur Gestaltung seiner Sehnsüchte über dichterische Mittel verfügte, die wenig über das Niveau neuromantischer Dutzendlyrik hinausreichten.

b. *Dimension der Zeit*

Das „Morgue"-Gedicht konnte exemplarisch die schrittweise Aufgabe des jambischen Schemas zeigen. Dasselbe Gedicht gibt auch Auskunft über den Strukturwandel, der im Sommer 1911 einsetzt und im Herbst vollzogen ist. Dabei handelt es sich nicht, wie schon betont, um einen „Durchbruch"; vielmehr werden im „Morgue"-Gedicht Tendenzen sichtbar, die in verschiedenen Gestalten später mehr und mehr in den Vordergrund treten.

Wieder betrachten wir die letzten neun Strophen des Gedichts. Zunächst mag auffallen, daß jede dieser Strophen mindestens einen Fragesatz enthält, während in den Strophen 1 bis 18 kein einziger zu finden war. Die Fragen in den letzten Strophen stehen in unterschiedlicher Dichte; Strophe 19 und 20 weisen je eine Frage auf, Strophe 21 bereits zwei, ab Strophe 22 schließlich kann jeder Satz als Fragesatz verstanden werden.

Wichtig ist der unterschiedliche Charakter der Fragen. Wenn es in Strophe 19 heißt:

Was fanden wir im Glanz der Himmelsenden?

so ist diese Frage kaum mehr als ein rhetorischer Anlaß zu den folgenden Versen, die die Antwort geben:

Ein leeres Nichts. Nun schlappt uns das Gebein,
Wie einen Pfennig in den leeren Händen
Ein Bettler klappern läßt am Straßenrain.

Die Frage in Strophe 20

Was wartet noch der Herr?

scheint in ähnlicher Weise rhetorisch. Beide Strophen beginnen mit einer Frage, werden dann in den übrigen Versen mit Aussagesätzen gefüllt, die sich in nichts von denen der Strophen 1 bis 18 unterscheiden. Doch steht die zuletzt zitierte Frage bereits im Zusammenhang mit denen der Strophen 21 und 22, wo nach dem Verbleib des Todes („schwarzer Knochenmann") und nach dem „wohin" des erwarteten von ihm angeführten Todeszugs gefragt wird. Eine Antwort erfolgt nicht mehr; von dem bloß rhetorischen Charakter der Frage in Strophe 19 ist nichts übrig.

Das Fragen wird in Strophe 23 dringlicher. Während sämtliche Fragen der Strophen 19 bis 22 durch Fragewörter eingeleitet werden („was", „wo", „welcher"), deren adverbialer bzw. lokativer Charakter bei „wo" eindeutig ist, bei „zu welcher" und „vor welcher" durchschimmert, es sich grammatisch um „Ergänzungsfragen" [130] handelt, stellen sämtliche Fragen ab Strophe 23 sogenannte „Entscheidungsfragen" [131] dar. Das Subjekt im Sinne der Grammatik ist jetzt das sprechende „wir". Dabei taucht zum ersten Mal in Strophe 23 die Fügung „Werden wir . . .?" auf, die dann für die restlichen Strophen leitmotivisch wird. Die metrisch-formale Analyse sollte zeigen, wie sich der in den Schwebungen der Strophe 23 im Keim angelegte Rhythmus in den folgenden Strophen durchsetzt und das jambische Schema entscheidend außer Kraft setzt; jetzt wird deutlich, daß dies im Zusammenhang mit Fragen geschieht.

Von der noch beantworteten Frage der 19. Strophe steigert sich die Intensität der Fragen über verschiedene „Ergänzungsfragen" zum modellhaften und Sequenzen bildenden „werden wir . . .?". Man kann von einer Entwicklung sprechen, die schrittweise von den platten Feststellungen in neutraler Perspektive zu den ins Ungewisse zielenden und ohne Antwort verbleibenden, das redende Subjekt betreffenden Fragen führt. Ein Blick auf die Tempora bestätigt dies: während die Fragen in Strophe 19 im Präteritum, in den Strophen 20 und 21 im Präsens gestellt sind, setzt sich ab Strophe 22 der futurische Charakter der Fragen durch, endgültig formuliert im „werden wir . . .?".

Mit der Frage nach der Zukunft wird die im Räumlichen sich ausbreitende Struktur der neutralen Perspektive durchbrochen. An die Stelle des bloß konstatierenden „man sieht" treten Vermutungen über eine ungewisse Zukunft. Plötzlich stellt sich die bei Heym vorher kaum anzutreffende Konjunktion „oder" gleich viermal (Strophen 23, 25, 26, 27) ein. Und der Vers

> Vielleicht nur ein Lied, und ein Kuß, und ein Traum.

hebt mit seinem Rhythmus und seinem einleitenden Adverb „vielleicht" die neutrale Perspektive geradezu auf.

Aber Heym bleibt nicht beim träumerischen „vielleicht" stehen, der Höhenflug der 26. Strophe mit ihrem seligen Vergehen in freier Unendlichkeit

---

[130] Vgl. Duden, Grammatik, l. c., S. 466.
[131] Vgl. Duden, Grammatik, l. c., S. 466.

bricht jäh ab. Der wiegende Rhythmus, der sich eben erst konstituierte, wird durch die Kurzzeile der letzten Strophe abgebrochen, ohne daß ins jambische Schema zurückgekehrt würde. Der fragende Duktus bleibt bestehen. Aber die Unerbittlichkeit der neutralen Perspektive, ihr „so und nicht anders", schlägt in den auf die Zukunft gerichteten Blick. Das Subjekt, das sich bisher in der Neutralität zu schützen vermochte, wird jetzt selbst betroffen: es wird Opfer seiner Mittel. Diesen Vorgang beschreiben die Worte vom 20. November 1911: „. . . meine Phantasie ist gegen mich aufgetreten . . ."; er kündigt sich im Tagebuch bereits im Mai desselben Jahres an: „28. 5. 1911 Mein Gehirn rennt immer im Kreise herum wie ein Gefangener, der an die Kerkertür haut." [132] Der Gedankenstrich hinter dem „Oder", das in den Strophen 23 bis 26 gleitende Übergänge schuf, jetzt aber alles Vorangegangene als unwahr erklärt, macht als Zäsur ein Erschrecken deutlich; er zeigt die Stelle, an der die Angst in der Frage nach der Zeit das Subjekt überfällt. Der nicht ausgestoßene Schrei Robespierres reproduziert sich in dieser Pause; diesmal aber nicht objektiviert in historischer Person und neutraler Darstellung, sondern Äußerung des betroffenen Subjekts im Moment der Desillusion seiner selbst. Konsequenterweise entwickelt Heym den neuen subjektiven Gehalt nicht aus der Sphäre individuellen lyrischen Erlebens und Fühlens, sondern aus dem kollektiven Rollenmonolog der Toten, aus der im Gedicht objektivierten Situation, die den tatsächlichen Zustand des Subjekts paradox spiegelt: Kollektivierung und Entseelung. Erst das erklärt die Wucht, mit der dann das Subjekt getroffen wird, als es wieder zur Sprache kommt.

In den sich gegen den Schluß häufenden Fragen des „Morgue"-Gedichts stellt Heym sein bisheriges Gestaltungsprinzip „in Frage". Mit den Fragen gelangt die Kategorie der Zeit ins Gedicht, die unter der neutralen Perspektive erstarrt schien. Nicht, daß nun nach der Erfahrung der Geschichtslosigkeit sinnvoll erfüllte Zeit sich wieder einstellte; Heym kann diese Erfahrung nicht rückgängig machen. Aber er versteht es jetzt nicht länger, unerfüllte Zeit zu konkretisieren und zu objektivieren, indem er sie in ein räumliches Nebeneinander umsetzt; die Gedichte versuchen vielmehr, diesen Zustand als zeitlichen selbst zu reflektieren. Diskontinuität schlägt nicht um in durch die Form konstituierte Monotonie, sondern sie zeigt sich in der Diffusion von Zeit und Raum. Kein paradoxer Versuch mehr, ein „meilenlanges Nichts" auszumessen, da auch der Maßstab in Frage gestellt ist. Nicht länger

[132] h III, 157.

vermag sich das Subjekt in neutraler Perspektive herauszuhalten; als Passives und Hilfloses wird es mit Gewalt dem „Nichts" ausgesetzt:

> Und du wie ein Stein
> Geworfen in Öde
> Möchtest ⟨am liebsten⟩
> Schrein.
>
> (h I, 388)

Auch hier keine Möglichkeit des Protestes oder der Selbstbefreiung im „Schrei". Die Situation Robespierres, die Heym ein Jahr zuvor im Gedicht noch gestaltend vorzuzeigen vermochte, wird jetzt als die eigene erfahren.

Ein objektiver Zwang ist über das Subjekt verhängt: der Zwang, als Subjekt kenntlich zu werden, aber nur, um sich in seiner Entfremdung gewahr zu werden und sich endgültig zu verlieren. Mit trivialer Subjektivität, die sich noch in der Pose des Leidens und der Trauer gefällt und eben dadurch Entfremdung negiert, hat solches nichts gemein. Wenn Heym im Jugendgedicht pathetisch „Einmal noch Mensch sein dürfen . . ." deklamiert, diese durchs literarische Klischee vermittelte Pose als solche nicht durchschaut, sondern glaubt, sie als unverstellten Ausdruck des Subjekts ausgeben zu können, so ist er gerade darin unwahr, als er an dieser Möglichkeit der ungebrochenen Subjektivität festhält. Schon die leichtfertige Verwendung der Worte „Mensch" und „Mensch sein", in die idealisierend verschwommene Vorstellungen von Ganzheit, Glück etc. gepackt werden, deckt solche falsche und angelernte Subjektivität auf. Diese in ihrer eigenen Sphäre zu liquidieren, scheint der Sinn der späten Gedichte Heyms. Wie schwierig jedoch dieses Geschäft ist, zeigen die sentimentalen Relikte, etwa im Reim, der sich oft allzu leicht – möglicherweise unbeabsichtigt – einstellt; zeigen die zahlreichen formalen Versuche, die Vielzahl von Entwürfen; zeigt schließlich auch eine in diesem Ausmaß bisher unbekannte Konzentration und Beschränkung auf wenige zentrale Motive und Vorstellungen.

3. Leere als Struktur

a. *Leere Räume*

Eine jener Vorstellungen, die in den Gedichten der späten Phase immer wiederkehrt, ist die der Leere. Schon die Häufigkeit, mit der die Wörter

„leer" und „Leere" Verwendung finden, ist dafür Indiz. Heym versucht, in verhältnismäßig wenigen, fast stereotyp anmutenden Bildern die Vorstellung von Leere festzuhalten. Zu diesen Bildern gehört das des leeren Raums.

An Hand des Gedichts „Simson" vom Oktober 1911 kann gezeigt werden, wie Heym die Vorstellung von Leere im Gedicht realisiert; gleichzeitig läßt sich wenigstens andeutungsweise die Bedeutung erfassen, die dem Wort „leer" auch in den anderen Gedichten zukommt.

Simson

In leeren Sälen, die so weit
Wie leerer Atem, im Abende tot
Stehet er breit mit dem Feierkleid
Und der türmenden Mütze rot.

Die Mauern flohen von ihm hinweg.
Die krummen Säulen irrten in die Nacht hinaus.
Er ist allein in dem riesigen Haus.
Und niemand ist da, der ihn hält.

Alle sind fort. Und ein Mäusegeschrei
Ist oben rund in der Luft.
Und über die Stiege herum
Huscht es wie Hunde vorbei.

(h I, 405)

Im Mittelpunkt – so scheint es – steht Simson wie ein Standbild, breitbeinig, überhöht durch eine „türmende Mütze". Diese Massigkeit der Gestalt, zu deren Vorstellung auch die biblische Überlieferung beiträgt, steht im Gegensatz zur Leere des Raums, die mit Hilfe einer adverbialen Bestimmung zu Beginn des Gedichts evoziert wird. Auf den ersten Blick könnte es scheinen, daß Heym das Prinzip der Kontrastierung anwendet, um den Körper umso deutlicher hervortreten zu lassen. Doch dem ist nicht so; Heym tut alles, um die Vorstellung von Leere auszuweiten, während er es bei einer einmaligen Erwähnung und Überhöhung von Simsons Gestalt beläßt. Dadurch entsteht ein merkwürdiges Mißverhältnis, in dessen Bildung man eine wichtige Intention des Gedichts sehen muß.

Zunächst ist der Plural „leere Säle" bemerkenswert, der zur Bestimmung des Orts, an dem Simson steht, logischerweise nicht taugt; er hat vielmehr die Aufgabe, die Vorstellung von Leere eines Raums – als „Saal" ohnehin von großer Dimension – zu potenzieren. Doch dies genügt Heym noch nicht. Er schließt einen Vergleich an, der die die Leere umrahmenden Grenzen gewissermaßen aufheben soll: die Säle sind „so weit wie leerer Atem". Dabei wird Atem, selbst kaum Substanz, mit dem Wort „leer" belegt, das so in zwei Versen kurz aufeinander folgt[133]. Dem Bild Simsons ist ein Lokativ vorangestellt. Ein Vergleich mit dem Gedicht „Berlin" II ergibt schnell, daß sich die Funktion des Lokativs gewandelt hat. Während in „Berlin" II mit Hilfe der Lokative eine Topographie entworfen werden konnte, scheint hier das Gegenteil der Fall zu sein: ein Standpunkt im leeren Raum ist nicht mehr auszumachen. Kein Bezugssystem ist vorhanden oder wird entwickelt. Was zunächst der Mittelpunkt zu sein scheint, ist ohne geometrische Bestimmung. Der Lokativ sagt nur noch, daß Simson „drin" ist, in der Leere; als Ortsbestimmung aber scheint er in sich aufgehoben.

Dieselbe Orientierungslosigkeit herrscht in der Zeit. Darauf deutet die zweite ebenfalls vorangestellte adverbiale Bestimmung „Im Abende tot". Schon die parallele Fügung weist diese adverbiale Bestimmung als Korrelat zu dem Lokativ aus. Im Kontext des Heymschen Spätwerks sind „leer" und „tot" weitgehend synonym, wie zwei Beispiele aus anderen, im selben Monat entstandenen Gedichten zeigen können:

> Wo eine Kiefer mit den trocknen Ästen
> Wie Bettler laut im leeren Abend schrie.
>
> (h I, 414)

> Der Abend der Gassen ist tot
> Und die Häuser sind bleich
> Und die Fenster leer.
>
> (h I, 406)

Zur traditionellen Abend-Metaphorik, in der der Tagesabschluß Sinnbild behaglicher oder tröstlicher Ruhe, Zeichen einer sinnvoll erfüllten Zeit ist, steht der „leere" oder „tote" Abend in größtem Gegensatz. Dieses Bild faßt so in sich, was bereits in den Fragen am Ende des „Morgue"-Gedichts angeklungen war, daß nämlich im Spätwerk Heyms jedes Werden negativ verläuft und schließlich im Nichts, in der Leere endet. „Leer" ist „leer gewor-

---

[133] Solche aus dem Wort selbst entwickelte Intensivierung erreicht Heym auch in anderen Gedichten, etwa mit Hilfe des Komparativs:
Schon ist ihr Leben flach, das wie aus Pfannen
Dampft in die graue Luft, und macht sie leerer.   (h I, 472)

den", so wie „tot" „gestorben" ist. Andere Gedichte fassen diesen Sinn auch grammatisch:

> In dünner Häuser ausgeleerte Fenster
> (h I, 485)

oder deuten ihn im Zusammenhang mit einem anderen Wort an:

> Verlassene Pflüge stehen
> Im leeren Raum.
> (h I, 371)

Die zweite Strophe von „Simson" ist eine Explikation der ersten. Der Vorgang des Leer-Werdens wird in zwei Bilder (V 1, 2) gebracht: Mauern und Säulen entziehen sich, der Raum diffundiert. Dabei handelt es sich nicht um „dynamisierende Metaphern", die Ausdruck eines „animistischen Welterlebnisses"[134] wären; die Dynamik der Bilder ist anderer Art: sie zielt ins Leere. Das Präteritum, das Heym lediglich in diesen beiden Eingangsversen der zweiten Strophe verwendet – im Gegensatz zum ersten durchgeführten Entwurf[135], in dem das Präsens durchgängig ist –, erklärt den Vorgang als zurückliegend und realisiert so den Sinn von „leer" als „leer geworden" ganz formal in der Ebene der Grammatik[136].

Die Verse

> Er ist allein in dem riesigen Haus.
> Und niemand ist da, der ihn hält.
>
> Alle sind fort.

sagen mit zunächst befremdlich erscheinender Hartnäckigkeit dreimal dasselbe. Der erste stellt Simson nochmals in einen überdimensionierten Raum, der zweite kann als Reminiszenz auf die Tatsache betrachtet werden, daß Simson geblendet wurde. „Alle sind fort" aber muß schließlich als Tautologie erscheinen. Es handelt sich jedoch um eine Steigerung, vergleichbar der Wiederholung des Worts „leer" in der ersten Strophe. So ist „fort" nicht Ausdruck für bloß quantitative Entfernung; „fort" bedeutet vielmehr ein qualitativ Anderes, in der Dimension Simsons nicht mehr Auszumachendes.

---

[134] Schneider, Bildh. Ausdr., l. c., S. 63 und 76.
[135] h I, 404.
[136] Das Bild vom Leer-Werden findet sich bereits in der Phase der neutralen Perspektive:
Des Halstuchs rote Seide wird ihm sacht
Von Tränen schwarz. Die Augen werden leer.   (h I, 88)

Die Leere ist hier absolut, die Isolierung total. In dieser negativen Totalität entspricht „fort" genau der von Heym gebrauchten Bedeutung des Worts „leer".[137]

Das einzige, was wahrgenommen werden kann, sind Tierlaute. Aber sie bleiben ganz ungewiß. Es ist nicht auszumachen, woher sie kommen („oben rund in der Luft", wobei „oben rund" soviel bedeutet wie „irgendwo") oder von wem sie stammen („wie Hunde"). Sie vermögen keine Orientierungshilfe zu leisten, sondern sie machen in ihrer Substanz- und Richtungslosigkeit die Verlorenheit Simsons umso deutlicher. Der unbestimmte Artikel „ein" und vor allem das unbestimmbare Subjekt „es" in der letzten Strophe weisen ebenso wie die vage Analogie „wie Hunde" auf diesen Zustand.

Heym hält sich in seiner Darstellung kaum an das Alte Testament. Dieses berichtet, daß der von den Philistern geblendete Simson vor diesen im Fürstenpalast spielen soll, diese Gelegenheit aber benützt, um sich zu rächen. Der mit unermeßlichen Körperkräften versehene Simson bringt zwei Säulen des Palasts zum Einsturz und begräbt sich und 3000 Menschen unter den Trümmern. Die Änderungen, die Heym vornimmt, zielen darauf, die beschriebene äußere Situation Simsons unerwähnt zu lassen. Erst so kann sich das Bild der „leeren Säle" konstituieren. Konsequenterweise hat er auch eine vierte Strophe im ersten Entwurf, die die Szene des Einsturzes festhält, in der Endfassung gestrichen.

In dem Satz „Alle sind fort" wird der räumliche und zeitliche Zustand als zwischenmenschlicher gezeigt. Der geblendete Simson steht für das blind gewordene, isolierte Subjekt, das orientierungslos und hilflos in einer Sphäre sich wiederfindet, in der Kommunikationslosigkeit zur Regel wurde. Die einzige Erfahrung ist die der Leere. Sie wird nicht wettgemacht durch Reichtum im Inneren. Die äußere Verfassung Simsons ist auch seine innere: das Subjekt findet sich selbst ausgehöhlt, als leere Hülse, als „leere Zelle"[138]. In einem wenig vor „Simson" entstandenen Entwurf zu einem Gedicht „Die Blinden" heißt es:

---

[137] In einem anderen Gedicht der Spätphase hat „fort" deutlich die Funktion, das Heraustreten aus einer Dimension zu bezeichnen:

> Wer stirbt, der setzt sich auf, sich zu erheben,
> Und eben hat er noch ein Wort gesprochen.
> Auf einmal ist er fort. Wo ist sein Leben?
> Und seine Augen sind wie Glas zerbrochen.   (h I, 442)

[138] Vgl. die folgenden Verse:

> Ihr Leben ist wie ihre leere Zelle,
> Ein hohles Etwas (. . .)   (h I, 412)

Durch volle Städte
Gewaltige ⟨Alleen⟩
Wandern sie
Wie durch Wüsten weit,
Voll ewiger Nacht.
(h I, 392 f.)

Der Vergleich „wie durch Wüsten weit" schlägt zu gleichen Teilen auf die Verfassung der Blinden wie auf die der „vollen Städte". „Volle Städte" außen, „ewige Nacht" innen, „Wüsten" außen und innen – die Metaphern entsprechen sich. Innen und außen sind, gerade weil keine Kommunikation zwischen ihnen besteht, vertauschbar.

Bilder von leeren, weiten Räumen oder Landschaften, in denen sich ein Mensch, aber auch Gegenstände wie Bäume, Häuser, Mühlen etc. verlassen und verloren befinden, durchziehen das späte Werk Heyms in immer neuen Variationen und Kombinationen. Ein eindrucksvolles Beispiel bietet das Gedicht „Herbstliche Tetralogie" IV:

Herbstliche Zeit
Und der Nebel streicht
Und der Nebel wächst
Über die Wälder weit,
[Zwischen verdorrter Bäume Fluch
Ist er gespannt wie ein Leichentuch.] [138a]

Die Welt ist ganz nahe,
Einsam und leer,
Wie eine Insel
Im grauen Meer.

Die Felder sind öde
In traurigem Einerlei
Krähen streichen manchmal vorbei
Oben im Himmel
Und schreien schnöde

[138a] Durch eckige Klammern sind Textstellen gekennzeichnet, die Heym gestrichen hat. – Vgl. h I, S. 745. Der Herausgeber fügt dort hinzu: „Es ist nachdrücklich darauf hinzuweisen, daß die Streichungen Heyms nicht immer den Charakter endgültiger Verwerfungen haben, sondern häufig nur die Absicht zum Ausdruck bringen, die gestrichenen Stellen noch einmal zu ändern oder zu überarbeiten."

Wie irrende Seelen
In dunklem Ort.
Eh man sie sah
Sind sie im Nebel fort.

Selten ein Baum
Mit hungrigen Ästen
Wie ein Schatten im Feld
Frierend im grauen Raum
In schweigender Unterwelt.

Alles ist tot und kalt
Wie ein endloser Traum.
Manchmal nur schreitet
Eine Gestalt,
Riesig verzerrt,
Hinten am Ackersaum.

(h I, 376 f.)

Die Verwandtschaft der „riesigen" und „verzerrten", gegen einen endlosen Himmel abgehobenen Gestalt mit dem Bild Simsons ist evident. In
beiden Gedichten gerinnt die Leere, die das Subjekt innen und außen erfährt,
zur Struktur, wobei das Subjekt gewissermaßen den Fluchtpunkt darstellt.
Der metaphorische Apparat, den Heym dabei benutzt, ist eng begrenzt;
immer wieder kommt er u. a. auf folgende Wörter zurück: „Abend",
„Nacht", „Herbst", „Winter", „Nebel", „Öde", „Nichts", „Einerlei",
„Ewigkeit", „Dunkel", „Rauch", „einsam", „allein", „verlassen", „verloren", „leer", „still", „stumm", „wortlos", „schweigend", „lautlos", „dürr",
„tot", „matt", „krank", „erloschen", „starr", „ewig", „endlos", „fern",
„traurig", „unendlich", „kalt", „frierend", „dunkel", „schwarz", „fahl",
„bleich", „weiß", „grau", „öd", „irr", „irrend", „frieren", „starren", „seuf-
zen", „ächzen", „stöhnen". Die – teilweise sogar konventionellen – Stim-
mungsgehalte, die diesen Wörtern anhaften, stehen nicht für sich, sondern
erhalten ihren Sinn erst im Zusammenhang mit der beschriebenen Struktur
der Leere. Heyms Gedichte sind keine Stimmungs-, Natur- oder Erlebnis-
lyrik. Sie weisen im Gegenteil auf eine Situation, aus der jegliches Erleben
verbannt ist und in der sich das Subjekt nur noch ausgehöhlt und entseelt
vorfindet.

b. *Entgrenzung*

Die Diffusion von Raum und Zeit ist eines der zentralen Strukturmerkmale der späten Gedichte; wir wollen sie „Entgrenzung" nennen. Heym realisiert diese Entgrenzung in sehr verschiedener Weise. Nicht selten wird sie, ganz wie in „Simson", als ins Leere zielende „Dynamik" selbst zum Bildinhalt, so auch in den folgenden Versen:

> Wir aber gingen, wo die Felder flohen
> Die uns schnell in graue Nacht entwichen,
> (...)   (h I, 414)

Aber bereits die zahlreichen Bilder von Nebel, Dämmerung, Nacht, in denen sich die Konturen aufzulösen beginnen, müssen diesem Strukturmerkmal zugeordnet werden; ebenso sämtliche Wendungen und Wörter, die Vages, Unbestimmtes, Verschwommenes evozieren wie etwa die zeitlichen Angaben „manchmal"[139] und „selten" oder die für die späten Gedichte typische Figur „es ist wie...". Waren es in der Phase der neutralen Perspektive geschichtliche (Robespierre) oder eine Spezies repräsentierende (Die Irren, Kranken etc.), dabei aber gleichwohl konkret bleibende Gestalten, die die Gedichte bevölkerten, so reicht jetzt die Wahrnehmung nicht mehr für solche Konkretheit aus. Häufig ist nur noch von „einer Gestalt", „jemand", „niemand", „wer" (im Sinne von „irgendeiner"), „einige", „ein paar", „viele", „etwas", „es" etc. die Rede.

Die durch die neutrale Perspektive bestimmte Gedichtstruktur bestand darin, in den das Nichts umschreibenden Bildern scharfe Konturen und genaue Topographien zu bilden. Dieser Rand löst sich in den Spätgedichten auf. In wenigen Sätzen umreißt Heym die Situation im Tagebuch: „9. 10. 11. Ich weiß nicht mehr, wo mein Weg hingeht. Früher war alles klar, einfach. Jetzt ist alles dunkel, auseinander, zerstreut."[140] Es ist die Situation Simsons wie die der Blinden, die Städte und Wüsten durchirren. Im Moment, in dem das Subjekt sein Bewußtsein auf sich selbst richtet, findet es sich *in* der Leere, unfähig zu klarer und detaillierter Wahrnehmung. Ja, es erfährt diesen äußeren Zustand als inneren.

---

[139] Das Adverb „manchmal" verwendet Heym in seinem Werk im ganzen 54mal, davon allein 40mal in der Zeit vom August 1911 bis Januar 1912. Vgl. Georg Heym, Gedichte 1910–1912, Indices zur deutschen Literatur, Bd. 4, bearbeitet von Russell E. Brown, Frankfurt/Main – Bonn 1970, S. 140.
[140] h III, 168.

Die Gesetze, die die Leere strukturieren, gelten für das Subjekt selbst. In den Versen

> Schon ist ihr Leben flach, das wie aus Pfannen
> Dampft in die graue Luft, und macht sie leerer.
>
> (h I, 472)

wird mit einem eindrucksvollen Vergleich der Auflösungs- und Entgrenzungsprozeß auf die Menschen übertragen.

Heym kennt noch andere Bilder, die auf diesen Vorgang weisen. So auch im folgenden Gedicht:

> Meine Seele
>
> Golo Gangi gewidmet
> Meine Seele ist eine Schlange,
> Die ist schon lange tot,
> Nur manchmal in Herbstesmorgen,
> Entblättertem Abendrot
> Wachse ich steil aus dem Fenster,
> Wo fallende Sterne sind,
> Über den Blumen und Kressen
> Meine Stirne spiegelt
> Im stöhnenden Nächte-Wind.
>
> (h I, 501)

Erst im Zusammenhang mit der allgemeinen Tendenz in Heyms späten Gedichten, jedes Werden negativ als eine Entwicklung zum Nichts hin zu deuten, findet das Bild vom Hinauswachsen der Schlangen-Seele seine strukturelle Erklärung. Bereits Mautz wies darauf hin, daß es sich in diesem Gedicht nicht um die „Entgrenzung der Persönlichkeit ins Kosmische" handelt [141], sondern um „Entseelung" [142], um den Vorgang des „Absterbens von Individualität" [143]. Das Gedicht „Meine Seele" ist die genaue Entsprechung zu „Simson". Dort wächst die Leere mit der Ausweitung der Umgebung Simsons, mit der Diffusion von Raum und Zeit; hier wächst die ausdrücklich als „tot" bezeichnete Seele und mit ihr – man erinnere sich an die synonyme Bedeutung von „tot" und „leer" – die innere Leere des Subjekts. Die Ent-

---

[141] Mautz, Mythologie, l. c., S. 118.
[142] Mautz, Mythologie, l. c., S. 115.
[143] Mautz, Mythologie, l. c., S. 118.

grenzung der Seele, die sich „manchmal" vollzieht, ist – gefaßt in der surrealen Vorstellung von der Ausweitung des toten Zustands – Sterben in Permanenz. [144]

Das Leer-Werden wird dem Subjekt zur permanenten Erfahrung; als Sterben bleibt es ohne metaphysischen Trost. Entgrenzung ist so bei Heym etwas anderes als bei den Romantikern. In Eichendorffs „Mondnacht" heißt es:

> Und meine Seele spannte
> Weit ihre Flügel aus,
> Flog durch die stillen Lande,
> Als flöge sie nach Haus.

Hier sind Auflösung und Entgrenzung eine Möglichkeit, den Weg in die Heimat zu finden. Heyms Häuser stehen leer, er kennt keine Heimat. Die Seele ist schon tot. Im Hinauswachsen unterliegt sie denselben Bedingungen, die für ihre Hohlheit verantwortlich sind, und verliert sich immer wieder erneut.

4. Isolation und Leere

a. *Innen und außen*

Das Gedicht „Simson" vermochte zu zeigen, daß die Isolation des Subjekts und die Ausbreitung der Leere aufs innigste miteinander verknüpft sind. In anderen Gedichten kommt dieser Zusammenhang noch deutlicher zum Ausdruck. So sind in den folgenden Beispielen die scheinbar gegensätzlichen Motive von Leere und Enge, Weite und Einkerkerung in einem Bild vereint:

---

[144] Bilder, in denen Menschen, aber auch Gegenstände in die Leere wachsen und greifen, gehören in denselben strukturellen Zusammenhang und weisen auf den Tod. Wir geben einige Beispiele:

Die Sterbenden, die lange schon gelitten, Strecken sich aus mit ihren Geierhänden Und kehren blind sich nach den schwarzen Wänden.	(h I, 411)
Wo jemand sterbend seine Klauen streckt.	(h I, 427)
Die Kranken aber wachsen in den Betten, Und auseinander zerren die Gesichte.	(h I, 485)
Wo eine Kiefer mit den trocknen Ästen Wie Bettler laut im leeren Abend schrie.	(h I, 414)
Wo eine einsame Mühle Die starren Hände Ins Morgengrauen hält.	(h I, 372)

Und viele Kranke müssen jetzt verenden,
Die furchtsam hüpfen in den leeren Zimmern,
Zerdrückt im Leeren von den hohen Wänden.

(h I, 422)

Endlose Wege dehnen
Sich über die brachen Furchen,
Über Hügel und Schluchten,
Als ob sie suchten
Irgendwo hinten ein Ziel.
Und ersticken am Ende
In einem Stoppelfeld
(. . .)   (h I, 372)

Isolation und Leere ergänzen sich hier nicht nur gegenseitig, sie erweisen sich
als identisch. Dasselbe läßt sich am Gedicht „Die Silberlinge" beobachten,
das im übrigen große Ähnlichkeit zu „Simson" aufweist:

Weite Säle und dunkelnde Stuben,
Voll von Schrecken die schwindenden Zimmer.
Niemand kommt hervor aus den Türen,
Der ihn ergreifet und von hinnen führet.

Und er rufet in seiner Enge.
Echo wird hinten wach
Antwortet leise und dunkel,
Sterbend in Winkeln schwach.   (h I, 489)

Der Diffusion des Raums („schwindende Zimmer") entspricht ganz ähnlich
wie in „Simson" Verlassenheit („Niemand kommt hervor"); darüber hinaus aber ist ausdrücklich von „Enge" die Rede. [145] Mittel- und Fluchtpunkt
dieser Struktur ist – wie schon andere Gedichte zeigen konnten – das isolierte
Subjekt. Es ist unfähig, in irgendeiner Weise mit anderen in Kommunikation zu treten [146]; genausowenig aber gelingt es ihm, in der Isolation seiner
selbst habhaft zu werden. Diesen Sinn hat die Metapher vom schwachen

---

[145] Der Aspekt der Enge ist in „Simson" in dem Vergleich „wie leerer Atem" enthalten:
ohne Atem ersticken Lebewesen.
[146] Das Gedicht „Die Silberlinge" bildet mit den Gedichten „Pilatus" (h I, 486), „Judas"
(h I, 487) und „Der Garten" (h I, 488) ein schon vom Thema des Verrats und der Passion
Christi her gegebenen lockeren Zusammenhang. In „Der Garten" – gemeint ist der Garten
Gethsemane – tritt Judas in Kommunikation mit Christus. Diese Kommunikation aber
bedeutet Verrat.

und sterbenden Echo: es verliert sich, so wie sich das Subjekt nach innen verliert. Keine Möglichkeit besteht, diesen Zustand zu überwinden, weder durch Rufen („Die Silberlinge") noch durch das Hinauswachsen der Seele („Meine Seele"): jeder Versuch stellt nur den alten Zustand umso eindringlicher wieder her.

Den im Subjekt selbst begründeten Zusammenhang von vollkommener Entgrenzung und hermetischer Isolation hat Heym in der letzten Strophe des Gedichts „Spitzköpfig kommt er . . ." dargestellt:

> Meiner Seele unendliche See
> Ebbet langsam in sanfter Flut.
> Ganz grün bin ich innen. Ich schwinde hinaus
> Wie ein gläserner Luftballon.
>
> (h I, 482)

Für das „Innen" des Subjekts gebraucht Heym das Bild von der „unendlichen See". Es handelt sich um eine Metapher der Entgrenzung, wie wir sie beschrieben haben. Der Eindruck von Ruhe und Gelöstheit, den der zweite Vers nach konventioneller Vorstellung vielleicht vermitteln kann – besonders durch die Wörter „langsam" und „sanft" –, erhält so einen negativen Grundton. Das Bild birgt mehr vom „traurigen"[147] und „gewirkten Einerlei"[148] in sich als von stimmungsvollem Meeresrauschen. Der dritte Vers beginnt mit der merkwürdigen Wendung „Ganz grün bin ich innen", die Paul Zaunert zu der Feststellung veranlaßte, Heym mache hier „den Blödsinn des Cafés Größenwahn" mit[149]. Diese Wendung ist jedoch – ungeachtet des zweifellos grotesken Charakters des ganzen Gedichts[150] – nichts weniger als spielerischer „Blödsinn"; sie ist vielmehr eine Formel, in der bündig die Struktur jener seelischen Unendlichkeit gefaßt ist. „Ganz grün bin ich innen" sagt zunächst aus, daß im Innenraum Einheitlichkeit und Ununterscheidbarkeit herrschen. Als Farbe ist „grün" substanzlos. Die Totalität dieser Farbe im Innenraum wird ausdrücklich erwähnt, nicht aber eine Substanz, an der sie haften könnte. „Ganz grün sein" weist so auf einen Zustand, der in anderen Gedichten mit „leer" und „tot" bezeichnet wird. Mautz hat

---

[147] h I, 376.
[148] h I, 452.
[149] Paul Zaunert: Zur neuen Dichtung. Georg Heym, in: Die Tat II (1919/20), S. 629–631; abgedr. in h VI, S. 137–140, dieses Zitat S. 140.
[150] Mautz spricht von „Mond-Groteske" (Mythologie, l. c., S. 257).

festgestellt, daß bei Heym die Farbe „grün" oft „den metaphorischen Charakter des Leeren, Kalten, Subjektfremden" [151] annimmt. Daß das Subjekt nur durch „Subjektfremdes" noch bezeichnet werden kann, gehört zur inneren Dialektik dieser späten Gedichte.

Der Unendlichkeit im Inneren entspricht eine Bewegung nach außen, die ebenfalls als eine Metapher der Entgrenzung aufgefaßt werden kann:

> Ganz grün bin ich *innen*. Ich schwinde *hinaus*
> Wie ein gläserner Luftballon.

Deutlich ist die Übereinstimmung mit der hinauswachsenden toten Seele in „Meine Seele". Darüber hinaus aber zeigt sich im Bild des „gläsernen Luftballons" [152], daß innen und außen – ganz wie wir es bereits im Gedicht „Die Blinden" feststellen konnten – nicht zu kommunizieren vermögen. Der Grund hierfür liegt in der Strukturiertheit der beiden Sphären, deren jede sich ins Unendliche zu entgrenzen vermag und damit eine geschlossene Totalität bildet. Der Punkt in der Mitte des dritten Verses markiert diese Trennung in zwei hermetische Bereiche mit geradezu bildlicher Deutlichkeit.

b. Hermetische Räume

Das Bild eines grenzenlosen und doch isolierten Bereichs wird auch in einem „flüchtigen Entwurf" vom Dezember 1911 entwickelt:

> Immer wohnt er im Wasser
> Streifend die Eismeere beide.

---

[151] Mautz, Mythologie, l. c., S. 348.
[152] Das Bild von der gläsernen Kugel erscheint auch bei Schopenhauer. In einer Fußnote in § 54 im 4. Buch von „Die Welt als Wille und Vorstellung" heißt es: „Jedes Individuum ist seinerseits das Subjekt des Erkennens, das heißt, die ergänzende Bedingung der Möglichkeit der ganzen objektiven Welt, und andererseits einzelne Erscheinung des Willens, desselben, der sich in jedem Dinge objektiviert. Aber diese Duplizität unseres Wesens ruht nicht in einer für sich bestehenden Einheit: sonst würden wir uns unserer selbst an uns selbst und unabhängig von den Objekten des Erkennens und Wollens bewußt werden können: dies können wir aber schlechterdings nicht, sondern sobald wir, um es zu versuchen, in uns gehen und uns, indem wir das Erkennen nach Innen richten, einmal völlig besinnen wollen: so verlieren wir uns in eine bodenlose Leere, finden uns gleich der gläsernen Hohlkugel, aus deren Leere eine Stimme spricht, deren Ursache aber nicht darin anzutreffen ist, und indem wir so uns selbst ergreifen wollen, erhaschen wir, mit Schaudern, nichts, als ein bodenloses Gespenst." Die Gedichte Heyms, vor allem die der späten Phase, muten an wie poetische Explikationen dieser Worte Schopenhauers, was freilich nicht heißt, daß die Gedichte im Rahmen der Schopenhauerschen Philosophie zu interpretieren wären. Der Einfluß Schopenhauers ist indes nicht zu übersehen; mehrfach gibt es Belege dafür, daß Heym die Schriften des Philosophen wenigstens teilweise gekannt hat (vgl. dazu h VI, S. 9 und besonders S. 614–616).

Küsten kann er nicht sehen.
Städte und Wälder von ferne.

Kommen ⟨wir⟩ über die Häfen
Reißt er das Steuer herum,
Fährt mit den ewigen Winden
Quer in den Meeren herum.

Furchen der grünen Wasser,
Die mit dem Kiele er pflügt,
Und er ⟨spannet⟩ die (*unl. Wort*)
Wo ewige Wolke fliegt.

Sterne gehen und singen.
Aber er hat keinen Teil,
⟨[Die] wie Engelsschwingen
[Steigen] in Himmel (*unl. Wort*) steil.⟩

Seine Seele ward Wasser.
Sein Leben wie Pflanzen so grün.
Doch ⟨großer⟩ Menschen Geschlechter
[Wie ⟨Staub in dem Leeren⟩ ziehn.]   (h I, 491)

Von wem die Rede ist, wird nicht gesagt. Man erfährt lediglich, daß „er"
im Wasser „wohnt" und darüber hinaus nichts sieht und kennt: das Wasser
ist der einzige Existenz- und Erfahrungsbereich dieses Wesens. Bedeutsam
ist die Wendung, die das Gedicht mit dem Anfangsvers der letzten Strophe
nimmt: „Seine Seele ward Wasser." Die Umgebung wird unversehens auch
zum Innenraum: die Seele und das Element, in dem „er" „wohnt", sind
identisch.

Der Zusammenhang mit der Metapher „Meiner Seele unendliche See"
aus dem Gedicht „Spitzköpfig kommt er . . ." ist nicht zu übersehen. Hier
wie dort handelt es sich um ein für Heym spezifisches Bild der Entgrenzung,
das strukturell mit dem Vorgang des Leer-Werdens übereinstimmt. Die
Nähe der beiden Gedichte zueinander zeigt auch der metaphorische Gebrauch der Farbe „grün". „Er", der „im Wasser" „wohnt", das im neunten
Vers ausdrücklich als „grün" bezeichnet wird, ist schließlich niemand anderes als das „ich", das „innen ganz grün" ist. In dieser Weise entfaltet sich
die erwähnte Dialektik von Subjekt und „Subjektfremdem". Wie Hand-
schuhe werden die Bilder umgestülpt: innen wird zu außen und außen zu
innen.

Es ist folgerichtig, daß Heym zur dichterischen Realisierung dieser Struktur auch die Spiegel-Metapher heranzieht. Das folgende Gedicht stammt vom Oktober 1911:

> Er heißt Hülikin
> Und wohnt in den Spiegeln,
> Dort kannst du sehen
> Seine linkischen Diener,
>
> Und schwachen Hände
> In Dämmerung
> Die kratzen die Wände.
>
> Laß ihn ⟨herein⟩.
> Er hat dich lieb.
> Gib dich preis.
>
> Sieh, wie er treibt
> Gegen die Oberfläche
> Und gegen die gläserne Schwäche
> Die Lippe reibt.
> Seine Hände sind wie bei (*unl. Wort*) weiß.
>
> (h I, 410)

Auf die enge Verwandtschaft, die zwischen diesem Gedicht und dem bereits zitierten „Immer wohnt er im Wasser ..." besteht, macht bereits der Gebrauch des Worts „wohnen" aufmerksam. Wie dort das Wasser so ist hier der Spiegel als Wohnraum genannt. Dieser Raum ist irreal und von einem Gegenüber, einem Außen hermetisch getrennt; gleichzeitig aber ist er in sich unendlich und wahrhaftig leer. In der Funktion, einen isolierten und dennoch unendlichen Raum zu evozieren, setzt Heym auch die Wasser-Metapher ein.

Die Nennung eines Namens und eines Wohnsitzes gleich in den ersten beiden Versen ist formal ein Akt einfachster und elementarer Identifikation. Auffallend ist der merkwürdige Name „Hülikin", der sich – Kafkas „Odradek" vergleichbar [153] – in keinerlei bekannte Zusammenhänge bringen läßt.

---

[153] Vgl. Franz Kafka, Die Sorge des Hausvaters; in: Er, Prosa von Franz Kafka, Frankfurt/Main 1963, S. 128 f. Auch in dieser Erzählung versagen die elementaren Mittel der Identifikation angesichts eines unerklärlichen, rätselhaften Wesens: „Manchmal, wenn man aus der Tür tritt und er lehnt gerade unten am Treppengeländer, hat man Lust, ihn anzusprechen (...) ‚Wie heißt du denn?' fragt man ihn. ‚Odradek', sagt er. ‚Und wo wohnst du?' ‚Unbestimmter Wohnsitz', sagt er und lacht (...)."

Tatsächlich entspricht der Irrealität des Wohnraums die unbekannte Identität seines Bewohners. Identität verkehrt so ihren Sinn und schlägt um in Fremdheit, Identifikation äußert sich als Nicht-Erkennen[154]. Die schwachen Versuche Hülikins, diesen Zustand zu überwinden, sind vergeblich: die an die gläserne Fläche gepreßten Lippen, die etwas mitteilen wollen, sind für den Beobachter stumm. Hülikin bleibt genauso fremd wie jene unbestimmten „ein paar", „jemand", „wer", die so oft in den späten Gedichten genannt werden.

Heym setzt die Spiegel-Metapher noch anders ein:

> Und dann gingen wir lässig, und freuten uns unserer Leiden,
> Arme Spiegel, darin sich ein düsterer Abend fängt.
>
> (h I, 320)

Hier ist der Spiegel nicht Instrument, in dem sich die Menschen beschauen; die Menschen selbst werden als Spiegel bezeichnet. In ähnlicher Weise ist in „Meine Seele" im vorletzten Vers von einer „spiegelnden Stirn" die Rede. In diesem Gedicht konnten wir das Hinauswachsen als Sterben deuten, ganz entsprechend dem Vorgang des Leer-Werdens. Die spiegelnde Stirn fügt sich in den strukturellen Zusammenhang ein: sie deutet an, daß die „tote" und damit „leere" Seele identisch ist mit jenem in sich unendlichen und hermetischen Innenraum des Spiegels[155]. Denselben Sinn ergibt das Bild von den Menschen als „arme Spiegel, darin sich ein düsterer Abend fängt". „Düsterer Abend" – eng verwandt dem uns bereits bekannten Bild vom „leeren Abend" – hat innerhalb des Bildzusammenhangs die Funktion, die Bedeutung des Spiegels als Bild für den toten Innenraum zu unterstreichen und in einer weiteren Metapher auszuführen.

---

[154] In anderen Gedichten kommt dies direkt zur Sprache:
Wer euch begegnet
In stillen Gassen
Ist bleich im Gesicht
Und erkennet euch nicht.
(h I, 386)
[155] Heym kennt die Vorstellung vom Spiegel als Wohnung der Toten:
Und aus der Tiefe der Spiegel steigen und quellen
Langsam die Toten herauf mit den Köpfen, den grellen.
(h I, 323)
Mautz ist sicher im Recht, wenn er die „spiegelnde Stirn" als eine „tote, zum Ding gewordene Stirn" deutet, „wie denn in sinnverwandten Bildzusammenhängen bei Heym das ‚gläserne' oder zum ‚Spiegel' verdinglichte Ich immer ein ‚leeres', entseeltes Ich ist" (Mautz, Mythologie, l. c., S. 117). Er übersieht jedoch die in der Spiegel-Metapher enthaltene Dialektik von innen und außen, wenn er dem Wort „spiegeln" in „Meine Seele" den Sinn von „glänzen", „widerscheinen" unterstellt und darauf besteht, daß die Stirn „nur einen Widerschein, kein Spiegelbild" geben soll (Mautz, Mythologie, l. c., S. 117).

Der leere Raum der „toten Seele" ist der Raum, in dem Hülikin „wohnt".
In höchst komplexer Weise realisiert Heym damit in der Spiegelmetapher
das dialektische Verhältnis von innen und außen, ganz ähnlich wie auch die
Metaphern „unendliche See" und „gläserner Luftballon" in „Spitzköpfig
kommt er . . ." die beiden verschiedenen Aspekte eines Gleichen darstellen.
Die Gestalt oder Person des Hülikin kann als das Spiegelbild Simsons
aufgefaßt werden. Beide Figuren stehen für das entfremdete Subjekt, durch
das eine Trennlinie hindurchgeht, das „seelisch halbiert"[156] ist. Bei Simson kommt diese Entfremdung zum Ausdruck als Blindheit und Isolation
nach außen, bei Hülikin als die nicht zu durchdringende gläserne Grenze
seines Wohnraums. Jede Entgrenzung innerhalb dieser Struktur aber bedeutet nur deren Bestätigung, wie das Bild von dem im Wasser „wohnen-
den" Wesen, dessen Seele im Wasser aufgeht, zeigen konnte. Im Bild vom
Spiegel, der zweideutig Innen- und Außenraum (die „Wohnung Hilikins")
sein kann, ist diese Struktur zusammengefaßt.

Zumindest seit der Romantik ist die Spiegel-Metapher als Identitäts-
metapher geläufig. Auch bei Heym hat sie diesen Sinn, wenn auch nicht in
der einfachen Weise, daß der Verlust der Identität im Verlust des Spiegel-
bildes sich offenbarte. Der Spiegel ist bei Heym nicht bloßes Mittel des
Wiedererkennens, sondern er ist in die Identitätsstruktur des Subjekts einbezogen; Heym bezeichnete sich selbst im Tagebuch am 15. 9. 1911 als den
„Spiegel des Außen" (h III, 164). Die Spiegelmetapher bringt so zum Ausdruck, daß die für Hülikin unüberwindbare Trennlinie im Subjekt selbst
liegt, das Identität und Kommunikationsfähigkeit verloren hat. Das hilflose
Liebeswerben Hülikins zeigt, daß der Versuch, die Selbstentfremdung zu
überwinden, ebenso hoffnungslos ist wie die Suche nach einem „du", die oft
Gegenstand der späten Gedichte ist.[157]

---

[156] h II, 142. — Dieses Zitat entstammt der vermutlich nicht vollendeten, in sich widersprüchlichen Erzählung „Das Tagebuch Shakletons" aus dem Jahre 1911, in der Heym das
Motiv des Golems – in freilich eigenartiger Weise – aufnimmt. Interessant in unserem Zusammenhang sind die allgemeinen Ausführungen über das Wesen des Golems gleich zu
Beginn der Erzählung. Dort ist davon die Rede, daß in einen Golem keine echte Seele
hineinverpflanzt werden könne (h II, 125), das Golems „Scheinwesen" und „in künstliche
Hüllen hereingeblasene Spiegelseelen" seien (h II, 124).
[157] Etwa in den Gedichten „Mit den fahrenden Schiffen" (h I, 456 f.) oder „Mitte des
Winters" (h I, 438). Im zweiten Gedicht heißt es:

> Und wer da suchet, daß er Einen fände,
> Der sieht ihn stumm, und schüttelnd leere Hände.

c. *Wie-Vergleiche*

Innerhalb dieser Struktur hat der Wie-Vergleich eine andere Funktion als in der Phase der neutralen Perspektive. Zunächst ist bemerkenswert, daß er jetzt viel seltener verwendet wird; eine beträchtliche Anzahl von Gedichten – darunter so bedeutende wie „Meine Seele", „Der Park" oder „Der Abend" – kommt ganz ohne ihn aus[158]. Diese Tatsache rechtfertigt jedoch keineswegs den Schluß, daß der Wie-Vergleich im Spätwerk Heyms eine Art Relikt, wenn nicht gar ein poetischer Mißgriff sei, den eigentlichen Tendenzen der Werke widersprechend.[159] In den Gedichten nämlich, in denen er vorkommt, läßt er sich durchweg als wichtiger Teil der Gedichtstruktur begreifen, besonders wenn er den Schluß des Gedichts bildet und damit in formal exponierter Stellung erscheint.[160]

Die nähere Betrachtung ergibt, daß der Wie-Vergleich zur Kürze tendiert. Ein Blick auf ein Beispiel aus der Phase der neutralen Perspektive macht den Unterschied deutlich. In den folgenden Versen vom Dezember 1910 werden zahlreiche Bilder aus dem Wie-Vergleich entwickelt bzw. an ihn angehängt:

> Endloser Zug, wie eine schwarze Mauer,
> Die durch die Himmel läuft, durch Wüstenei
> Der winterlichen Städte in der Trauer
> Verschneiter Himmel, und dem Einerlei
>
> Der Riesenflächen, die sich fern verlieren
> In endlos weißes Weiß am fernen Saum.
>
> (h I, 190)

---

[158] Vom Oktober 1911 an sind es folgende Gedichte und Entwürfe: „Der Abend" (h I, 406), „Die Bäume knarren . . ." (408), „Aus totem Herbst" (409), „Friedhof" (421), „Die Bienen fallen . . ." (424), „Noch einmal treten wir in die Sonne . . ." (425), „Die Nacht" II (426 f.), „Der Garten der Irren" (430), „Lichter gehen jetzt die Tage . . ." (434), „Der herbstliche Garten" (436), „Frühjahr" (437), „Mitte des Winters" (438), „Allerseelen" (446), „Der Park" (451), „Auf Schneckenstraßen . . ." (465), „Die Nacht" (466), „Die Tänzerin in der Gemme" (481), „Die Silberlinge" (489), „Die Städte" (494), „Der Nebelstädte winzige Wintersonne . . ." (495), „Die Vögel" (496), „Meine Seele" (501), „Die Höfe luden uns ein . . ." (509).

[159] Solches unterstellt Rölleke, wenn er schreibt, daß Heyms „Bemühungen" (von der „vergleichenden Sprachhaltung" zur „primären Setzung" zu gelangen) „nicht mit einem Schlag und nicht in jeder Hinsicht Erfolg beschieden sein konnte" (Rölleke, Georg Heym, l. c., S. 361). Vgl. dazu die Auseinandersetzung mit der Position Röllekes in der Einleitung.

[160] Die Bedeutung des Wie-Vergleichs erscheint noch gesteigert, wenn sein Auftreten im Schlußvers zugleich das einzige im ganzen Gedicht ist. Dies ist der Fall in „Im kurzen Abend . . ." (h I, 448).

Solcher „ausschweifenden" Bildlichkeit, deutlich der beschriebenen peri-phrastischen Struktur zugehörig, steht die knappe vergleichende Nennung in Versen vom Oktober 1911 gegenüber:

> Die Finsternis raschelt wie ein Gewand,
> Die Bäume torkeln am Himmelsrand.
>
> (h I, 401)

> Und die Müller sitzen tagein, tagaus
> Wie Maden weiß in dem Mühlenhaus.
>
> (h I, 416)

Der Wie-Vergleich hat hier längst nicht mehr jenes hohe Maß an Eigen-ständigkeit wie in den früheren Gedichten. Seine eigentümliche Leistung wird besonders dort deutlich, wo er relativ leicht zu vermeiden gewesen wäre. So heißt es:

> Ihr Leben ist wie eine leere Zelle
>
> (h I, 412)

> Still sind die Höfe und wie abgeschieden.
>
> (h I, 443)

und nicht etwa:

> Ihr Leben ist eine leere Zelle

oder:

> Still und abgeschieden sind die Höfe.[161]

Offensichtlich verhindert der Vergleich, daß ein eindeutiges Bild in einer eindeutigen Aussage gegeben wird. Das Bild von den Höfen, die „wie abge-schieden" sind, gehört damit strukturell in die Nähe jener unbestimmten und sich jeder Eindeutigkeit entziehenden Pronomina („jemand", „einer"), Lokative („irgendwo") oder Plurale („die Menschen", „die Städte"). Beson-ders deutlich wird dies in Versen, in denen der Vergleich in direktem Zu-sammenhang mit solchen, ein Unbestimmtes bezeichnenden Wörtern steht oder sich mit dem impersonalen „es" verbindet:

> Alles ist tot und kalt
> Wie ein endloser Traum.
>
> (h I, 377)

---

[161] Ein weiteres Beispiel, in dem der Wie-Vergleich redundant erscheint, ist:
Und mein Herz wird sein, wie ein kahler Ort.
(h I, 448)

Die Nacht ist in dem Leeren
Wie eine große Scheune
In Öde hoher Wände.

                    (h I, 433)

Irgendwo in dem Dunkel
Ist ein Gewein und Klagen
Wie von Kindern allein
Im verlassenen Raum.

                    (h I, 375)

Und hinten im Abend
Bei schwarzer Schiffe
Rauch und Verstummen
Ist es noch immer
Wie Bienensummen.

                    (h I, 400)

Und über die Stiege herum
Huscht es wie Hunde vorbei.

                    (h I, 405)

In den Gedichten mit neutraler Perspektive wurde die sprachlogische Leistung des Wie-Vergleichs, Beziehungen zu setzen und damit Verbindungen herzustellen, benutzt, um in der „Ebene" die Topographien zu entwickeln; der Wie-Vergleich war sprachliches Vehikel zur Entfaltung der Bilder. Ganz anders in den späten Gedichten: hier steht der Wie-Vergleich in der Funktion einer direkten Aussage. Das „wie" ist nicht bloße Vergleichspartikel, sondern bestimmt entscheidend die Qualität dieser Aussage. Besonders deutlich wird dies in der Formel „es ist wie ...", die besagt, daß das, was ist, nicht rot oder „abgeschieden" etc., sondern ungefähr so „wie rot", „wie abgeschieden" ist. Von der Leistung des Wie-Vergleichs, eine Verbindung herzustellen, bleibt nur ein formaler Anspruch uneingelöst zurück. Damit partizipiert er an der Struktur, die im Identifikationsakt „Er heißt Hülikin..." zum Vorschein kam: wie dort Identifikation umschlägt in Nicht-Erkennen, so wird hier aus Verbindung Trennung. Das „wie" ist hier tatsächlich ein „Bruch in der Vision" [162], der hier aber nicht aus poetischem Unvermögen, sondern aus Notwendigkeit erfolgt, zeigt er doch einen Zu-

---

[162] Gottfried Benn, Probleme der Lyrik, l. c., S. 1080.

stand des Subjekts an, in dem keine deutliche Wahrnehmung möglich ist und jede Vision zerrinnt [163]. Es ist auf sprachlicher Ebene die Konkretisation jener Trennlinie, die durch das Subjekt selbst geht und es gleichzeitig gegen ein „du" vollkommen isoliert.

Die Abschlußstrophe des Gedichts „Im kurzen Abend ..." spricht von der Kommunikationslosigkeit, die so vollkommen ist, daß jeder Versuch, sie zu überwinden, ins Gegenteil umschlägt [164]:

> Was dich schmerzet, ich sag es im Bösen.
> Und uns quälet ein fremdes Wort.
> Unsere Hände werden im Dunkel sich lösen,
> Und mein Herz wird sein, wie ein kahler Ort.
>
> (h I, 448)

Im Wie-Vergleich der letzten Zeile – übrigens der einzige des ganzen Gedichts – wird dieser Zustand noch einmal in der Sprache selbst reflektiert und gleichzeitig als der innere Zustand des Subjekts selbst vorgeführt. Das nach den Regeln überflüssige Komma, das den Vergleich vom übrigen Satz trennt, symbolisiert mit fast bildhafter Deutlichkeit Heyms Erfahrung, daß es auch im Innern keine Versöhnung gibt.

5. Versagte Innerlichkeit

Die Konstruktion der neutralen Perspektive schuf die Möglichkeit, den inneren Zustand des Subjekts – Hohlheit und Leere – so in poetische Struktur umzusetzen, daß das Subjekt selbst unerwähnt blieb. In der durchgehenden Paradoxie, die daraus resultiert und die sich strukturell in vielfältiger Weise äußert, schien die Angst des Subjekts vor dieser Leere gebannt. Diese Lösung war jedoch, wie die weitere Entwicklung Heyms zu zeigen vermag, nur eine Lösung auf Zeit. Das Gefühl zunehmender Bedrän-

---

[163] Es geht hier also gar nicht um die Schaffung „einer neuen Wirklichkeit" auf der Basis von Imagination, wie Rölleke unterstellt und in der „primären Setzung" verwirklicht sehen will (Rölleke, Georg Heym, l. c., S. 360). Dieses artistische Prinzip ist Heym gerade im Spätwerk nicht eigen. Heym bringt im Gegenteil eine reale geschichtliche und individuelle Erfahrung – die Entfremdung des Subjekts – mit Hilfe verschiedener struktureller Mittel im Gedicht zur Sprache.

[164] In dem 1911 entstandenen kurzen Prosastück „Eine Fratze" heißt es: „Unsere Krankheit ist, das Gegenteil dessen zu sagen, was wir möchten. Wir müssen uns selber quälen, indem wir den Eindruck auf den Mienen der Zuhörer beobachten." (h II, 173).

gung und Selbstentfremdung veranlaßt Heym schließlich dazu, die neutrale Perspektive aufzugeben und die Gedichtstruktur vom kenntlich gemachten Subjekt selbst her zu entwickeln.

Die Fragen der Toten im „Morgue"-Gedicht kündigen diesen Schritt an. Als Fragen nach dem, was sein wird, sind sie paradox, denn die Kategorie der Zukunft ist – wie überhaupt die der Zeit – im Hinblick auf den Zustand, den „tot" bezeichnet, irrelevant. Indem sie jedoch gestellt werden, lösen sie die scheinbar ausgesparte Zeit aus der durchgehenden Paradoxie gleichsam heraus und machen ihren Zustand als zeitlichen sichtbar. Monotonie, in der Phase der neutralen Perspektive in eben dieser Perspektive und im Metrum formalisiert, wird jetzt unmittelbar ausgesprochen als „Einerlei"; Monotonie herrscht jetzt in jedem Bild selbst[165]. Die Zeit wird als „tot" und „leer" beim Namen genannt.

Mit der Frage nach der Zeit stellen die Toten auch die Frage nach ihrer Existenz: es ist die Frage nach dem Subjekt, die Heyms späte Phase bestimmt. Auch hier ist die Antwort in der Paradoxie der neutralen Perspektive, im paradoxen Bild von den lebenden Toten bereits enthalten: das Subjekt kommt nur als „totes" zu sich. Es erkennt sich, nun auch im Gedicht, als „hohl" und „leer" „wie ein taubes Ei"[166].

Die Hinwendung zur neuen poetischen Struktur erfolgte, weil Heym gespürt haben dürfte, daß dem Gestaltungsprinzip der neutralen Perspektive trotz der strikten Gegenposition zur Georgeschule und verwandten Tendenzen noch Spuren seiner Herkunft aus esoterischer Zurückgezogenheit anhafteten und es so allzuleicht zum unverbindlichen Spiel geraten konnte. Letzteres aber mußte Heym ablehnen, war es doch u. a. dieses Moment, das er bei George verachtete. Es gehört zur Signatur bester expressionistischer Lyrik, daß sich das Subjekt nicht der Verbindlichkeit des geschichtlichen Prozesses entziehen will, nur um einen inneren subjektiven Freiheitsraum zu bewahren.[167]

Die Rückkehr zur Subjektivität bedeutet für Heym keinen Rückzug in Innerlichkeit; schon sein Selbstverständnis stand dem entgegen. Im Tagebuch grenzt sich Heym immer wieder, teilweise in scharfer Polemik, gegen andere Menschen ab, denen er Innerlichkeit vorwirft. Wir zitieren aus einer

---

[165] So entstehen jetzt auch Gedichte, die nur aus einem oder mehreren fast identischen Bildern bestehen wie „Nachmittag" (h I, 381), „Der Winter" (h I, 395) oder „Die neuen Häuser" (h I, 390).

[166] h III, 164 f.

[167] Vgl. dazu den Begriff der „kreativen Freiheit" bei Friedrich, Struktur d. mod. Lyrik, l. c., S. 61, und unsere Ausführungen auf S. 209, Anm. 9.

Tagebucheintragung vom September 1911: „Mein Gott – ich ersticke noch mit meinem brachliegenden Enthousiasmus in dieser banalen Zeit. Denn ich bedarf gewaltiger äußerer Emotionen, um glücklich zu sein. (. . .) Alle diese Jentsch, u. Koffka, alle diese Leute können sich in diese Zeit eingewöhnen, sie alle, Hebbelianer, Leute des Innern, können sich schließlich in jeder Zeit zurecht finden, ich aber, der Mann der Dinge, ich, ein zerrissenes Meer, ich immer in Sturm, ich der Spiegel des Außen, ebenso wild und chaotisch wie die Welt, ich leider so geschaffen, daß ich ein ungeheures, begeistertes Publikum brauche um glückselig zu sein, krank genug, um mir nie selbst genug zu sein, ich wäre mit einem Male gesund, ein Gott, erlöst, wenn ich irgendwo eine Sturmglocke hörte (. . .) Wie gut haben es die Contemplativen, die Unlebendigen, Leute wie Jentzsch und Koffka, die genug Leben aus ihrer Seele ziehen können." [168] Einen Monat vor seinem Tod spricht das Tagebuch eine noch deutlichere Sprache: „10. 12. 11. Ich glaube wohl: In 300 Jahren werden die Menschen sich an den Kopf fassen, wenn sie unsere Leben sehen. Sie werden sich wahrhaftig fragen, wie die Günther. Lenz. Kleist. Grabbe. Hölderlin. Lenau, die Hoddis, Heym, Frank überhaupt soweit durchgekommen sind. Und wie es für diese Naturen, (die zu anständig waren, um zu compromißlern, wie die Göthe, Rilke, George etc) in dieser trüben und vor Wahnsinn knallenden Zeit überhaupt noch möglich war, sich durchzuschlagen." [169]

Die späten Gedichte führen immer wieder vor Augen, daß alle Versuche des isolierten Individuums, in seiner Vereinzelung zu sich selbst zu gelangen, in der Leere enden, daß die Seele, aus der sich kein Leben mehr „ziehen" läßt, „tot" ist. Das Tagebuch macht für diesen Zustand die Zeit – und das ist hier die gesellschaftliche, politische etc. Gegenwart – samt ihrer „Banalität" verantwortlich. In dem 1911 entstandenen Prosastück „Eine Fratze" äußert sich Heym ganz ähnlich: „Unsere Krankheit ist, in dem Ende eines Welttages zu leben, in einem Abend, der so stickig ward, daß man den Dunst seiner Fäulnis kaum noch ertragen kann." [170] Heym bemühte sich jedoch nicht, die objektiven historischen und gesellschaftlichen Gründe herauszufinden, die für den von ihm als „Banalität" empfundenen Zustand seiner Zeit verantwortlich waren. Seine Gegnerschaft verbleibt im Bereich

---

[168] h III, 164 f.
[169] h III, 175.
[170] h II, 173. – Unschwer kann man in dem „stickigen Abend" den „toten" oder „leeren Abend" der Gedichte wiedererkennen. Die Situation, die Heym im Tagebuch und in „Eine Fratze" beschreibt, gestaltet er in den Gedichten; man denke nur an „Simson" oder „Meine Seele".

des Subjektiven. Er verharrt jedoch in dieser Gegnerschaft, er lehnt es ab, zu „compromißlern", sich in Innerlichkeit zurückzuziehen und damit dem Konflikt zu entgehen. [171] Er versagt dem Subjekt die Versöhnung, die es außen nicht finden kann, auch in der Innerlichkeit und reflektiert so noch tief in der Gedichtstruktur die Situation, in die das Subjekt objektiv geraten war. Seine Forderung nach „gewaltigen äußeren Emotionen" ist die Reaktion seines Bewußtseins auf die Aushöhlung des Subjekts durch eben die Umstände, die als Ausweg Innerlichkeit empfahlen.

[171] Daraus resultiert seine durchweg moralische Beurteilung anderer Dichter.

II. „WELTENDE" VON VAN HODDIS: „REIHUNGSSTIL"

Zu den Berliner Freunden Heyms vom „Neuen Club" gehörte auch Jakob van Hoddis. Am 11. 1. 1911 ließ er in der von Franz Pfemfert redigierten Wochenschrift „Der Demokrat" ein Gedicht erscheinen, das es schnell zu großer Berühmtheit brachte.[1] Es lautet:

Weltende

Dem Bürger fliegt vom spitzen Kopf der Hut,
In allen Lüften hallt es wie Geschrei.
Dachdecker stürzen ab und gehn entzwei,
Und an den Küsten – liest man – steigt die Flut.

Der Sturm ist da, die wilden Meere hupfen
An Land, um dicke Dämme zu zerdrücken.
Die meisten Menschen haben einen Schnupfen.
Die Eisenbahnen fallen von den Brücken.

Die Wirkung dieses Gedichts auf die Zeitgenossen war außerordentlich. In seinen Erinnerungen schreibt Alfred Richard Meyer: „Das war das Gedicht, das mich wie Hunderte anderer Berliner beunruhigte. Ich war plötzlich mit meinem Verlagsprogramm höchst unzufrieden."[2] Kurt Hiller sagt rückblickend, daß mit „Weltende" „die ‚fortgeschrittene' oder ‚expressionistische' Lyrik eröffnet worden ist"; er nennt van Hoddis deshalb den „Initiator dieser künstlerischen Bewegung"[3]. Johannes R. Becher schließlich bezeichnet „Weltende" als die „Marseillaise der expressionistischen Rebellion"[4] und gibt eine anschauliche Beschreibung der Wirkung des Gedichts: „Meine poetische

---

[1] Der Demokrat, Jg. 3 (1911), Sp. 43. – Die Annahme Herdens, Bechers „Gesang vor Morgen" (V u. T, 16) könne auf van Hoddis' „Weltende" gewirkt haben, erweist sich schon chronologisch als unhaltbar. Vgl. Herden, Becher, l. c., S. 43.

[2] Alfred Richard Meyer, die maer von der musa expressionistica, Düsseldorf 1948, S. 7.

[3] Kurt Hiller, Begegnungen mit „Expressionisten", Rede gehalten am 2. September 1960 im Schiller-Nationalmuseum in Marbach/Neckar; abgedr. in: Expressionismus. Aufzeichnungen und Erinnerungen der Zeitgenossen. Hrsg. v. Paul Raabe, Olten und Freiburg/Brsg. 1965, S. 24–35, dieses Zitat S. 31; und in: Kurt Hiller, Ratioaktiv, Reden 1914–1964, Wiesbaden 1966, S. 248–258, dieses Zitat S. 254.

[4] Sinn und Form, Beiträge zur Literatur, hrsg. v. der Deutschen Akademie der Künste, Zweites Sonderheft Johannes R. Becher, Berlin o. J. (1959), S. 533.

Kraft reicht nicht aus, um die Wirkung jenes Gedichtes wiederherzustellen, von dem ich jetzt sprechen will. Auch die kühnste Phantasie meiner Leser würde ich überanstrengen bei dem Versuch, ihnen die Zauberhaftigkeit zu schildern, wie sie dieses Gedicht „Weltende" von Jakob van Hoddis für uns in sich barg. Diese zwei Strophen, o diese acht Zeilen schienen uns in andere Menschen verwandelt zu haben, uns emporgehoben zu haben aus einer Welt stumpfer Bürgerlichkeit, die wir verachteten und von der wir nicht wußten, wie wir sie verlassen sollten. Diese acht Zeilen entführten uns. Immer neue Schönheiten entdeckten wir in diesen acht Zeilen, wie sangen sie, wir summten sie, wir murmelten sie, wir pfiffen sie vor uns hin, wir gingen mit diesen acht Zeilen auf den Lippen in die Kirchen, und wir saßen, sie vor uns hinflüsternd, mit ihnen beim Radrennen. Wir riefen sie uns gegenseitig über die Straße hinweg zu wie Losungen, wir saßen mit diesen acht Zeilen beieinander, frierend und hungernd, und sprachen sie gegenseitig vor uns hin, und Hunger und Kälte waren nicht mehr. Was war geschehen? Wir kannten das Wort damals nicht: Verwandlung. Erst viel später war von Wandlungen die Rede, dann vor allem, als wirkliche Wandlungen zur Seltenheit geworden waren. Aber wir waren durch diese acht Zeilen verwandelt, gewandelt, mehr noch, diese Welt der Abgestumpftheit und Widerwärtigkeit schien plötzlich von uns – zu erobern, *bezwingbar*[5] zu sein. Alles, wovor wir sonst Angst oder gar Schrecken empfanden, hatte jede Wirkung auf uns verloren. Wir fühlten uns wie neue Menschen, wie Menschen am ersten geschichtlichen Schöpfungstag, eine neue Welt sollte mit uns beginnen, und eine Unruhe, schworen wir uns, zu stiften, daß den Bürgern Hören und Sehen vergehen sollte und sie es geradezu als eine Gnade betrachten würden, von uns in den Orkus geschickt zu werden. Wir standen anders da, wir atmeten anders, wir gingen anders, wir hatten, so schien es uns, plötzlich einen doppelt so breiten Brustumfang, wir waren auch körperlich gewachsen, spürten wir, um einiges über uns selbst hinaus, wir waren Riesen geworden."[6]

Diese „Marseillaise der expressionistischen Rebellion" hat indes nichts von dem, was eine gewisse Betrachtungsweise als „expressionistisch" in expressionistischer Dichtung herauszufinden pflegt: es formuliert sich kein Schrei, keine Ekstase; Syntax, Metrum, Reime, Strophengliederung bleiben wie in Heyms erster Phase erhalten. Keine Spur von „Sprach"- oder „Formzertrümmerung". Der Rhythmus ist weder „rasend" noch eintönig: Schwebung, Enjambement und Parenthese sorgen für gemäßigte rhythmische Abwechslung.

---

[5] Im Original kursiv.
[6] Johannes R. Becher, Das poetische Prinzip, Berlin 1957, S. 130 f.

Gleichwohl konstatiert Hansjörg Schneider – ähnlich wie Becher – „Unruhe", die das Gedicht erzeuge [7]. Er fügt hinzu, daß diese Unruhe nicht von den geschilderten Ereignissen – Unglücksfälle und Naturkatastrophen –, „sondern von ihrer Darstellung" ausgehe [8]. „Van Hoddis verwendet hier in souveräner Art eine Technik, die Brecht später als Verfremdung bezeichnete. Mit vollständiger Gelassenheit reiht er Ereignis an Ereignis. Jede Anteilnahme und jedes Urteilsvermögen scheinen ihm zu fehlen." [9]

Was Schneider „Verfremdung" [10] nennt, ist leicht am dritten Vers „Dachdecker stürzen ab und gehn entzwei" zu sehen: es ist das Unangemessene des Ausdrucks „entzweigehn", der für Sachen, für Puppen, nicht aber für Menschen verwendet wird. Weniger evident ist, was an dem Vers „Die meisten Menschen haben einen Schnupfen" befremden soll. Unruhe entsteht hier nicht aus dem Gesagten selbst, sondern aus der Konstellation dieses Verses zu den übrigen Versen: die von der Konstellation gesetzte Äquivalenz der Verse steht im Widerspruch zum Inhalt.

Schneider spricht von „vollständiger Gelassenheit" und von fehlender „Anteilnahme", die die Darstellungsweise des Gedichts charakterisieren. Wir versuchen, diese Art der Technik mit den Begriffen „Distanz" und „Perspektive" zu fassen. Bereits die Abwesenheit eines „lyrischen Ich" verweist auf Distanz. Vorherrschend ist ein neutraler Berichtston, der in der angeblichen Zitierung eines Zeitungsberichts gipfelt: „Und an den Küsten – liest man – steigt die Flut." Unterstützt und in eine bestimmte Richtung verwiesen wird diese Tendenz, wenn durch perspektivische Beschreibung Verkleinerung erzielt wird: „. . . die wilden Meere hupfen / An Land, um dicke Dämme zu zerdrücken." Das Verbum „hupfen" relativiert sowohl die Gewalt der „wilden Meere" als auch die Größe „dicke(r) Dämme": die Perspektive verkleinert die bekannte Welt gerade in der Katastrophe; man erblickt das Geschehen wie aus großer Höhe und sieht so die an sich „wilden Meere" fast spielerisch „hupfen" [11]. Ähnlich verhält es sich, wenn Dachdecker „entzweigehn". Die Distanz ist so groß, die Perspektive so verschoben, daß das Weltende ge-

[7] Hansjörg Schneider, van Hoddis, l. c., S. 80.
[8] Hansjörg Schneider, van Hoddis, l. c., S. 80.
[9] Hansjörg Schneider, van Hoddis, l. c., S. 80.
[10] Zum Begriff „Verfremdung" vgl. Einleitung S. 15.
[11] Unheimlich und gar nicht spielerisch dagegen ist es, wenn Heym in dem Gedichtband „Umbra Vitae" sagt: „Die Meere aber stocken." („Die Menschen stehen vorwärts . . .", h I, 442.)

wissermaßen als Sandkastenspiel abläuft. In der Verkleinerung werden „die Dinge (. . .) als Spielzeug sonderbar erträglich", bemerkt Ernst Bloch [12].

Auch der Vergleich „In allen Lüften hallt es wie Geschrei" hilft mit, Distanz zu erzeugen: der die Ereignisse Registrierende muß mit Mutmaßungen vorliebnehmen. Man hört nicht ausdrücklich Schreien, sondern es bleibt beim unbestimmten, unbeteiligten, neutralen „es". Im Vergleich wird das akustische Geschehen gewissermaßen weggerückt, so daß auch dessen Urheber nicht erkannt werden kann.

Mit der Distanz ist bereits die Perspektive teilweise beschrieben, in dem Sinn nämlich, wie die große Entfernung die Dinge auch qualitativ im Blick zu verändern vermag: die durch die Distanz vermittelte Unbeteiligtheit am Geschehen schafft auch Neutralität der Perspektive. Doch nicht allein in der räumlichen Entfernung zeigt sich diese Neutralität. Bemerkenswert ist, in welcher Weise vom Menschen die Rede ist: im ersten Vers verliert der „Bürger" ein wichtiges Attribut, den Hut nämlich, und damit auch seine Wohlbehütetheit und Saturiertheit, indem eine Naturmacht gegen ihn auftritt; er handelt nicht, er ist Objekt. Im dritten Vers degradiert bereits der Ausdruck den Menschen zur Sache. Im siebten Vers schließlich ist er nur noch neutraler Gegenstand der Statistik. Umgekehrt verhält es sich im Bereich der Dinge: sie bekommen Eigenleben. Sie erscheinen als die eigentlichen Subjekte. Sie allein sind der Aktion fähig, wenn sie „hupfen" oder „zerdrücken". Der Mensch dagegen ist passiv, selbst wenn er grammatisch als Subjekt erscheint: „Dachdecker stürzen ab . . .". Das solchermaßen verkehrte Verhältnis von Subjekt und Objekt kommt auch syntaktisch zum Ausdruck: der einzige Nebensatz – zudem ein finaler – unterstreicht die Aktivität und den Eigenwillen der „Meere".

Neutralität der Perspektive zeichnete auch Heyms Darstellungsweise der ersten Phase aus: keine „Anteilnahme", kein „Mitschwingen der Seele" waren zu erkennen. Diese Perspektive konnte vor allem deshalb zustande kommen, weil ein metrisches Schema konsequent angewendet wurde. Auch in „Weltende" hilft die metrische und strophische Form den Eindruck der Neutralität erwecken. Wie Heym verwendet van Hoddis den Vierzeiler in fünfhebigen jambischen Versen und damit ein Schema, das von sich aus unauffällig und höchst unverbindlich ist [13]. Sieht man von einem Enjambement (Vers

[12] Ernst Bloch, Zeitraffer, Zeitlupe und der Raum, in: Verfremdungen II, Frankfurt/M. 1964, S. 202. Es heißt dort noch: „. . . das Verkleinerte im Raum zieht gerade freundlich zusammen, bildet seine Welt liebenswürdig."
[13] Vgl. S. 45 und S. 49, Anm. 46.

5/6) ab, so tut van Hoddis nichts, um dem Schema seine Unverbindlichkeit zu nehmen.

Der wichtigste Unterschied zwischen den Gedichten Heyms und „Weltende" betrifft die Syntax und ihr Verhältnis zur metrischen Form. Bei Heym spielen die Relativsätze eine entscheidende Rolle; ihre besondere Handhabung erwies sich als wichtiges strukturelles Moment der Gedichte. In „Weltende" konstituiert sich die neutrale Perspektive – ausgenommen der oben erwähnte Finalsatz – in einfachsten und feststellenden Hauptsätzen. Bemerkenswert ist dabei die Tendenz, Vers und Satz zusammenfallen zu lassen, metrische und syntaktische Einheit in Übereinstimmung zu bringen. Dies ist immerhin sechsmal der Fall, besonders deutlich in den beiden letzten Versen.

Das hier waltende kompositorische Prinzip ist ganz allgemein das der neutralen Reihung: die einzelnen Teile werden aneinandergefügt, ohne daß durch Inhalt oder Sinn ein Zusammenhang der Teile gefordert wäre. Die Art der Reihung weist zusätzlich die Besonderheit auf, daß die einzelnen Teile sich in einer identischen Form – in der Zeile – präsentieren. Wir nennen diese Technik im folgenden „Reihungsstil". Offenbar ist es diese Technik, die den Zeitgenossen neu und kühn an „Weltende" erschien. Becher gibt folgende Erklärung: „Ein neues Weltgefühl schien uns ergriffen zu haben, das Gefühl von der Gleichzeitigkeit des Geschehens." [14] „Während die Dachdecker abstürzen, steigt zugleich die Flut, oder nichts ist für sich allein auf der Welt, alles Vereinzelte ist nur scheinbar und steht in einem unendlichen Zusammenhang ... Das katastrophale Geschehen ist nicht denkbar ohne die gleichzeitige Nichtigkeit." [15] Becher versäumt es allerdings, die formalen Elemente aufzuzeigen, die das „Gefühl von der Gleichzeitigkeit des Geschehens" zum Ausdruck bringen. Damit übergeht er die Spannung, die zwischen der Simultaneität und der Heterogenität des „Geschehens" besteht und die aus der perspektivisch neutralen Reihung formal identischer geschlossener Einheiten resultiert. Bechers Interpretation ist – wie an anderer Stelle noch zu zeigen sein wird [16] – getragen von expressionistischem Selbstverständnis.[17] So redet er unbefangen von einem „unendlichen Zusammenhang", ohne die Beschaffenheit des „Zusammenhangs", der mit Hilfe des „Reihungsstils" zustande kommt, kritisch zu reflektieren.

[14] Becher, Poet. Prinzip, l. c., S. 106.
[15] Becher, Poet. Prinzip, l. c., S. 107.
[16] Vgl. S. 213, Anm. 20.
[17] Dies ist der Fall, obwohl diese Interpretation über vierzig Jahre später niedergeschrieben wurde.

Es gehört zum Strukturprinzip des „Reihungsstils", daß „Gleichzeitigkeit" umso eher sich einstellt, je selbständiger die einzelnen Elemente sind. Ohne die neutrale gebundene Form, wie sie in „Weltende" zur Anwendung gelangt, wäre aber das dialektische Spiel zwischen Simultaneität und Heterogenität gar nicht möglich: in ihrer konsequenten Durchführung erscheint das Heterogene gleichartig und gleichzeitig und dringt so als heterogen erst richtig ins Bewußtsein. „Gleichzeitigkeit" entsteht also nicht, indem ein Zusammenhang geschaffen, sondern indem gerade jeder Zusammenhang aufgegeben wird. Der Zusammenhang, den die Form liefert, bleibt so ein rein formaler und ist eigentlich die Negation des eigenen Begriffs. Dem desorientierten Bewußtsein ist er alleinige Orientierungshilfe, einzig freilich um zu zeigen, daß diese Hilfe keine ist.

Von der Struktur her gibt es im „Reihungsstil" weder Anfang noch Ende: die Gleichheit des Heterogenen kennt weder Kausalität noch Finalität. Damit aber entfällt konsequenterweise auch die Funktionalität der einzelnen Teile. Sie sind austauschbar und letztlich sogar ohne Verlust wegzulassen. Mangelnde Funktionalität ist hier aber etwas anderes als der „Verzicht auf grammatischen, logischen und anschaulichen Zusammenhang", wie ihn Emil Staiger in seiner Poetik für das „Lyrische" postuliert [18]; gleichzeitig nämlich erkennt Staiger dem „Lyrischen" Unselbständigkeit der Teile zu [19]. Im „Reihungsstil" dagegen wird die Zusammenhanglosigkeit nicht in „Stimmung" o. ä. aufgehoben bzw. sind die Teile nicht Ausformungen einer „Stimmung" und damit unselbständig; gerade Gleichartigkeit und Gleichwertigkeit der einzelnen Teile verhindern, daß diese sich zu einem sinnvoll gegliederten höheren Ganzen zusammenfügen.

Die Struktur des „Reihungsstils", die weder Anfang noch Ende kennt, impliziert Unendlichkeit. Da sie aber nur gleichförmige Addition ist, vermag der „Reihungsstil" keinen sinnvollen Bezug zur Unendlichkeit herzustellen. Unendlichkeit wird travestiert, und es bleiben Einförmigkeit und banale Endlosigkeiten. Eine der Möglichkeiten, auf das Unendliche zu verweisen, ist kraft seiner Offenheit das Fragment. Im „Reihungsstil", wo Unendlichkeit travestiert erscheint, ist das Prinzip des Fragments auf den Kopf gestellt: die jeweilige Realisation ist zwar nur ein Bruchteil einer potentiell endlosen additiven Reihung, hat aber nirgends Verweisungscharakter.

---

[18] Emil Staiger, Grundbegriffe der Poetik, Zürich, 5. Aufl. 1961, S. 51.
[19] Staiger, Poetik, l. c., S. 40.

Mautz verkennt diesen Sachverhalt völlig, wenn er vom „Fragmentcharakter" von „Weltende" spricht und darin noch eine „Kompositionsschwäche" sehen will[20]. Denn das, was Mautz „fragmentarisch" erscheint[21], ist die Travestie des Fragmentarischen, und gerade das ist die Stärke des Gedichts: die strenge Ökonomie von „Weltende" bringt die Struktur des „Reihungsstils" deutlicher zur Darstellung als endlose Addition, indem nämlich die der Struktur innewohnende Negation von Funktionalität und Form exemplarisch verwirklicht ist.

Um dies zu zeigen, muß „Weltende" nochmals näher betrachtet werden. Das ganze Gedicht weist nämlich keineswegs konsequent die beschriebene Struktur des „Reihungsstils" auf. Die Verse der ersten Strophe bilden zwar grammatisch je eine Einheit, Vers 1 und 2 und Vers 3 und 4 sind aber nur durch ein Komma getrennt. Zudem lassen sich die Verse unter der Vorstellung von „Sturm" etc. inhaltlich in einen vagen Zusammenhang bringen; deutlich kommunizieren sie mit den Versen 5 und 6, die durch das Enjambement schon formal aus dem Rahmen des „Reihungsstils" fallen. In diesen ersten sechs Versen wird der „Reihungsstil" weniger verwirklicht als vielmehr Schritt für Schritt vorbereitet mit Hilfe von Distanz und Perspektive. Wie diese geschaffen wurden, haben wir schon beobachtet. Weiter unten werden wir sehen, daß auch die Parenthese „liest man" auf die Struktur der additiven Reihung deutet.

Die raffinierte Ökonomie des Gedichts besteht darin, daß der „Reihungsstil" lediglich in zwei Versen, in der kleinstmöglichen Anzahl also, rein verwirklicht ist: in den beiden letzten Versen. Hier erreicht die Selbständigkeit der Verszeilen in deren formaler Gleichheit bei heterogenen Inhalten den Höhepunkt; folgerichtig sind die beiden Verse durch einen Punkt getrennt. Zum Bewußtsein gelangt die Heterogenität im Sinne der aufgezeigten Dialektik durch die parallele Aufeianderfolge der grammatischen Fügung und ihrer Einfachheit: in beiden Versen stehen Subjekt, Prädikat und Ergänzung (Akkusativobjekt bzw. Umstandsergänzung) nacheinander. Der gleiche Zeileneingang „Die" tut ein übriges. Im Gedicht taucht solche Parallelität zum ersten Mal auf.

---

[20] Mautz, Mythologie, l. c., S. 226.
[21] Mautz unterläuft hier genau der Fehler, den er an Johannes Pfeiffers Heym-Interpretation beanstandet: „ . . . der kritische Maßstab, den Pfeiffer an dieses Gedicht anlegt, . . . besteht in ästhetischen Normen, denen es gar nicht entsprechen will . . ." (Mautz, l. c., S. 41).

Diese beiden Verse stellen die „Pointe" des Gedichts dar und sind so genau das, was der „Reihungsstil" von seiner Struktur her nicht zu bilden vermag. Van Hoddis bringt es also fertig, eine Struktur funktional einzusetzen, die von sich aus jede Funktionalität ausschließt. Man braucht nur die Verse der letzten Strophe umzustellen und in eine Reihenfolge zu bringen, in der der Vers mit dem Finalsatz den Abschluß bildet – also etwa 7, 8, 5, 6 –, und man wird sofort des eindeutig funktionalen Charakters der Abschlußverse im ursprünglichen Gedicht gewahr. In der Pointe, die strukturell aus deren Gegenteil besteht, objektiviert van Hoddis exemplarisch die Struktur des „Reihungsstils".

Damit aber ist der Titel „Weltende" mehr als nur modisches Sujet: er erscheint strukturell begründet. „Indem das Gedicht nichts entwickelt und folglich auch keinen Schluß hat, gibt es in großartiger Weise das Bewußtsein der Zeitlosigkeit wieder", schreibt Hansjörg Schneider [22]. Unseren Ausführungen entsprechend modifizieren wir: das Gedicht entwickelt dialektisch das, was den Begriff der Entwicklung ausschließt; exemplarisch objektiviert es das „Bewußtsein der Zeitlosigkeit". Zeitlosigkeit ist das Ende der Welt. Zu der Travestie des Fragments gesellt sich die Travestie der Apokalypse.

Die neutrale Perspektive des Gedichts kommt wesentlich dadurch zustande, daß kein „lyrisches Ich" auftritt und seine Gefühle, Gedanken etc. in Worte bringt. Auch „Stimmung" wird nicht geschaffen, etwa daß Außenwelt und irgendein „lyrisches Subjekt" ununterscheidbar und unmittelbar voneinander durchdrungen, „eingenommen" wären [23]. Was in „Weltende" als Außenwelt erscheint – und es erscheint nur Außenwelt –, ist weder „erfahren" noch „erlebt". Verkleinerung und Perspektive bezeichnen eine Distanz, die unüberwindbar ist und gar nicht überwunden werden soll.

Welcher Art diese Distanz ist, zeigt am besten der vierte Vers: „Und an den Küsten – liest man – steigt die Flut." Das neutrale „man" ersetzt nicht nur ein „lyrisches Subjekt", es weist auch auf dessen Austauschbarkeit und schließlich auf die Belanglosigkeit des Subjektiven überhaupt. Dieses „man" vermag die Ereignisse nicht zu „erleben"; es wohnt ihnen nicht unmittelbar bei, sondern erfährt sie vermittelt durch den Zeitungsbericht. Welt und Geschehen werden nur verschlüsselt in der Information faßbar. Der Preis für Simultaneität ist der Verlust des unmittelbaren Erlebnisses.

[22] Hansjörg Schneider, van Hoddis, l. c., S. 79.
[23] Vgl. Staiger, Poetik, l. c., S. 61 ff.

In der Parenthese „liest man" führt van Hoddis die Information als die Art der Teilnahme am Ereignis inhaltlich in das Gedicht ein. Die strukturelle Entsprechung zur Information aber bringt der „Reihungsstil". Um dies zu erkennen, genügt ein Blick in eine Zeitung von 1911. In durchlaufenden Spalten folgt dort Meldung auf Meldung, ohne daß formal eine Unterscheidung getroffen würde. So wird schon aus der Typographie das Prinzip der Addition ersichtlich, das sich dann im „Reihungsstil" reproduziert.

Angesichts dieses Prinzips der Addition erscheint nicht nur das Subjekt zum „man" neutralisiert, auch in der Außenwelt schwinden die Unterschiede. Wo keine Funktionalität der Teile herrscht, sind diese austauschbar. An die Stelle von Kausalität schiebt sich der Zufall. In letzter Konsequenz bedeutet dies, daß die Ereignisse einzig faßbar sind in der Form statistischer, durch Wahrscheinlichkeitsrechnung ermittelter Aussagen. Auch dieses Strukturmerkmal wird benannt, und zwar im Abschlußvers: „Die meisten Menschen haben einen Schnupfen."

Es ist die dichterische Leistung von van Hoddis, die Struktur übermittelter Information, wie sie beschrieben wurde, im „Reihungsstil" gleichermaßen anzuwenden und zu parodieren. Erst die formale Objektivation schafft dabei das Befremdende oder – mit Schneider – das „Beunruhigende": nicht die Ereignisse, sondern die Möglichkeiten ihrer universellen Transformation und Rezeption schockieren. Das „Beunruhigende" ist die Ruhe und Ordnung des Gedichts, das so eine total verwaltbare Welt widerspiegelt, in der Katastrophen und Schnupfenwellen gleichermaßen ihre „Ordnungsmäßigkeit" haben. Nicht die Katastrophe, sondern diese Ordnungsmäßigkeit ist das Ende der Welt.

Die neutrale Form von „Weltende", die für keinen literarischen Zeitabschnitt oder Stilwillen besonders repräsentativ ist, vermag nicht über den präzisen historischen Stellenwert des Gedichts hinwegzutäuschen. Er ist ablesbar an der starken Wirkung auf die Zeitgenossen, und nicht von ungefähr eröffnet Kurt Pinthus im Jahr 1919 die Anthologie expressionistischer Lyrik „Menschheitsdämmerung" mit „Weltende". Doch als ob „Weltende" die Entwicklung der expressionistischen Lyrik vorweggenommen hätte: dieser Auftakt ist bereits ein Ende. Die Pointe, die van Hoddis aus dem „Reihungsstil" herausschlug, konnte nicht wiederholt werden; jede Anwendung des „Reihungsstils" selbst aber geriet, nachdem er einmal entwickelt worden war, zur plattesten Reproduktion der letzten beiden Verse von „Weltende". Gedichte wie Goethes „Prometheus" oder „Ganymed" mögen unwiederholbare Kunstwerke sein, sie sind sich dennoch ähnlich; die Ähnlichkeit eines Gedichts mit „Weltende" stempelt dieses sofort zum epigonalen Produkt. „Weltende" ist, gerade weil es in seiner Struktur die Kategorien der beliebigen Wiederholbarkeit und der Funktionslosigkeit dialektisch reflektiert, einmaliger als je ein Gedicht zuvor.[24]

[24] Becher deutet diese Einmaligkeit an: „Dieses Erlebnis der Gleichzeitigkeit waren wir nun bemüht in unseren Gedichten zu gestalten, aber van Hoddis, so scheint es mir heute, hat all diese unsere Bemühungen vorweggenommen, und keinem sind solche zwei Strophen gelungen wie ‚Weltende'. Was an Lichtenstein, was an Ernst Blass bemerkbar war, kam von van Hoddis. Das Erlebnis der Gleichzeitigkeit wurde zur Schablone, und bürokratische Versprodukte entstanden, die geradezu rechnerisch durchgeklügelt waren, indem auf jeden Satz ein Gegensatz folgen mußte . . ." (Poet. Prinzip, S. 107). – Vgl. dazu unsere Ausführungen im Schlußkapitel.

III. JOHANNES R. BECHER: „VERFALL UND TRIUMPH"

Vorbemerkung

Nach den Dichtungen Heyms und dem Gedicht „Weltende" von van
Hoddis befassen wir uns mit dem Gedichtband „Verfall und Triumph"
von Johannes R. Becher. Dabei werden uns die bisher angestellten Beobach-
tungen zugute kommen. Bevor wir uns jedoch mit „Verfall und Triumph"
selbst beschäftigen, werden wir in zwei kurzen Kapiteln auf frühere Dichtungen Bechers eingehen. Wir hoffen, auf diese Weise noch weitere Aspekte
für die Interpretation von „Verfall und Triumph" zu gewinnen.

1. Frühe Gedichte: „Innere Form"

Johannes R. Becher, der am 22. Mai 1891 in München geboren wurde,
ist vier Jahre jünger als Jakob van Hoddis und Georg Heym. Seine ersten
Gedichte schrieb er, wie aus einem Brief an Dehmel vom 13. Mai 1909 hervorgeht[1], bereits während seiner Gymnasialzeit. Diese Gedichte sind nicht
erhalten; sie dürften jedoch den fünf Gedichten ähnlich sein, die Becher am
11. März 1910 an Dehmel schickte und von denen drei – „Märzabend",
„Drei Schneeschaufler", „Nach Tag" – im ersten Band der neuen Ausgabe
der Werke Bechers abgedruckt sind.[2]

Noch vor Sommer 1911 hatte Becher „dem Verlag E. W. Bonsels & Co.
einen Gedichtband angeboten. Doch als ihm bedeutet wurde, die Heraus-
gabe sei von der Bezahlung der Druck- und Vertriebskosten durch den Verfasser abhängig, verzichtete er auf eine geschäftliche Verbindung."[3] In den
Anmerkungen der neuen Becher-Ausgabe wird es als wahrscheinlich erachtet,
daß dieser Band „mindestens zu großen Teilen identisch" mit einer Gedicht-

---

[1] Dehmel-Archiv, Hamburg. Im Brief heißt es: „Gegen Juli gedenke ich diese meine
ersten Dichtungen unter dem Namen ‚Venus Regina' Gedichte aus erster Jugendzeit von
Hans Robert . . . . . . (die sechs Pünktchen stehen im Original offenbar für die Zahl der
Buchstaben im Namen Becher; J. Z.) herauszugeben. Es sind meist kleine bescheidene
Natur- und Liebesgedichte, die im Sturm und Drang meiner Jugend entstanden sind."
[2] b I, 557 ff. – Vgl. die Anmerkung in b I, 646.
[3] Heinrich F. Bachmair, Bericht des ersten Verlegers 1911–1914, in: Sinn und Form,
Zweites Sonderheft Johannes R. Becher, Berlin o. J. (1959), S. 97–110; S. 97.

sammlung „Die Jugendwelt" war[4], die Becher vor Studienbeginn in Berlin
– also spätestens im September 1911 – dem Verlag Albert Langen in München übersandt hatte.[5] Sicher befand sich unter dem Manuskript die Hymne
auf Kleist „Der Ringende", die im November 1911 zu Kleists 100. Todes-
tag im Verlag Heinrich F. S. Bachmair erschien.[6] Die übrigen Gedichte, in
der Ausgabe der Kleist-Hymne vom Verlag als „Die Jugendwelt" ange-
kündigt, erschienen bei Bachmair im April unter dem veränderten Titel
„Die Gnade eines Frühlings".[7]

Die meisten Gedichte in „Die Gnade eines Frühlings" sind sicher nach
dem Frühjahr 1910 entstanden, denn sie beziehen sich auf einen Selbstmordversuch, den Becher zusammen mit einem acht Jahre älteren Mädchen,
Fanny Fuß, am 17. April 1910 unternommen hatte und bei dem Becher,
im Gegensatz zu dem Mädchen, mit dem Leben davonkam.[8] Die Entstehungszeit dieser Gedichte liegt also zwischen Sommer 1910 und Sommer 1911. Es ist das Jahr vor der „Absolutorialprüfung", die Becher im
Juli 1911 in Ingolstadt ablegt.[9]

Die literarischen Vorbilder, denen Becher in „Die Gnade eines Frühlings"
nacheifert, sind Richard Dehmel[10], Alfred Mombert[11], Waldemar Bonsels[12].
Es kommt uns jedoch nicht darauf an, Einflüsse dieser Dichter auf Becher
nachzuzeichnen. Wichtiger erscheint es uns, die hauptsächlichen Struktur-
gesetze der frühen Gedichte Bechers kurz herauszuarbeiten und ihre Bedeutung zu erschließen.

An Hand des kleinen Gedichts „Meerstimme" kann ein wichtiges Ge-
staltungsmittel aufgezeigt werden.

---

[4] b I, 620.
[5] Vgl. Bachmair, Bericht, l. c., S. 102.
[6] Vgl. Bachmair, Bericht, l. c., S. 102. – „Der Ringende" ist abgedruckt in b I, 5–12.
[7] Vgl. b I, 620.
[8] Vgl. b I, 626. Lange noch beschäftigt sich Becher in seinen Dichtungen mit dem Selbstmordversuch und dem Tod von Fanny Fuß. Auch im Roman „Abschied" geht Becher auf
diesen Abschnitt seines Lebens ein.
[9] Vgl. Johannes R. Becher, Bildchronik seines Lebens, von Lilly Becher und Gert Prokop
mit einem Essay von Bodo Uhse, Berlin 1963, S. 21.
[10] In dieser Zeit verehrte Becher Dehmel, wie die Briefe, die im Dehmel-Archiv in Hamburg liegen, zeigen. Nach und nach jedoch distanzierte er sich von Dehmel, deutlich erkennbar bereits in seiner „Rede auf Richard Dehmel", die er 1912 verfaßte. Auf S. 185 ff. gehen
wir auf diese Rede ein.
[11] Vgl. dazu die Hinweise bei Hopster, Becher, l. c., S. 12 f.
[12] Becher verkehrte vor seiner Studienzeit in Berlin im Kreis um Waldemar Bonsels.
Vgl. dazu Bachmair, Bericht, l. c., S. 97, und die Ausführungen bei Hopster, Becher, l. c.,
S. 10 f.

Meerstimme

Dunkler Regen fällt,
Weiß woher . . . Dunkle Welt – – –
Das Meer
Schäumt weiße Blüten.

Was war Segen, Licht, Lust, ein Tag?!
Aus der Brust träumt-bricht: trag
Weiße weiße Blüten . . .

Das Meer
Schäumt weiße Blüten . . .   (b I, 19)

Das Gedicht besteht aus 33 Wörtern („träumt-bricht" als zwei gezählt).
Sieben davon sind weniger wichtig: die Artikel, das Fragepronomen, das
Hilfsverb und die Präposition. Mehrfach kommen vor „weiße" (viermal;
zählt man das Homonym „weiß" aus Vers 2 mit dazu, sogar fünfmal);
„Blüten" (dreimal); „Meer", „schäumt", „dunkle(r)" (je zweimal). Neben
den Endreimen „fällt" – „Welt" und „Tag" – „trag" treten noch folgende
Reime auf: „Regen" – „Segen" (gleiche Stellung jeweils im Anfangsvers!),
„woher" – „Meer", „schäumt" – „träumt" – „schäumt", „Licht" – „bricht",
„Lust" – „Brust". Hinzu kommen die Alliterationen in den Versen 2:
„weiß" – „woher" – „Welt", 5: „Licht" – „Lust", 6: „träumt" – „trag",
„Brust" – „bricht". Der Satz „Das Meer schäumt weiße Blüten" hat re-
frainartigen Charakter; er erscheint in der zweiten Strophe variiert. Durch
Reim („woher" – „Meer") und Syntax (V 6/7) ist er mit den übrigen Versen des Gedichts verbunden.

Von den 26 wichtigen Wörtern des Gedichts hat jedes seine oft mehrfache
klangliche Entsprechung; kein einziges steht für sich. Fünf verschiedene Wörter stellen allein 13 bzw. 14 Wörter des gesamten Gedichts. Es entsteht ein
dichtes Geflecht klanglicher Beziehungen, das vom Hörer und Leser durchaus wahrgenommen werden kann, auch wenn es in keiner Weise klar geglie-
dert und überschaubar ist. Gerade auf das Verwirrende der mannigfaltigen
Bezüge kommt es Becher an.

Reim, Binnenreim, Assonanz, Alliteration, Anapher, Refrain, Klang-
parallelismus, Wiederholungen von Wörtern, Wortgruppen und Versen
– Klangwiederholungen verschiedenster Art also sind Mittel der Gestaltung,

die Becher in „Die Gnade eines Frühlings" bis zur Manier verwendet. Eine weitere hervorstechende Eigenart von Bechers Schreibweise in dieser Zeit ist Alfred Richard Meyer aufgefallen. In einer Rezension spricht er von einer „nicht immer ganz glücklichen Verkuppelung schmückender Beiworte" [13]. Auffallend sind die Adjektive (manchmal auch die Adverbien), die Becher gebraucht, in der Tat; und dies nicht allein, weil oft Partizipien als Adjektive fungieren oder die Adjektive aus zwei oder mehr Wörtern zusammengesetzt sind, sondern auch weil sie im Text in ungewöhnlichen Häufungen auftreten:

> Über die vielen, vielen goldigweiß überschweifenden
> Bogen, über die kühlen strengernst gewaltig weitausgreifenden
> Brücken,
> über dunkelkalte Mauern, durch Lücken
> rinnen und hüpfen
> wie die springenden Kleinen, die im Laufspiel Blumen pflücken,
> die kecken sonnenberauschten purpurschwülen
> Glockenströme
> von Dom und Dom, Dom und Dom . . .
>
> (Gnade, 53)

Wo die Adjektive dermaßen die Oberhand gewinnen, treten die Eigenschaften und Tätigkeiten der Dinge vor diese selbst und drängen zur Loslösung und Verselbständigung. Die Tendenz, die hierin zum Ausdruck kommt, ist, feste Umrisse aufzulösen. Zugrunde liegt die Absicht, intensiven Empfindungen des lyrischen Subjekts wie Trunkenheit, Ekstase – programmatisch formuliert im Eingangsgedicht „Feuerseele" –, aber auch Stimmungen der Melancholie und Todessehnsucht unmittelbaren Ausdruck zu verleihen. Die „Beiworte" sollen deshalb weniger „schmücken", als das „Wesentliche" in Sprache bringen: sie fungieren als Träger des noch nicht oder nicht mehr Sagbaren.

Mit Gedankenstrichen und Pünktchen verfolgt Becher dasselbe Ziel wie mit den Adjektiven. Von diesen Satzzeichen macht Becher ausgiebigen Gebrauch:

---

[13] Die Aktion, Jg. 1911, Nr. 44 (18. 12. 1911), Sp. 1398. – Meyer rezensiert zwar die Kleist-Hymne „Der Ringende", seine Kritik trifft jedoch auch auf „Die Gnade eines Frühlings" zu. Ursprünglich sollten ja diese Gedichte und „Der Ringende" zusammen veröffentlicht werden.

Und – – – und – – – –
Fühle – – – fühle nur deinen roten Mundmund,
Der fernher
Nah mir
Kommt . . . . .   (b I, 35)

Dem Gefühl, das sich in höchster Unmittelbarkeit ausdrücken will, ist
auch der Rest von Gegenständlichkeit, den Becher der Sprache lassen muß,
noch zuviel; die Sprache versagt, bricht ab. Unendlichkeit des Gefühls soll
sich in diesen sprachlichen Leerstellen ausdrücken, ganz ähnlich, wie die
Pünktchen als Ausdrucksmittel „in der Zeit des zur Stimmung kommerziali-
sierten Impressionismus" „Unendlichkeit von Gedanken und Assoziation"
suggerierten [14].

Die Auflösung fester Umrisse schlägt sich konkret in der Form der Gedichte nieder: feste Vers- und Strophenformen spielen in „Die Gnade eines
Frühlings" so gut wie keine Rolle. Die Form jeden Gedichts ist individuell.
In seiner Rezension der Gedichte schreibt Hans von Hülsen: „Ohne Zweifel ist Becher ein Suchender, einer, der sich nicht zufrieden gibt mit der
Konvention in unserer ‚modernen Lyrik', wie sie Dehmel, Stefan George
und Mombert geschaffen; einer, der darüber hinaus möchte, der über die
‚reine Form' Stefan Georges zur ‚inneren Form' strebt." [15] Dies dürfte tatsächlich Bechers Ziel gewesen sein. In dem bereits zitierten Brief an Dehmel
vom 13. 5. 1909 schreibt er, daß seine „Werke" jetzt „frei" geworden seien,
„und die Form die ich früher mühsam oft suchen mußte, gestaltete sich
von selbst".

Dieser Gestaltungsweise dient auch das dichte Geflecht klanglicher Beziehungen. Dies zeigt sich dann, wenn Klangwiederholungen, die sich
scheinbar zufällig, „von selbst", einstellen, die Gedichtform bestimmen,
indem ein Gleichklang überraschend als Endreim fungiert:

Viel goldene Töne gehn heut durch die Straßen,
Blasen
Mir die Sonne ins Gesicht . . .
                                      (b I, 29)

Die Versfuge kann auf diese Weise sogar in ein Wort fallen:

[14] Theodor W. Adorno, Noten zur Literatur I, Frankfurt 1958, S. 166.
[15] Die Aktion, Jg. 1912, Nr. 24 (12. 6. 1912), Sp. 760.

Willst du mir denn
Nicht näher sein,
Ein klein-
Wenig näher ?!

(b I, 21)

Die Form, die so entsteht, ist die angestrebte „innere"; sie folgt keinem
erkennbaren verbindlichen metrischen Schema. Wie beide Beispiele weiter
zu zeigen vermögen, ist eine solche Form, die ihre Existenz dem Zufall
zu verdanken scheint, nicht fest, die Versfuge kaum markant. Wenn die
Klänge also die Form bestimmen, dann tun sie das dahingehend, daß jeg-
liche deutliche Markierung vermieden wird. Damit haben die Gleichklänge
auch da, wo sie die Form schaffen, dieselbe Funktion wie im Innern der
Verse: verwirrende Zusammenhänge zu erstellen und scharfe Konturen aufzulösen.

Die formale Auflösung fester Umrisse ist in dem Rollengedicht „Ein
Mädchen spricht:" inhaltlich motiviert. Schon im Titel ist die Situation des
Sprechens gegeben und damit auch das Verstummen indirekt angelegt.

Ein Mädchen spricht:

Herr Jesu, nun
ruh ich im Knien . . .
Ruhn?!
Fliehn?!

Herr Jesu, komm vertreib
die rote Lust, den heißen Leib.
Fühlst nicht Betrug.
Bin ich dir aber schön genug?!

Bin ich dir aber schön genug . . .
Sieh! Horch wie dunklen Orgelton
mein dunkel Blut. – Gib Lust! gib Lust! gib süßen Lohn!
– – Bin ich dir schön genug – – –
Geliebter – – – – –

(Gnade, 15)

Dem Mädchen, dem die Sinne vergehen, versagen die Worte, die das Gedicht ausmachen. Ganz direkt, in fast naturalistisch anmutender Weise soll
hier ein unmittelbares Gefühl sprachlich zum Ausdruck kommen. Der

Fragmentcharakter, den das Gedicht so erhält, ist das Ergebnis von Bechers Bemühen, dem Gedicht die „innere Form" zu verleihen.

In allen diesen Gedichten strebt Becher unmittelbaren subjektiven – „echten" – Ausdruck an. Dabei arbeitet er – durchaus raffiniert, wie die Analyse der Klänge in „Meerstimme" zu zeigen vermochte – mit stilistischen Mitteln, die eine bestimmte Poetik solchem Ausdruck zuschrieb. Durch Bechers Unmittelbarkeit geht freilich ein Bruch: wo sie als ästhetisches Postulat angestrebt wird, ist sie schon nicht mehr vorhanden. Dieser Bruch läßt sich an dem angeführten Rollengedicht zeigen. Während im überkommenen Rollengedicht die Rolle die ästhetische Legitimation abgab, bestimmte Inhalte und Idiome auszuformen, soll sie hier in erster Linie die Unmittelbarkeit des sprachlichen Ausdrucks glaubhaft machen. Der unmittelbare Ausdruck wird selbst zum Idiom. Als stures Gegenbild zu verhaßter Konvention wird er selbst konventionell. Die „innere Form" ist schließlich das Ergebnis einer formalen Innerlichkeit, in der auch das Unmittelbare vermittelt ist.

Da die Voraussetzung der „Echtheit" verhindert, diesen Bruch in der Unmittelbarkeit einzugestehen und – was dann in der Struktur von „Verfall und Triumph" der Fall ist – ästhetisch einzulösen, wird das Prätentiöse der Gedichte in „Die Gnade eines Frühlings" allzu leicht in Form von „Gesuchtheiten" offenkundig. Hans von Hülsen hat dies gespürt. In seiner Rezension schreibt er: „Einerseits erfreut es (das Gedichtbuch) durch echte, dunkle Töne; andererseits stößt es ab durch geschmacklose Ausflüge ins Reich der Trottelhaftigkeit; aber im ganzen hat man doch den Eindruck, daß alles dies irgendwie notwendig zusammengehört."[16] Allerdings bemerkt er nicht, daß der Grund für solche Zusammengehörigkeit von „echten, dunklen Tönen" und von „Trottelhaftigkeit" eben darin zu suchen ist, daß das Dunkle als das Echte fungiert und als Ziel bewußt angestrebt wird.[17]

Zwei Erscheinungen, die mit dieser Problematik zusammenhängen, sollen abschließend kurz beschrieben werden, weil sie am 19jährigen Becher und seinen Dichtungen exemplarisch gezeigt werden können und auch für das Verständnis von „Verfall und Triumph" von Bedeutung sind. Unter dem Anspruch des unmittelbaren Ausdrucks und der „Echtheit" wird Dichtung zur permanenten Selbstdarstellung eines sich absolut setzenden Subjekts.

---

[16] Die Aktion, Jg. 1912, Nr. 24, Sp. 760.
[17] Im Schlußkapitel gehen wir unter anderer Fragestellung auf diese Problematik ein.

Nur wenn das Subjekt ganz es selber ist, kann es diesem Anspruch genügen; es allein ist „echt" und garantiert „Echtheit". Wie zwanghaft jedoch dieser Anspruch wirkt, zeigt der Schluß des letzten Gedichts von „Die Gnade eines Frühlings", das „Darstellung" überschrieben ist:

> Er steht vorm Volk. Die Sterne feiern.
> Er bebt. Soll seine Scham entschleiern . . .
>
> „Alle meine Schamgebundenheiten
> Wollen überwunden an mir niedergleiten!" — — — — —
>
> Da ward es Licht!

> (b I, 38)

Darstellung als das Zur-Schau-Stellen der eigenen Person, als Selbstentblößung: hinter der verklärenden Licht- und Befreiungsmetaphorik wird der geradezu exhibitionistische Zwangscharakter sichtbar, der in dieser Subjektivität waltet.

Die zweite Erscheinung ist damit eng verbunden. Man könnte sie eine Ästhetisierung des Lebens nennen.[18] Derselbe Anspruch, der Kunst zur Selbstdarstellung werden läßt, erheischt darüber hinaus auch permanente Selbstdarstellung im Leben. Ebenso wie die Unmittelbarkeit des Ausdrucks zum Idiom wird, folgt auch das Leben, dem solche Unmittelbarkeit entspringt, einer bestimmten Vorstellung von dichterischer Existenz. Der Sachverhalt läßt sich auf die scheinbar pleonastische Formel bringen: wer ein Dichter *ist*, dessen Werke sind Dichtung; dann gestaltet sich die Form „von selbst". Dichterische Existenz aber unterscheidet sich solchen Vorstellungen gemäß von der des Bürgers. Dies gilt es glaubhaft zu machen. Im Selbstmordversuch des Neunzehnjährigen, dem es gerade aus den angeführten Gründen bitter ernst gewesen sein mochte, ist die Geste nicht zu übersehen, mit der der Selbstmörder auf seine besondere Existenz, sein besonderes „Schicksal" verweist. Und als ob er um seine Glaubwürdigkeit besorgt wäre, schreibt der eben von seinen Verletzungen Genesene an Dehmel: „Es ge-

---

[18] Ästhetisierung des Lebens gibt es schon früher, beispielsweise im Sturm und Drang. Vgl. dazu Gert Mattenklott, Melancholie in der Dramatik des Sturm und Drang, Stuttgart 1968, S. 49. Mattenklott hebt die „ästhetische Differenz" zwischen Kunst und Leben hervor, die allemal bestehe, bisweilen aber nicht wahrgenommen werde. — Im Hinblick auf die Wirkungen, die die Veröffentlichung des „Werther" zeitigte, schreibt Goethe im 13. Buch von „Dichtung und Wahrheit": „Wie ich mich nun aber dadurch erleichtert und aufgeklärt fühlte, die Wirklichkeit in Poesie verwandelt zu haben, so verwirrten sich meine Freunde daran, indem sie glaubten, man müsse die Poesie in Wirklichkeit verwandeln, einen solchen Roman nachspielen und sich allenfalls selbst erschießen."

hören gewaltige Bohrungen dazu, bis ein junger Mensch, der sein Leben heiß liebt, sich zu einem solchen Schritt (nämlich die Waffe gegen ein Mädchen und dann gegen sich selbst zu richten. – J. Z.) entschließt." Und: „Dies alles, gewiß für einen jungen Menschen nicht leichte Schicksal, hat mich einzig in der Erkenntnis meines künstlerischen Berufs bestärkt."[19]

2. Bechers Entwicklung bis zu „Verfall und Triumph"

Wenige Wochen nach dem Gedichtband „Die Gnade eines Frühlings" erscheint von Becher ein Roman „Erde"[20], 1913 dann das hymnische Lyrik und Prosa enthaltende Buch „De Profundis Domine". Alle diese Werke publizierte der Verlag Heinrich F. S. Bachmair. 1914 folgt „Verfall und Triumph", aufgeteilt in einen Band „Gedichte" und einen zweiten „Versuche in Prosa". Becher erreichte es, daß der Hyperionverlag in Berlin, dessen damaliger Leiter Ernst Rowohlt war, diese Bände übernahm, nachdem Bachmair Zweifel an der Finanzierungsmöglichkeit bekommen hatte.[21] Kleinere Arbeiten – Gedichte und Prosa – erschienen dazwischen in den von Bachmair verlegten Zeitschriften „Die neue Kunst" und „Revolution" und in Pfemferts „Aktion"[22]; einige davon finden sich – manchmal verändert – in den Bänden „De Profundis Domine" und „Verfall und Triumph" wieder.

Über die Entstehung von „Erde" und „De Profundis Domine" gibt Bachmair einige Hinweise. Die Arbeit an „Erde" fällt vermutlich in Bechers Berliner Studienzeit, die vom Herbst 1911 bis zum Sommerende 1912 währte.[23] „De Profundis Domine" dürfte teilweise in Berlin und teilweise in München, also Sommer 1912 bis Winter 1912/13, entstanden sein.[24] Für „Verfall und Triumph" gibt Becher in der Widmung des Werks an Emmy Hennings selbst einen Hinweis: „‚Verfall und Triumph' wurde in der Zeit vom Dezember 1912 bis zum November 1913 geschrieben." Diese

[19] An Dehmel, 25. November 1910. – Dehmel-Archiv, Hamburg.
[20] Vgl. b I, 621.
[21] Vgl. Bachmair, Bericht, l. c., S. 109 f.
[22] Erster Beitrag in der „Aktion" war das Gedicht „Auf die Märzgefallenen" im März 1912. Das Gedicht ist abgedruckt in b I, 562.
[23] Vgl. Bachmair, Bericht, l. c., S. 102.
[24] Vgl. Bachmair, Tonbandgespräch vom 13. April 1959, in b I, 622: „In München ist dann ‚De Profundis' entstanden, ich glaube, da hat er schon in Berlin dran gearbeitet, aber ich weiß es nicht mehr genau."

Angabe dürfte weitgehend stimmen, sieht man von den Gedichten „De Profundis" I – XIX ab, in denen sich Übernahmen aus „De Profundis Domine" und gar aus „Die Gnade eines Frühlings" befinden.

„Erde" ist die Geschichte des Malers Rolf, der – nachdem frühere Freundinnen gestorben oder verunglückt sind – zusammen mit seiner Geliebten Selbstmord begeht. Der Tod ist Ziel und Erlösung; nach dem äußersten Durchleben der eigenen Sexualität, die bejaht, aber gleichzeitig als Kainszeichen empfunden wird, gibt einzig er Heimat und Ruhe. Leicht ist zu erkennen, daß Becher in diesem „Roman" den Versuch unternimmt, den eigenen (freilich mißlungenen) Selbstmordversuch und damit auch sich selbst darzustellen und zu deuten.

Die „Handlung" in „Erde" besteht aus einer lockeren Reihung von Szenen und Situationen, an deren Ende der Selbstmord steht. Dazwischen finden sich, schon rein der Quantität nach ungleich gewichtiger, Reflexionen, hymnische und lyrische Prosa und Gedichte. Ganz selten sind berichtende Passagen eingestreut, die einen neutralen Erzähler vermuten lassen. Eine bestimmte Perspektive wird allerdings nicht durchgehalten, immer wieder durchbrechen hymnische und lyrische Sequenzen den Erzählvorgang. Der hymnische Ton herrscht auch in den zahlreichen wörtlichen Reden vor, meist dem Protagonisten in den Mund gelegt. Eigentliche Dialoge kommen nicht zustande.

Die Verwendung der wörtlichen Rede vermag exemplarisch zu zeigen, welche Bedeutung der Form in „Erde" zukommt. Formal ist die wörtliche Rede ein Mittel der Objektivation, das Stil und Inhalt dieser Rede – freilich fiktiv – der Verantwortung des – freilich ebenfalls fiktiven – Erzählers entzieht. Innerhalb des Erzählens kann dieses formale Mittel wichtige Funktionen einnehmen.[25] In „Erde" jedoch wird es im Hinblick auf die Erzählung kaum funktional eingesetzt; es dient ausschließlich dazu, den hymnischen und reflektorischen Sprachfluß als den des Helden auszugeben. Die umfangreichen Lyrismen werden so notdürftig in einen als Roman konzipierten Zusammenhang eingebracht und damit in ihrem Stellenwert scheinbar legitimiert.

Die Romanform bleibt damit in „Erde" ganz äußerlich und zufällig, ihre Handhabung undialektisch. Sie soll dem Inhalt Objektivität und Glaubwürdigkeit verleihen, in gleicher Weise, wie die „innere Form" der Gedichte von „Die Gnade eines Frühlings" die Gewähr für unmittelbaren,

---

[25] Vgl. dazu Eberhard Lämmert, Bauformen des Erzählens, Stuttgart 1955, S. 195 ff

„echten" Ausdruck erheischte. Im Roman soll die „Echtheit" der Existenz und des künstlerischen Ausdrucks des Malers, hinter dem man unschwer Becher selbst erkennt, glaubhaft gemacht werden. Bezeichnenderweise schreibt Becher keinen „Ich-Roman", um die eigene Person nicht als subjektiven Faktor ins Spiel zu bringen.[26] Er zieht es vor, vom Maler Rolf in der dritten Person zu reden. Die Romanform soll ihm die Substitution des Ichs durch eine Romanfigur ermöglichen, ohne daß diese Substitution sichtbar wird und die Werkstruktur bestimmt. Im „Ich-Roman" stehen das Ich des Autors und das Ich der Handlung durch die Identität der Person in ständiger bewußter Spannung, die „das Sinngefüge des Romans bestimmt"[27]; in „Erde", wo sich „neutrale" und „auktoriale Erzählsituation"[28] abwechseln, ist der Maler Rolf grundsätzlich als eine fremde, aus der Distanz gesehene Figur angelegt (wenn auch nicht konsequent durchgeführt), die an keiner Stelle mit einem eventuell auftretenden Erzähler identisch ist. Der Selbstdarstellung wird so der Schein größter Objektivität verliehen. Diese Objektivität, die einige der gängigen Romantechnik entnommene formale Mittel garantieren sollen, ist freilich brüchig und als Prätention vergleichbar der Unmittelbarkeit, die die „innere Form" verbürgen sollte.

In „Erde" ist bereits eine Struktur angelegt, die für „Verfall und Triumph" entscheidende Bedeutung erlangt: das Durchlaufen einer Passion. Die Geschichte des Malers Rolf ist eine Leidensgeschichte, die mit dem Tod endet. Dabei sind Anspielungen auf die Passion Christi häufig; nicht zufällig ist Rolf an Weihnachten geboren. Im Schlußabschnitt von „Erde" heißt es zusammenfassend: „Ein Mensch, der die Dornenkrone des Heilands trug in den Stürmen seines Bluts, den Jubeln seiner Seele, in den wehseligen Triumphen über die Leichname blasser Frauen, im Kampf mit Gott. Ein Mensch, der aus der Erde auferstand, gebannt von der Vergangenheit und den Grabwelten der Toten, deren Macht größer ist denn die aller Lebendigen, gelockt von den Traumreichen des Himmels, im Glanz des Frühlings über den Gram der Erde, die die schmerzreiche Stätte seiner Leiden ward wie die keines anderen Menschen."[29]

Auch im nächsten Werk Bechers, in „De Profundis Domine", spielen Leiden und Tod eine thematisch entscheidende Rolle. Der Tod ist hier eben-

---

[26] Ganz ähnlich schreibt Strindberg seinen autobiographischen Roman „Kloster" in der „Er-Form".

[27] Franz K. Stanzel, Typische Formen des Romans, Göttingen 1965 (2. Aufl.), S. 31.

[28] Zu den Begriffen vgl. Stanzel, Typische Formen, l. c., S. 16 f., 18 ff., 39 ff. Was wir „neutral" nennen, beschreibt Stanzel unter dem Begriff „personal".

[29] Becher, Erde, S. 148 f.

falls die einzige Möglichkeit der Erlösung, nachdem Sexualität als unversöhnlicher Geschlechterkampf verstanden wird: „Und alle meine Liebe bleibt auf ewig so Abbild stürmischen Mordens. Und an dir, verträumte Tote, habe ich auf ewig für die ruchlosesten Erbärmlichkeiten deines Geschlechts süßeste Rache genommen." [30]

Gewandelt hat sich jedoch die Form. „De Profundis Domine" bietet keine Geschichte mehr; es ist eine „ekstatische Vision" [31], in der das Ich, das die Perspektive ausrichtet, an der Leiche der von ihm ermordeten Geliebten den Tod erwartet. In die visionären Monologe dieses Ichs „ergießt sich eine chaotische Folge von Erinnerungsfetzen, Großstadtbildern, Schmerzausbrüchen, Zerknirschungen und Erlösungsvisionen" [32]. Während in „Erde" verschiedene Stationen einer Passion zu einer Handlung aneinandergereiht werden, kann die Situation, aus der heraus das Ich in „De Profundis Domine" spricht, als Station einer Passion aufgefaßt werden. Becher bemüht keinen scheinbar objektiven handlungsmäßigen Zusammenhang mehr, um hymnische und lyrische Passagen zu legitimieren; die Situation des sprechenden Ich ist einfach gesetzt. Dieses Ich kündigt selbst die Absicht an, aus seiner Situation heraus einen Gesang anzustimmen; es teilt vorher sogar mit, wie dieser Gesang aussehen wird: „So hört: ich singe euch vor meinem endgültigen Abschied noch das religiöse Lied meiner fanatischen Ekstasen, das arge Ende meiner entzückten Liebesräusche. Die große Jeremiade, eine pathetische und mystisch verklärte Agonie." [33] Das Werk erhält so eine Art übergeordneter Konzeption. Eine solche hatte schon „Erde" in der Romanhandlung. Jetzt aber ist es nicht mehr der Lebenslauf einer Figur, der den Zusammenhang stiftet, sondern die Einheit des Ich in seiner Vortragssituation und in seinem Vortrag. Das Ich wird zum Vortragskünstler seiner Leiden. [34]

Diese im Grund klare Disposition bleibt Rahmen und bestimmt kaum die Sprache selbst. Deren Ungebundenheit, Ekstase, Pathos entsprechen völlig den inhaltlichen Leidens- und Schuldvorstellungen, entsprechen der Intensität, mit der die Situation erlebt und erlitten wird. Die Sprache reflektiert jedoch selten, daß es sich um bewußten Vortrag handelt. Anders gesagt: sie reflektiert nicht, daß Vortrag und Erleiden gleichzeitig nicht sein

---

[30] Becher, De Profundis Domine, S. 13.
[31] Hartung, Bechers frühe Dichtungen, l. c., S. 397.
[32] Hartung, Bechers frühe Dichtungen, l. c., S. 397.
[33] Johannes R. Becher, De Profundis, l. c., S. 6.
[34] Es gehört zum Wesen der Subjektivität im Expressionismus, sich selbst in bisweilen exhibitionistischer Weise als allgemeine, ja öffentliche Angelegenheit aufzufassen.

können; sie tut im Vortrag, als erleide sie. Sie spielt Theater. Damit geht sie in ihren Mitteln prinzipiell nicht über das hinaus, was die Hymnen- und Odendichtung, die ja in keiner Weise das Moment des Vortrags und der Selbstdarstellung so sehr in sich barg, seit jeher verwendete.

Hartung hält es für wahrscheinlich, daß „De Profundis Domine" von Rimbauds „Une Saison en Enfer" entscheidend beeinflußt ist.[35] Tatsächlich löst sich Becher langsam von seinen bisherigen Vorbildern Dehmel und Bonsels und wendet sein Interesse den französischen Symbolisten Rimbaud und Baudelaire zu.[36]

Mit der deutschen frühexpressionistischen Avantgarde scheint sich Becher verhältnismäßig spät auseinandergesetzt zu haben. Aus Bachmairs Ausführungen geht hervor, daß er während seines Berliner Studienjahrs (Herbst 1911 bis Sommer 1912) nicht versucht hatte, mit den Kreisen um Kurt Hiller und Georg Heym in Verbindung zu treten. Noch ganz in seiner bisherigen Vorstellungswelt verstrickt schreibt er in Berlin an „Erde". Heyms Gedichtsammlung „Der ewige Tag" lernt er erst im Frühjahr 1912, ein Jahr nach ihrem Erscheinen, kennen.

Entscheidend für Bechers Entwicklung ist das Leben als Bohemien, das er nach seiner Rückkehr von Berlin nach München im Spätsommer 1912 zu führen beginnt. Jetzt entstehen die Gedichte und Erzählungen von „Verfall und Triumph". Becher verkehrt im Künstlercafé „Stefanie" und im „Simplizissimus"; er war mit Emmy Hennings befreundet, die ihn mit Ferdinand Hardekopf, Jakob van Hoddis und Leonhard Frank bekannt macht.[37] Er hat erste öffentliche Auftritte bei Kutschers „Intimen Abenden" und einem von Bachmair, Becher und Emmy Hennings veranstalteten literarischen Kabarett.[38] Gleichzeitig verkehrt er in Kreisen der „Halbwelt"[39] und beginnt Rauschgift – wahrscheinlich Morphium – zu nehmen. Bezeichnenderweise setzt jetzt die dichterische Auseinandersetzung mit der Großstadt ein, die bis tief in die Struktur der Gedichte ihre Auswirkungen zeitigt.

[35] Hartung, Bechers frühe Dichtungen, l. c., S. 397.
[36] In „Verfall und Triumph" trägt je ein Gedicht den Titel „Baudelaire" (b I, 50 f.) und „Rimbaud" (b I, 135).
[37] Vgl. Anmerkungen in b I, 625.
[38] Vgl. Bachmair, Bericht, l. c., S. 108 f.
[39] Vgl. Bachmair, Bericht, l. c., S. 106. – Bachmair berichtet von der „düsteren Angelegenheit ‚Dorka'", die Becher „dichterisch mit schonungsloser Aufrichtigkeit gegen sich selbst" in der in „Verfall und Triumph", Band 2, erschienenen Novelle „Das Verhältnis" gestaltet habe. Danach war Dorka eine Dirne, der Ich-Erzähler ihr Geliebter und Zuhälter.

Erstaunlich ist die formale Entwicklung, die Bechers Gedichte in diesen Jahren durchmachen. Weder die „innere Form" seiner frühen Gedichte noch die ungebundene und ekstatische Sprache von „De Profundis Domine" spielen länger eine Rolle; statt dessen verwendet er fast ausschließlich metrisch regelmäßige Formen. Daß hier die Einflüsse Baudelaires, Rimbauds, aber auch Heyms und van Hoddis' vorliegen, ist mit ziemlicher Sicherheit anzunehmen, reicht aber zur Erklärung der Gedichte von „Verfall und Triumph" nicht aus. Hier hat die Analyse der Gedichte selber einzusetzen. Sie wird in den folgenden Kapiteln versucht.

3. „Verfall und Triumph": Formaler Bestand

Zunächst soll ein kurzer Überblick über den formalen Bestand von „Verfall und Triumph" gegeben werden.[40] Dabei lassen wir die Gedichte, die unter dem Titel „De Profundis" I–XIX erscheinen[41], unberücksichtigt, da sie eine frühere Produktionsstufe repräsentieren und formal und sprachlich aus dem Rahmen fallen. Nur bei ausdrücklicher Erwähnung werden „De Profundis" I–XIX im folgenden in die Betrachtung einbezogen.[42]

Das beherrschende Metrum ist der Jambus. 70 Gedichte von insgesamt 93 (ohne „De Profundis" I–XIX), also gut 75 Prozent, stehen in jambischen Versen. Trochäisches Metrum weisen nur neun, daktylisch-anapästisches Metrum nur drei Gedichte auf. Mischformen, wie etwa das Gedicht „Die Mutter" (b I, 146), finden sich in neun Gedichten. Gedichte in eigenrhythmischen Versen enthält der Gedichtband nur zwei. Das Gedicht „Hymne an die ewige Geliebte" (b I, 159 f.) besteht in einem ersten Teil aus eigenrhythmischen Versen, in einem zweiten dagegen aus drei Strophen zu je sechs Versen, deren Metrum regelmäßig der fünfhebige Jambus ist.

Der fünfhebige Jambus kommt in 55 Gedichten (60 Prozent) vor; darunter befinden sich sämtliche Sonette. Die restlichen 15 jambischen Gedichte haben vier, sechs oder sieben Hebungen; selten wechselt die Anzahl der Hebungen innerhalb eines Gedichts. Am bemerkenswertesten sind die beiden

[40] Wir beschäftigen uns in unserer Arbeit lediglich mit dem Gedichtband, nicht mit dem Band „Versuche in Prosa". Wenn also von „Verfall und Triumph" die Rede ist, so ist nur der Gedichtband gemeint.
[41] b I, 79–103.
[42] Die Gründe, die Becher bewogen haben mögen, diese Gedichte in „Verfall und Triumph" aufzunehmen, erörtern wir kurz auf S. 191.

Gedichte „Die Armen" (b I, 59 ff.) und „Die Huren" (b I, 136 ff.), die den siebenhebigen Jambus in sämtlichen 25 Strophen (mit Ausnahme eines Verses) durchhalten. – Die Trochäen sind meist fünf- und sechshebig, die daktylisch-anapästischen Metren vier- und fünfhebig.

Die beliebteste Form der Strophe ist die vierzeilige. 44 Gedichte, das sind 47 Prozent, bestehen ausschließlich aus solchen Strophen. Einige Gedichte dieser Gruppe wie die bereits erwähnten „Die Armen" und „Die Huren", dann aber auch „Der Fetzen" I (b I, 65 f.), „Päan des Aufruhrs" I (V u. T, 57 f.), „Die Stadt der Qual" I – III (b I, 118 ff.), „Berlin" (b I, 129 ff.) und „Der Wald" (b I, 142 ff.) weisen zehn und mehr solcher Strophen auf, so daß sich für diese Gruppe eine durchschnittliche Strophenzahl von über acht pro Gedicht ergibt.[43] Deutlich ist die Tendenz zum langen Gedicht.

Die Sonettform verwendet Becher 17mal. Mit 18,3 Prozent an der Gesamtmasse ist damit der Anteil dieser Form fast ebenso hoch wie in Heyms „Der ewige Tag" (20 Prozent). Terzinen kommen fünfmal vor. Die seltene Strophe zu fünf Zeilen bildet dreimal die Grundlage ganzer Gedichte. Jeweils aus acht reimlosen metrisch identischen Versen bestehen „Die große Stunde" I – VIII (b I, 161–164). Die den Band umrahmenden Gedichte „Eingang" (b I, 41 f.) und „Ausgang" (b I, 169 f.) gliedern nicht in Strophen und weisen je 52 Verse auf. Im Gedicht „Deutschland" (b I, 73 f.) alternieren dreimal eine achtzeilige jambische und eine vierzeilige daktylische Strophe, wobei letztere Refrain ist.

Gedichte, die sich aus Strophen verschiedener Bauart zusammensetzen, ohne daß sich dafür eine formale Gesetzlichkeit finden ließe, gibt es nur fünf – abgesehen von den beiden Gedichten in eigenrhythmischen Versen. Zu nennen wären „Erscheinen des Engels" II (b I, 114 f.) oder „Die Nächte" (b I, 147). Das letztere Gedicht, in dem der fünfhebige Jambus bis auf zwei Ausnahmen durchgeführt ist, setzt sich aus vier Strophen zu je vier Zeilen und einer Abschlußstrophe mit fünf Zeilen zusammen. Von besonderer formaler Freiheit ist jedoch auch hier nichts zu spüren.

Fast alle Gedichte weisen den Endreim auf. In den wenigen Gedichten, die ohne Reim konzipiert sind, stellen sich am Ende der Verse oft Assonanzen ein.[44]

---

[43] Der genaue Wert beträgt 8,2 Strophen pro Gedicht. Bei Heym liegen die Werte für die gleiche Gruppe niedriger: 6,8 Strophen pro Gedicht für „Der ewige Tag" und 6,05 Strophen pro Gedicht für „Umbra Vitae".
[44] Vgl. „Die große Stunde" I–VIII, b I, 161–164. Das Verhältnis von Reim und Assonanz und deren Bedeutung als formale Mittel untersuchen wir auf den Seiten 146 f.

„Verfall und Triumph" bietet ein differenzierteres Bild als Heyms Sammlung „Der ewige Tag". Auffallend ist, daß Becher bei seiner Hinwendung zu festen metrischen Vers- und Strophenformen auch relativ komplizierte, ja „künstlich" wirkende Gebilde[45] mit einbezieht. Zunächst könnte es scheinen, daß hierin ein besonderer Wille zur Form zum Ausdruck kommt, wie etwa in den Gedichten Baudelaires und Georges. Daß dem nicht so ist, kann hier bereits gesagt, aber noch nicht begründet werden. Erst im Rahmen übergreifender struktureller Zusammenhänge wird sich diese Erscheinung begreifen lassen.

4. Das produzierte Schema

a. *Metrum und Reim*

Fast alle Gedichte von „Verfall und Triumph" vermitteln den Eindruck großer metrischer Regelmäßigkeit. Besonders deutlich wird dies bei der Betrachtung jener Gedichte, die, gemessen an der Entwicklung Bechers, als die fortgeschrittensten angesehen werden dürfen wie etwa „Die Stadt der Qual" I–III, (b I, 118–127), „Die Armen" (b I, 59–64), „Die Huren" (b I, 136–141), „Berlin" (b I, 129–132). Diese Gedichte haben jeweils 21 bzw. 25 vierzeilige Strophen, deren Metrum der sechs- bzw. siebenhebige Jambus ist. Das Versmaß wird – von wenigen Ausnahmen abgesehen – streng eingehalten, was bei der ungewöhnlichen Länge sowohl der Verszeilen als auch der Gedichte selbst nicht nur den Eindruck der Regelmäßigkeit, sondern auch den der starren Monotonie hervorruft.

Zu den metrischen Freiheiten, die sich Becher gestattet, gehören gelegentliche Schwebungen am Versanfang; sie sind nicht anders zu bewerten als in

[45] Man denke an die zahlreichen Sonette oder an die ungewöhnlichen sechs- und siebenhebigen Metren mancher Gedichte. Besonders „künstlich" muten die Gedichte in Fünfzeilern an, deren eines den Titel „Baudelaire" trägt. Dieses Gedicht besteht aus zehn Strophen, die zwar nicht reimen, deren erste und fünfte Zeile aber jeweils identisch sind. Die 1., 4., 7. und 10. Strophe bestehen aus demselben Versmaterial, dergestalt, daß die einzelnen Verse wörtlich wiederkehren, nur in veränderter Reihenfolge. Auch diese Reihenfolge ist geregelt: Die Strophen 4, 7 und 10 bringen die Verse – sieht man von der fünften Zeile, die ja mit der ersten identisch ist, ab – der 1. Strophe in umgekehrter Reihenfolge, beginnend der Reihe nach mit dem 4., 3. und 2. Vers. Ist das Versschema der 1. Strophe a b c d a, dann ist also das der 4. d c b a d, das der 7. c b a d c und das der 10. b a d c b. Die 4., 7. und 10. Strophe bilden also eine Art variierter Refrain. Die Strophengliederung des ganzen Gedichts sieht damit folgendermaßen aus: A B C A' D E A" F G A'".

Heyms jambischen Vierzeilern. Großzügiger als Heym macht Becher von der Möglichkeit der Doppelsenkung im Versinnern Gebrauch. Meist sind sie vom Typ „niederen", „unsere", „heilige", könnten also durch einfache Synkopierung (Elision des „e" oder „i") vermieden werden, was Becher jedoch nur selten ausnützt.[46] Der metrische Fortgang wird von dieser Art der Doppelsenkung kaum beeinträchtigt. Anders verhält es sich, wenn sich die Doppelsenkung auf zwei verschiedene Wörter verteilt wie in den folgenden Beispielen:

> Für uns, die Wasserbrun*nen aus* den zerstürzten Schächten her?
> (b I, 139)

> Mit silbernen Schwanenflü*geln, die* klirrend
> tönen in den Winden (b I, 141)

Hier müssen die Senkungen verschiedene semantische Einheiten aufnehmen, was zur Folge hat, daß der metrische Takt deutlich gestört wird. Derartige Bildungen sind jedoch Ausnahmen[47] und widersprechen durchaus den allgemeinen Tendenzen: von den 30 Doppelsenkungen in dem Gedicht „Die Huren" werden nur zwei auf diese Weise gebildet, die übrigen 28 wären durch Elision vermeidbar gewesen.

Bezeichnend für Bechers Schreibweise sind Bemühungen, den Fortgang des Metrums zu sichern. Die Mittel, deren er sich dazu bedient, sind nicht gerade kunstvoll gewählt. Am häufigsten wendet Becher das Verfahren an, ein unbetontes „e" am Wortende einzufügen, um so auf einfache Weise eine vom Metrum geforderte Füllsilbe zu erhalten:

> Myrtenbekränz*e*t schweb*e*t ihr aus schwälender Feuer Pfuhl
> (b I, 137)

> Die habend heut beim Kriegerfest*e* schönes Geld geerb*e*t
> (b I, 138)

> Wir Blinden bald*e* Seheaugen haben (b I, 147)

---

[46] Etwa: „Sie sammeln sich wie dürre Rabenschar in finster*m* Hain." (b I, 139)
[47] Bisweilen nimmt Becher gewaltsame Eingriffe in die Sprache vor wie Weglassen oder Hinzufügen von Silben, um eine auf zwei Wörter verteilte Doppelsenkung zu vermeiden:
Um uns und schaukelst Walzer *heimnis*voll an unseren Gang.
(b I, 138)
Wir spritzen Gift, in spätem Abend*e* erweckte Nattern.
(b I, 139)

Die vielen Singevögel in den weiten Gärten trillern
(b I, 63)

Sie knieen überrascht vor der Monstranze Pracht
(b I, 137)

Das Holzklavier laut rasselnd sie zum Schiebertanze werbet
(b I, 138)

Du schlafest, Gott, im Haar der Sterne Streifen
(b I, 46)

Die drei letzten Beispiele vermögen zu zeigen, daß Becher auch dann von diesem Verfahren Gebrauch macht, wenn auf diese Weise Formen entstehen, die grammatisch nicht möglich sind.

Bei der Länge der Verse kann es nicht ausbleiben, daß hin und wieder im Zuge der regelmäßigen metrischen Füllung der Versakzent auf eine sonst unbetonte Silbe fällt:

In unseren gebleichten Haaren spielen Strahlenranken
(b I, 140)

So gut wie nie kommt es dagegen vor, daß der natürliche Akzent eines Worts im Gegensatz zum Versakzent steht und eine Verssenkung ausfüllen müßte. Auch hier also wird die Tendenz sichtbar, einen möglichst reibungslosen Ablauf des Metrums zu gewährleisten.

Die überwiegende Mehrzahl der Gedichte weist neben einem festen Metrum auch den Endreim auf. Becher verwendet dieses einfache formale Mittel der Vers- bzw. Verspaarbildung in durchaus eigentümlicher Weise.

Als Paradigma für den Reimgebrauch kann das 21strophige Gedicht „Berlin" gelten. Jede Strophe hat vier Verse mit vorzugsweise gekreuztem Reim. Die einzelnen Reime lauten (nach Strophen geordnet):

1. Stunden / Flammenrunde; schlug / Totenzug
2. Schlafe / Hafen; ausgebrannt / Mutterhand
3. Rücken / Nebelmücken; Grabgedröhn /vorübergehn
4. Messergrate / Drahte; Fächer /Köcher
5. Kammern / Keulenhammer; Becken / Verstecke
6. Wunder / Fleckenschrunde; Stein / klein
7. Geblöke / Purpurkegel; Lauch / Wirbelhauch
8. Glanzgebreite / Gemäuer; hochgewachsen / Aschenzacken

9. Wimmelplätze / hetzet; Abendröten / Speicherböden
10. Spinnenungeheuer / aufgescheuert; Schlacht / überdacht
11. Faust / haust; ballen / Krallen
12. Geröchel / Knöchel; drückt / geschmückt
13. Klause / brauset; Joche / zerstochen
14. Gepränge / schlängelt; bereit / beschneit
15. pressen / Fressen; schnaufen / zerrauften
16. Zeit / Kleid; Geklinge / Schwinge
17. Prophet / steht; Galgen / zerwalket
18. groß / los; Zeichen / entweichet
19. Dichter / Totenrichter; reise / heiser
20. Legionen / Explosionen; Geschmetter / Särgebretter
21. Geschrei / Hai; sprenget / hänget

Reinen Reim in beiden Paaren weisen lediglich die Strophen 11, 12, 20 und 21 auf; wenigstens ein reiner Reim findet sich in den Strophen 1, 3, 4, 6, 7, 10, 14, 15, 16, 17, 18, 19. Dies bedeutet, daß nicht einmal die Hälfte aller Verspaare durch reinen Reim verbunden ist. Daneben gibt es alle Formen des unreinen Reims und der Assonanz: mangelnde Übereinstimmung der im Reim befindlichen Konsonanten (Abendröte / Speicherböden; Gepränge / schlängelt) oder Vokale (Grabgedröhn / vorübergehn). Beide Möglichkeiten des unreinen Reims können sich verbinden: „Wimmelplätze / hetzet", „Geblöke / Purpurkegel". Noch vager als im letzten Beispiel ist die Klangbindung „Glanzgebreite / Gemäuer", die selbst den Namen unreiner Reim oder Assonanz nicht mehr verdient.

Vergeblich wäre der Versuch, die verschiedenen Erscheinungsformen der Klangbindung am Versende funktional begründen zu wollen: nirgends kommt ihnen ein spezifischer Stellenwert zu. Die unreinen Reime, Assonanzen und nur vagen klanglichen Ähnlichkeiten – vom Standpunkt strenger Form her gesehen eklatante Verstöße und Unschönheiten – können auch nicht in der Absicht gesetzt sein, gelegentlich die Verse etwas „aufzulockern"; dazu sind sie viel zu häufig. Die verschiedenen Arten von Reimen und klanglichen Ähnlichkeiten stehen vielmehr alle in derselben Funktion; sie sind sich qualitativ gleich. Auf diese Weise erweitert Becher die potentiellen Möglichkeiten klanglicher Bindung am Versende beträchtlich. Dieser Gewinn an Quantität wird aber dadurch erkauft, daß die Möglichkeit, das Mittel des Endreims differenziert einzusetzen und zu einer formalen Aussage zu befähigen, stark reduziert, wenn nicht ganz aufgegeben wird.

Schon der kurze Überblick über die Verwendung des Metrums und des Reims zeigt, daß Bechers poetische Gestaltungsweise viel weniger noch als die Heyms formale Vollendung zum Ziel hat. Dem Formkünstler würde daran liegen, eine gewählte Form in der sprachlichen Realisation als notwendig und Abweichungen und „Verstöße" als funktional begründet erscheinen zu lassen. Nichts dergleichen in „Verfall und Triumph". Die laxe Handhabung des Reims, das Einhalten des Metrums auch mit Hilfskonstruktionen, sprachlichen Primitivismen und Unkorrektheiten sprechen vielmehr dafür, daß Becher an einer inneren Begründung der verwendeten Formelemente, und sei es nur, um sie zu einem schönen Gebilde zusammenzufügen, nicht gelegen ist.

b. *Die Zeile*

Die isolierte Betrachtung von Metrum und Reim brachte zwar wichtige Ergebnisse, konnte aber kaum Einsichten in die Gedichtstruktur selbst vermitteln. Zu wenig wurde das Zusammenspiel dieser formalen Mittel beachtet, ganz zu schweigen von dem Umstand, daß außer Metrum und Reim noch andere Formelemente zusammenwirken und zu der konkreten Gestalt der Gedichte beitragen.

An dieser Stelle vermag die Untersuchung der Verszeile sowohl in ihrer Beschaffenheit als auch in ihrer Stellung zu den andren Verszeilen weiterzuhelfen. Zum Ausgangspunkt wählen wir die Strophe:

> Sie prangen bunt in Reicher Galerieen, konterfeit.
> In blauen Höfen zucken ächzend sie bei Kämpfen wild.
> Die Harfenfrauen zittern in verworrener Dunkelheit.
> Papierlampione pendeln über großer Nummern Schild.
>
> (b I, 137)

Jeder Vers wird von einem Satz gebildet, dessen Vollständigkeit durch den Punkt am Satzende hervorgehoben ist. Auf diese Weise hilft die Syntax, die Zeile zu einer festgefügten, in sich geschlossenen Ordnungseinheit zu machen. In dem hundert Verse umfassenden Gedicht „Die Huren", dem das angeführte Beispiel entstammt, sind 81 Versenden durch Punkt oder Ausrufungszeichen, weitere acht durch Komma deutlich markiert. Aber auch wo das Versende weniger nachdrücklich bezeichnet ist, bei durch „und" verbundenen Hauptsätzen mit demselben Subjekt, ist die Einheit von Zeile und Satz deutlich:

Die Jungen stelzen üppig im Bazargewühle
Und suchen Herrn mit Stöcken gold und neuem Ulsterflaus.

(b I, 136)

Echte „Enjambements" weist das Gedicht „Die Huren" lediglich zwei auf (V 41/42; 75/76).

Auch da, wo Satz und Vers nicht zusammenfallen, unterstützt die Syntax die Tendenz, die Zeile als feste Einheit erscheinen zu lassen:

Im Garten aber hinter schwarzem Gitter
Der Engel steht bei alten Bäumen schwank.

(b I, 107)

Schon rüsten Wanderaffen sich und Bambusstangen
Die stellen sie als Zeichen vor den großen Zug

(b I, 145)

Indem einfach die grammatisch geforderte Inversion in der zweiten Zeile vermieden wird, erhält diese den Anschein vollständiger Einheit; nichts weist auf die syntaktischen Zusammenhänge außerhalb des Verses. Rückwirkend wird die vorausgegangene adverbiale Bestimmung abgespalten, so daß diese ihrerseits als Einheit aufzutreten vermag. Nicht anders verfährt Becher mit Relativsätzen, deren ohnehin schon große Selbständigkeit durch fehlende Inversion noch gesteigert ist:

Der Sturm der Herbste wird die seidenen Spitzenröcke
                                                    schwellen,
Die werden leuchten auf wie Tulpen rot in nächtiger Zeit.

(b I, 136)

Das Bestreben, die Zeile als Einheit zu konstituieren, bestimmt auch den Gebrauch der Alliteration. Man wird nur wenige Verse in „Verfall und Triumph" finden, die auf dieses formale Mittel verzichten. Becher schöpft sämtliche Möglichkeiten aus und schafft klangliche Bindungen innerhalb der Zeile mit Hilfe von Konsonanten und Vokalen sowohl am Anfang wie auch im Innern der Wörter:

Quecksilber*l*icht aus *L*äden *l*ila sie beschneit.

(b I, 131)

In *l*anger *Str*aßen *Sch*luchten weinen *A*bendröten.

(b I, 130)

Berlin! In dessen *Brust* die *Brut* der Fieber ha*ust!*

(b I, 130)

Sie sch*leichen* in den b*leichen* Morgen, den zerrauften . . .

(b I, 131)

Der Kirchen Türme *ragen hager* auf wie *Galgen.*

(b I, 131)

Der Charakter der einzelnen Zeile wird nicht allein dadurch bestimmt, wie sie selbst gebaut ist, sondern auch in welchem Zusammenhang sie zu anderen Zeilen steht. Formale Mittel wie Endreim oder regelmäßiges Metrum erhalten ihren Sinn ja erst aus diesem Zusammenhang. In „Verfall und Triumph" gibt es daneben noch eine Reihe anderer formaler Elemente, die aus dem Verhältnis der Zeilen zueinander resultieren. Es handelt sich um Parallelkonstruktionen verschiedenster Art, die in ungewöhnlicher Häufigkeit und mitunter in fast penetranter Deutlichkeit Bechers Gedichte durchziehen.

Zunächst ist die Anapher zu erwähnen, die in irgendeiner Form in den meisten Gedichten vorkommt. So beginnen beispielsweise acht der 14 Strophen des Gedichts „Der Wald" mit der Formel: „Ich bin der Wald." – In dem Gedicht „Die Stadt der Qual" II findet sich folgende Strophe:

Wir sind die Untergänge vor ersehntem Ziele.
Wir sind die Trauernden beim Tangorausch der Zeit.
Wir sind die Fallenden in der Erfüllung Streit.
Wir sind die Untersten im knäulichten Gewühle.

(b I, 123)

Selbst Präpositionen, Artikel und Konjunktionen erscheinen in der Funktion von Anaphern:

Mit gelber Flüsse Schwert. Mit Augen, Feuerdampf.
Mit Schultern bergebreit, von Brand und Blitz umwehten.

Die Brücken krachten, vor ihm auf die Kniee fallend.
Die Häuser sich wie Hände ineinanderschoben.
Die Eisenbahnen grölend durch die Straßen wallten,
Die haben Schlangen züngelnd sich emporgehoben

Und sausten Geißeln durch die Lüfte mit Gesirre
Und krümmten pfeifend sich wie Hydren in der Faust

(b I, 126)

Parallelkonstruktionen mit gleichen Wörtern sind nicht auf die Anapher beschränkt; sie erfolgen auch im Versinnern:

> Da jeder Name sank, in Dunkelheit vergessen,
> Da jeder Schall erstarb, in Dunkelheit getauchet.
>
> (b I, 124)

Derartige Bildungen bringen meist grammatische Identität der verschiedenen Verse mit sich. Grammatische Parallelführungen sind jedoch nicht an das Auftreten gleicher Wörter gebunden. In den folgenden Beispielen haben die einzelnen Satzglieder – Subjekt, Prädikat, adverbiale Bestimmung – im metrischen Schema jeweils die gleiche Stelle:

> In Wartezimmern hocken wir gebückt.
> In Magenhöhlen rinselt Eiter frisch.
> Im Mutterleibe wird ein Mensch zerstückt.
>
> (V u. T, 100)

> Aus rissigen Spalten prasseln flammende Geschwader.
> Mit weißem Krach zerbirst der Finsternisse Krater.
> Aus rußigen Stollen stößt ein roter Höllenspeer.
>
> (b I, 123)

Die Tendenz, Satz und Zeile zusammenfallen zu lassen, ist der Bildung derartiger Parallelismen günstig. Schon die wiederholte Übereinstimmung von Satz und Zeile stellt ja eine Art Parallelkonstruktion dar. Becher geht noch weiter und gibt vielen Versen über den Endreim hinaus eine partielle parallele Klanggestalt. Die Grundlage hierfür stellen dieselben Vokale am selben metrischen Ort dar, oft angereichert durch dieselben Konsonanten:

> Der Rosenkränze Stricke um das Handgelenk,
> Erfrorener Sterne Haufen in den Augenlücken.
>
> (b I, 121)

> Wir tauchten mittags ein in Gletschermühle Becken.
> Es sauste nieder des Erdrutsches Keulenhammer.
>
> (b I, 129)

> Ein Kind zuckt knallend hin, das spielet Ball im Hofe.
> Des Dämmers Schwall würgt keuchend Giebel und Balkone.
>
> (b I, 118)

O Regen! *Leise* schluchzend *schied* der Tag verweinet,
Da *webet bleiche* Laken *dichtes* Schneegefäll.

(b I, 122)

*Ein Quellenstrudelsch*warm zum Himmel hetzet
B*ei Kellertunnel*-Not und Krach der Speicherböden . . .

(b I, 130)

Diese Parallelführungen machen die Zeilen einander noch ähnlicher als sie durch das regelmäßige Metrum ohnehin schon sind. Damit tasten sie die Geschlossenheit der einzelnen Zeile nicht an, sondern verstärken sie im Gegenteil: je genauer die Wiederholung ist, desto deutlicher wird die Unterbrechung durch die Versgrenze hörbar. Die Verwandtschaft solcher Tendenzen mit dem von van Hoddis in „Weltende" angewandten „Reihungsstil" ist offensichtlich.[48] Im Gegensatz zu van Hoddis kommt es aber Becher nicht darauf an, jedem Gedicht eine Pointe zu geben, sondern die geschlossene Zeile möglichst oft zu produzieren. Von den Folgen dieses Prozesses wird noch zu handeln sein.

c. *Die Produktion des Schemas*

Die Untersuchung des Reimgebrauchs ergab, daß Becher an der formalen klanglichen Bindung am Versende festhält, ohne zwischen den verschiedenen Formen des reinen und unreinen Reims und der Assonanz qualitativ zu unterscheiden. Wichtig war einzig die Ähnlichkeit. Jetzt wird sichtbar, daß es sich hierbei um einen Teil jener umfassenden Tendenz handelt,

---

[48] In den Gedichten „Kino" I–III versucht Becher, die Reihungstechnik neu zu motivieren. „Kino" II lautet:

> Ein Polizist im Vorstadtviertel strolcht.
> Schon bröckelt aus der stählerne Kassenschrank.
> Das Liebespaar schläft selig auf der Bank.
> Ein Offizier ward in dem Park erdolcht.
>
> Die stolze Festung sei im Sturm genommen!
> Die Hafenstadt zwing man zur Übergabe!
> Man trägt den Staatsminister nachts zu Grabe.
> In den Kasernen brüllen dumpf die Trommeln.
>
> Mit Knall erfolgt jetzt eine Explosion.
> Die Arbeiter erklären stracks den Streik.
> Die Residenz ersäuft in Flammen schon.
> Der Kaiser heimlichst in ein Auto steigt.
>
> (b I, 157 f.)

Tatsächlich ist die Struktur der Reizaufnahme im Aktualitätenkino derjenigen der Rezeption von Nachrichten aus der Zeitung vergleichbar.

die wir bei der Betrachtung der Zeile erkannten: der Tendenz nämlich, die einzelnen Teile einander möglichst ähnlich zu machen. Becher kann sich in der Verfolgung dieses Ziels nicht mit den Möglichkeiten begnügen, die die Sprache normalerweise zur Verfügung hat; er will Ähnlichkeit in ganz umfassender Weise schaffen. Er strebt eine gegen Unendlich tendierende quantitative Zunahme der Möglichkeiten an. Die Wahrnehmung dieser Möglichkeiten ist der Grund für die Exzessivität, die man vom Standpunkt sprachlicher bzw. stilistischer Ökonomie bei der Verwendung ungewöhnlicher Formen in „Verfall und Triumph" feststellen kann. Es ist ein grundlegendes Mißverständnis, wenn man annimmt, Becher wolle in den – gemessen am normalen Sprachgebrauch – ungewöhnlichen Bildungen „der Sprache stärkere Klangeffekte ab (. . .) gewinnen" [49], denn das hieße, etwa im Hinblick auf die Handhabung des Reims bzw. der Assonanz für die Romanzendichtung der Romantik gültige Kategorien vorbehaltlos anwenden. Die strukturelle Bedeutung der einzelnen sprachlichen Formen in „Verfall und Triumph" kann man nicht erschließen, wenn man sie für sich nimmt und auf ihre spezifische Potenz für „Effekte" abhört, sondern einzig, wenn man sie als Teil von Quantitäten betrachtet. Die Exzessivität der stilistischen Mittel erweist sich im strukturellen Zusammenhang als die Konsequenz der poetischen Tendenz, möglichst viele Ähnlichkeiten herzustellen. Es handelt sich also um das Problem der Quantifizierbarkeit.

Innerhalb dieser Struktur ist es aber notwendige Bedingung, daß die formalen Mittel ihre spezifischen funktionalen Möglichkeiten immer mehr einbüßen. Am deutlichsten zeigt sich dies in der Anwendung der „harten Fügung". Norbert von Hellingrath führte diesen Begriff einst ein, um die Sprache Hölderlins zu charakterisieren. Im Gegensatz zur „glatten Fügung", die „einfachste Formen und Ordnungen, viel gebrauchte Worte, möglichst wenig Auffälliges zeigte, erstaunt die harte durch ungewohnte und fremde Sprache" [50]. Die beiden Stilprinzipien sind an der Syntax ablesbar: „dort (in der glatten Fügung) das Einfachste und Schmiegsamste, hier erstaunlichere Satzgefüge: Anakoluthe, bald prädikatlos hingestellte Worte, in deren Kürze ein Satz zusammengedrängt ist, bald weitgespannte Perioden, die zwei-, dreimal neu einsetzen und dann doch überraschend abbrechen: nur niemals die widerstandslose Folge des logischen Zusammenhangs, stets voll jähen Wechsels in der Konstruktion und im Widerstreit mit den Perio-

---

[49] Hopster, Frühwerk, l. c., S. 61.
[50] Norbert von Hellingrath, Hölderlin-Vermächtnis, München 1944, S. 28.

den der Metrik."[51] In „harter Fügung" komme es auf die Betonung des einzelnen Wortes an, die „glatte Fügung" dagegen vermeide, „daß das Wort selbst dem Hörer sich aufdränge"[52].

Becher tut einiges, um eine „ungewohnte und fremde Sprache" zu schaffen. Er entwickelt eigenwillige Satzstellungen:

> Geschütze heiser von dem Stachelhügel pochen.
>
> (b I, 119)
>
> Geheul Vergifteter an Wasserbrunnen scholl.
>
> (b I, 120)
>
> Die heiße Luft sich auf die schlaffen Lungen drückt.
>
> (b I, 130)

kümmert sich nicht um grammatisch geforderte Inversion:

> Mit Schlafes giftigem Strauße in der narbigen Hand
> Des Todes Engel hocket bei des Marktes Halle.
>
> (V u. T, 117)

und vermeidet prädikative Rahmenkonstruktionen, so daß im Satz eine „harte" Fuge entsteht:

> Sie treten auf als Tänzerinnen und als Wunderdamen.
>
> (b I, 138)
>
> Wir sind zermalmt für euerer Freuden Welt.
>
> (b I, 153)

Er verwendet unaufhörlich für „harte Fügung" so charakteristische Bildungen wie den vorangestellten Genitiv („Du weißer Großstadt Spinnenungeheuer", „der Kuppeln Faust", „der Meere Glanzgebreite"[53]), das nachgestellte unflektierte Adjektiv („Und schlagen auf die Dächeraugen weiß"[54], „Im Ofen heiß wie glühender Erzkoloß zerwalket"[55]), Prolepse („Bruder, den ich aufgelöst umarm"[56]), Nachtrag („Die mich zermalmt, steinerne Flut, sie naht"[57]) und in den Satzfluß eingesprengte

---

[51] Hellingrath, Hölderlin-Vermächtnis, l. c., S. 29.
[52] Hellingrath, Hölderlin-Vermächtnis, l. c., S. 28.
[53] Alle b I, 130.
[54] b I, 111.
[55] b I, 131.
[56] b I, 50.
[57] V u. T, 57.

Wort- und Satzteile („Die Schienen steigen, Harfen, ausgerissen"[58]; „Lautlos auf Kanälen, / Schwarzsilbergründig der Paläste Reih durchschneidend, / Erdolchen Gondeln sich."[59]). Das Weglassen des Artikels („Sprungkünstler hüpfen über Dach der Irren Horten"[60]) ergibt „harte Fügung" genauso wie die Bildung falscher grammatischer Formen („Du schlafest"[61], „Drahte"[62] als Plural von „Draht"). In gleicher Richtung wirken die zahlreichen, manchmal höchst ungewöhnlichen Zusammensetzungen („Eisenknochen", „Ackerfelder" [!][63]), die Vertauschungen der Partikeln („Metzel und Gegräuel"[64]) und die seltenen, ja oft gar nicht möglichen Pluralbildungen („Einsamkeiten", „Dunkelheiten"[65], „Schlafe"[66]).
Bei all diesem Aufwand will sich indes nicht einstellen, was Hellingrath der „harten Fügung" zuschreibt: weder das einzelne Wort wird in besonderer Weise betont, noch entsteht eine gespannte Rhythmik „im Widerstreit mit den Perioden der Metrik". Trotz ungewöhnlicher Formen bleiben die „Effekte" aus. Die grammatisch falsche Form in dem Vers

> Du schlafest, Gott, im Haar der Sterne Streifen.
>
> (b I, 46)

verdankt ihre Existenz nicht der Aufgabe, durch ungewöhnliche Gestalt eine bestimmte Funktion zu übernehmen – etwa den „Ausdruckswert" zu steigern –, sie scheint einzig gesetzt, um die Integrität des metrischen Schemas zu wahren. Selbst wenn die Absicht bestanden hätte, diesen Formen Funktionalität zu verleihen, so würde diese in der Anwendung aufgehoben. Ohne länger Funktionsträger zu sein, reproduzieren diese Formen nicht erst ein abstraktes Schema – sie produzieren es konkret. Sie erzeugen es mit ihrer sprachlichen Substanz. In der Sprache, im Gedicht soll erreicht werden, was das Schema als Abstraktum leistet: eine tendenziell bis zur Identität gesteigerte Ähnlichkeit der Teile.[67] So sind die Wirkungsmöglich-

---

[58] V u. T, 59.
[59] b I, 124.
[60] b I, 120.
[61] b I, 46.
[62] b I, 129.
[63] Beide b I, 123.
[64] b I, 123.
[65] Beide b I, 124.
[66] b I, 105.
[67] Das abstrakte Schema erreicht Identität ganz und gar: Das Schema der ersten asklepiadeischen Strophe ist in allen konkreten ersten asklepiadeischen Strophen – gleichgültig wieviel es gibt – anwesend. Becher will die Identität der konkreten sprachlichen Teile selbst verwirklichen, was freilich nur als Tendenz verstanden werden kann, da eine Verwirk-

keiten der „ungewohnten und fremden Sprache" im Schema aufgehoben: „Drahte" steht im Reim auf „Messergrate"; keine noch so harte Fügung stellt das Metrum jemals ernsthaft in Frage. Der Einsatz all dieser Stilmittel scheint zu erfolgen, um das Schema erst hörbar zu machen. Dieses hat die Intensität der sprachlichen Formen gleichsam aufgesogen.

Damit stellt sich Monotonie ein. Im Gegensatz zur Monotonie Heyms, die aus dem starren Objektiv resultierte, ist sie bei Becher in der Sprachsubstanz direkt vorhanden und damit in ihr aufzeigbar. Die folgenden Verse

In langer Straßen Schluchten weinen Abendröten.

(b I, 130)

Der Krater Trichter schrumpften, schiefe Aschenzacken.

(b I, 130)

Die vielen Singevögel in den weiten Gärten trillern.

(b I, 63)

Wir wollen tüchtig helfen euch den eisernen Kessel schüren.

(b I, 63)

Und Flüsse spülen endlos blaue Leichen . . .

(b I, 115)

Schwarzer Engel meine Schritte leitet.

(b I, 50)

Nebelhauche blanke Fenster trüben.

(b I, 50)

können als rhythmische Prototypen von „Verfall und Triumph" angesehen werden. Allen gemeinsam ist, daß fast auf jede metrische Hebung ein verhältnismäßig kräftiger Akzent fällt. Weiterhin bestehen sie fast ausschließlich aus Wörtern gleichen Typs und Tonfalls.[68] Die Folge ist, bei ausreichender Wiederholung, Monotonie.

Wie stark die Tendenz zur Ähnlichkeit der Teile ist, läßt sich beispielhaft an Hand der Akzentverhältnisse der folgenden Strophe zeigen:

lichung auf die ständige Wiederholung des gleichen Wortes, Satzes etc. hinausliefe. Diesen Bestrebungen kommt es natürlich entgegen, wenn in den meisten Gedichten nur jeweils eine metrische Form des Verses vorkommt, komplizierte metrische Strophenformen also ausgeschlossen bleiben.

[68] Vgl. Kayser, Versschule, l. c., S. 79 f. und 106 ff.

Die Schimmelwände der Gefängnisse zerbröckeln.
Als Seliger Brücke glänzt der Purpurwunde Streifen.
Wie Fackeln starren hoch der Lanzen rostige Nägel.
Zertrümmerte Gerüste schleiert Winters Reife.

(b I, 119)

Der rhythmische Kontext, der durch die anderen Akzente entsteht, läßt es nicht zu, daß die unbetonte Endsilbe von „Zertrümmerte" gar keinen oder nur einen ganz schwachen Akzent erhält. Man liest, ohne daß dies aus dem Rahmen fiele, „Zertrümmerté". Die rhythmische Gliederung der einzelnen Zeile ist entscheidender durch den Kontext – genauer: durch die Parallelkonstruktionen – bestimmt als von ihrer eigenen isolierten Gestalt. Die unvermeidbaren, hin und wieder auftretenden schwach oder gar nicht betonten Silben, die auf eine metrische Hebung fallen, vermögen die Monotonie des Ganzen nicht aufzulockern. Das produzierte Schema weigert sich, an den Stellen nachzugeben, die nicht zu seiner Konstitution beitragen können. Damit hat auch der Akzent seine Differenzierungsmöglichkeit verloren.

Die konkrete Produktion des Schemas ist nur in dem Maß möglich, als die formalen und stilistischen Mittel entfunktionalisiert werden. Anders ausgedrückt heißt dies auch: die Herstellung ähnlicher, tendenziell sogar gleicher Teile, die im poetischen Akt angestrebt wird, bedingt, daß die spezifischen Qualitäten bestimmter sprachlicher Formen aufgehoben werden müssen, daß die Formen ihre „Individualität" ablegen und in einem universalen Sinn sich gleichen. Becher betreibt so die Demontage der Sprache, nicht in ihrer Substanz, sondern in ihrem Gefüge. Zurück bleibt Sprachsubstanz, die untereinander keine Beziehung mehr hat; es bleibt die Sprache – um einen Vergleich zu wagen – als Ruine. Der Inbegriff dieses Vorgangs lautet bei Becher „Verfall".

5. Die Struktur des „Kaleidoskops"

a. *Bilder des Verfalls*

Das Gedicht „Verfall" beginnt:

Unsere Leiber zerfallen   (b I, 52)

Im Gedicht heißt es dann, als wörtliche Rede kenntlich gemacht und im Original durch Sperren hervorgehoben:

> . . . „*Bin ich zerbröckelnde Mauer,*
> *Säule am Wegrand, die schweigt?*
> *Oder Baum der Trauer,*
> *Über den Abgrund geneigt?*" . . .

Die Antwort lautet:

> „*Ja –: verfaulter Stamm . . .*"   (b I, 52)

Im Mittelpunkt des Verfalls steht das redende Subjekt, auf das die Bilder der sterbenden Natur („verfaulter Stamm") und der Verwitterung („zerbröckelnde Mauer") bezogen sind. Wie bereits der erste Vers des Gedichts zu zeigen vermag, wird die physische Gestalt des Menschen, der Körper, in die Metaphorik des Verfalls mit hineingenommen. Becher wird nicht müde, physikalischen Zerfall und physiologische Zersetzung des menschlichen Körpers als Bilder in die Gedichte einzubringen. Wir geben einige Beispiele:

> Unserer Schmerzen Leib zerfällt.
>
> (b I, 153)

> Schutt / Von unserer Stirne bricht.
>
> (b I, 163)

> Ach Brüder ihr, im Morgen Kreide und kaputt!
> Ihr Schwestern hingeklatscht, mit breitem Mund verschlossen,
> Grau übertüncht von Puders Moderstaub und Schutt.
>
> (b I, 126)

> Die Körper, in giftigen Räuschen entheiligt,
> Sie welken und stürzen zu Schutthaufen ein.
>
> (b I, 76)

> Es bröckelt mein Gesicht.
>
> (b I, 122)

> Und Lungen bröckeln unter ratterndem Geräusch.
>
> (b I, 127)

> So aber wir faulen an hohen Pultsitzen
> Und bröckeln zu Mehlstaub in Wartsälen bang.
>
> (b I, 76)

Im Hause müssen wir bei Gases schlechtem Schein verwelken.

(b I, 63)

Des Königs welker Leib stinkt wie von Pest verdorben

(b I, 119)

Wir aber, rings von Tönen Schlamms umbrandet,
Zersetzen uns, uns manchmal trunken-nah.

(b I, 56)

Eine gewichtige Rolle innerhalb dieser Metaphorik spielen Krankheit und Laster als Urheber körperlicher Verstümmelung:

Luft stiebet pfeifend aus zerfressener Atemröhre.

(b I, 42)

Da blinkeln Eiterknoten, Narbenschorf auf Stirn und Lippe

(b I, 62)

Auf unser Antlitz ätzen Laster krumme Spuren
Und Narben zucken im geschwollenen Schoße weit.

(b I, 127)

Im dunklen Bauch des Krebses Blüte schwiert.

(b I, 135)

Ganz aufgeschwollen bist du und dein Leib ist wund.

(b I, 69)

Es brechet auf aussätzige Kastenbrust.

(V u. T, 59)

Kreuz und quer zerhackt von schlimmer Krankheit Biß,
Schräg zerfetzt von wüster Morde blutigem Riß.

(V u. T, 132)

Die meisten dieser Beispiele konnten bereits zeigen, daß Verfall, wie Becher ihn begreift, nicht unbedingt mit der Vorstellung des Lautlosen, Langsamen, Sanften etc. verbunden ist, sondern daß der Begriff Zerstörung jeder Art umfaßt. Es gibt bezeichnenderweise eine ganze Reihe von Bildern, die den menschlichen Körper als Schauplatz gewaltsamer Verstümmelung zeigen:

Es schneiden Messer durch die steile Brust,
Den Acker, hackend Fleisch zu Mampf und Brei.
                                        (V u. T, 57)

Vergeßt die Körper, quer zerhackt und aufgetrennt!
Zerfetzte Därme, die wie Bündel Würmer schleifen.
                                        (b I, 126)

Auf Winkeltreppe ward ein Mädchen wüst zerstochen.
                                        (b I, 131)

Oft ist's, als stückelten uns ruckweis ab der Körper Glieder
                                        (b I, 138)

Es werden Arm und Beine amputiert.   (b I, 135)

Mit Mondes Sichel, jäh gekrümmt,
Pflügt auf er den verpönten Leib.   (b I, 104)

Der süße Wein, der in der Priester Kelche quoll,
Zerschliß die Magendärme ruckweis an den Hüften.
                                        (b I, 120)

In Gefängniszellen toben wir zerprallend.
In den Krankenhäusern humpeln wir zerstückt.
                                        (b I, 51)

Gitterspitzen bohren / Euch durch die Schädel . . .
                                        (V u. T, 59)

Mein Kopf zerplatzt, der Klumpen Haut und Blut.
                                        (V u. T, 148)

Wir liegen berstend in den Betten   (b I, 70)

Legt um die eisernen Riemen!
Der Knochen Mark zerbricht.
Es streicht ein blutiger Striemen
Querüber das Gesicht.
Die Haare sind zerrissen
Von Hände Krampf und Zorn.
Gedärm quillt. Aufgeschlissen
Der Bauch vom Stacheldorn.   (V u. T, 190)

Das Interesse an Zersetzung und Zerstückelung des menschlichen Körpers, das sich in diesen Bildern kundtut, ist das Interesse am abgespaltenen, einem Zusammenhang entfremdeten und damit funktionslos gewordenen Detail. Es wirkt sich auch in der Struktur der Bilder und Bildkomplexe aus. Auf welche Weise dies geschieht, kann an den beiden Terzetten des Sonetts „Herbst-Gesänge" V demonstriert werden.

> Verwickele dich ins Dunkele! Pack dich ein!
> An Nasenhaaren baumelt grüner Stein.
> In deinen Augen Schimmelmond gerann.
>
> Dein Kopf ist Schorf. Verfrorene Ohren sind
> Papierene Schirme, dick verklebt mit Grind.
> Aus stinkichtem Maule wächst dir brauner Zahn.
>
> (b I, 49)

Verschiedene Partien des menschlichen Gesichts werden genannt: Nasenhaare, Augen, Kopf, Ohren, Maul (bereits eine Metapher, die das Menschliche dieses Antlitzes in Frage stellt) und Zahn. Jedem Gesichtsteil ist ein besonderer Satz zugewiesen („Maul" und „Zahn" gehören zusammen); jeder bietet ein selbständiges Bild. Bezeichnend ist, daß drei Gesichtsteile als adverbiale lokative Bestimmung fungieren und so zum Schauplatz eines fremden Geschehens („Schimmelmond gerann") werden. Sie sind nicht aufgezählt, um ein Gesamtbild des Gesichts zu geben; das Gesicht seinerseits muß herhalten und seine Teile zur Verfügung stellen. Auch dort, wo scheinbar beschrieben wird, in den Versen

> Dein Kopf ist Schorf. Verfrorene Ohren sind
> Papierene Schirme, dick verklebt mit Grind,

erfolgt dies nicht, um durch Charakterisierung eines Einzelteils den Gesamtcharakter des Gesichts zu treffen. Dies zeigt schon die Sprachform, die „verfrorene Ohren" mittels einer Kopula mit „papierenen Schirmen" identifiziert, letztlich also als austauschbar erklärt. Zu einem Gesicht als Ganzem kann dieses Bild nichts beitragen. In solchem Kontext dient schließlich die an Metaphern wie „die Ohren stehen ab" erinnernde Form, die den „braunen Zahn" zum Subjekt macht, der Verselbständigung der Einzelteile. Noch der Dativ „dir", in dem das eigentliche Subjekt genannt ist, beweist diesem seine Ohnmacht, indem er es ausdrücklich zum Schauplatz erklärt.

Die Divergenz der Einzelteile gilt für den gesamten menschlichen Körper:

Durch öliges Tor er schiebt den Buckel krumm,
Die Fingernägel er im Sturm verkrallet.

Um seine Paukenfüße wirbeln Lehme.
Petroleum schillernd um das Haupt ihm spritzet,
Aus dem, scharlachenes Rund, das Auge blitzet.

(b I, 113)

Zerkratzet sind die käsenen Wangen und der Leib voll Flecken.
Ein Ankerwappen blüht, im Oberarm blau tätowiert.
An den gespreizten Fingern gelbe Kettenringe stecken.
Ein Nadelriß an dem verschminkten Rosenmunde schwiert.

(b I, 138)

Schon die ungewöhnlich häufige Nennung von Körperteilen hat in dieser Divergenz ihren strukturellen Grund. Das Interesse am Detail verrät sich noch in vergleichsweise unauffälligen Bildungen:

Jetzt lallen wir mit trockenen Lippen unser Nachtgebet

(b I, 60)

Und brechen wir mit knöchernen Fingern krampfend dürre Äste

(b I, 60)

Ein Veteranenkrüppel mit des Armes welkem Gliede
Die Krücke schräg auf Christi dürres Holzkreuz weisend streckt.

In düsterer Gegend wallen schimmernd blasse Büßerfrauen,
Den gelben Engeln ähnlich, die vom Strahlenaltar blicken
Mit ausgebrochenen Augen in ein kaltes Dämmergrauen

(b I, 59)

Die Erwähnung der Körperteile in diesen Beispielen ist eigentlich überflüssig und erhält nur in der Zugabe eines Adjektivs ihre Berechtigung.

Die inhaltliche Zusammenfassung dieser Tendenzen bietet das Bild des „Wracks", das in „Verfall und Triumph" verschiedentlich auftaucht:

Wir treiben los vom Fels, auf dem gestrandet,
Wir nicht mehr hofften, daß ein Sturm fortfegt

Uns Wracks. (b I, 153)

Wir gehn, verfaulte Wracks, in Abends Schatten unter.

(b I, 118)

Der Zusammenhang mit dem verstümmelten Körper wird im folgenden Beispiel besonders deutlich:

> Da Körper ächzt, ein Wrack, das Hirn zerwirkt,
> Das Auge quillt, der rote Mund zerschleißt . . .
>
> (b I, 161)

Verwandte Bilder stehen im gleichen Sinn:

> Wir, die aufgebaut an des Verfalles Ende,
> Hinfällig, in Azur ragende Gerippe.
>
> (b I, 51)

> In den versunkenen Gewölben klappern wir Gerippe
>
> (b I, 127)

> Durch hohlen Körper drang dein weiches Licht
>
> (b I, 163)

Alle diese Bilder zeigen den Auflösungszustand einer vormals funktionalen Einheit. Einzelne Teile sind zwar noch vorhanden; der Zusammenhang, der noch zwischen ihnen besteht, ist jedoch sinnlos geworden. Damit führt Becher genau im Bild vor, was wir unter der Bezeichnung des produzierten Schemas zu fassen versuchten: die Zerstückelung, der Verfall, das Abtrennen von Details ist – positiv gesprochen – die Produktion des funktionslosen Wracks.

b. *Identifikationsformeln*

Die Bilder des Verfalls und der Zerstückelung partizipieren an einer Struktur, die durch und durch dialektisch ist und die im Bild des Wracks am sinnfälligsten aufblitzt. Es ist dieselbe Dialektik, die im produzierten Schema zwischen der Entfunktionalisierung der formalen Mittel und der Herstellung von ähnlichen, tendenziell gleichen Teilen herrscht: die Demontage der Sprache geschieht in der Absicht, formale Identität herzustellen.

Der Akt formaler Identifikation spielt in „Verfall und Triumph" eine große Rolle. In manchen Gedichten taucht er in ungewöhnlicher Häufigkeit auf und ist oft durch seine Stellung im Vers und in der Strophe, aber auch im ganzen Gedicht hervorgehoben. Die Gedichte „Der Wald" und „Die Stadt der Qual" I können hierfür als Beispiele dienen. Das Gedicht „Der Wald" beginnt:

Ich bin der Wald voll Dunkelheit und Nässe.
Ich bin der Wald, den du sollst nicht besuchen

(b I, 142)

Im Verlauf des Gedichts wird die Anapher „Ich bin der Wald" noch sieben-
mal wiederholt, jedesmal am Strophenanfang. Die drei ersten Strophen
von „Die Stadt der Qual" I beginnen jeweils mit der Formel „Stadt du der
Qual" bzw. „Stadt der Qual" (b I, 118); die drei letzten Strophen desselben
Gedichts bringen jede im ersten Vers die Worte „Ich bin die Stadt der
Qual . . ." (b I, 120 f.). Die folgende Gedichtstrophe, die dem Gedicht „Die
Stadt der Qual" II entstammt, vermag zu illustrieren, mit welcher rhetorischen Eindringlichkeit solche Identifikationsformeln wiederholt werden
können:

Wir sind die Untergänge vor ersehntem Ziele.
Wir sind die Trauernden beim Tangorausch der Zeit.
Wir sind die Fallenden in der Erfüllung Streit.
Wir sind die Untersten im knäulichten Gewühle.

(b I, 123)

Diese Formeln erinnern an die Selbstvorstellung, wie sie manche Figuren
auf der Bühne in bestimmten Formen des Dramas, der Oper und Operette
oder des Kabaretts vornehmen: der Spieler nennt die Rolle, die er spielen
wird. In dem Gedicht „Die Stadt der Qual" I ist denn auch dem Rollencharakter dieser Äußerungen insofern Rechnung getragen, als die letzten
drei Strophen, die mit dem Satz „Ich bin die Stadt der Qual" eingeleitet
werden, als wörtliche Rede gekennzeichnet sind. Ähnliches ließe sich in den
Gedichten „Verfall" oder „Die Huren" zeigen.[69]
Die Betrachtung der Situation, innerhalb deren die Selbstvorstellung auf
der Bühne funktioniert, vermag zum Erkennen der Gedichtstruktur von
„Verfall und Triumph" beizutragen. Indem der Spieler sich vorstellt (oder
auch vorgestellt wird, durch einen Spielleiter etwa), vergegenwärtigt er die
Struktur des Theaters als ein vor einem Publikum aufgeführtes Spiel. Im
nicht aufgeführten, bloß gelesenen Theaterstück verliert die Vorstellung
— ungeachtet jetzt der Möglichkeit, dieses Strukturelement neu und ver-

---

[69] Indes betreibt Becher das Verfahren, Rollen als solche durch Anführungszeichen kenntlich zu machen, nicht konsequent. Sie fehlen in dem bereits erwähnten Gedicht „Der Wald"
genauso wie in dem ausgesprochen als Gedicht von verteilten Rollen angelegten „Der
irdische und der himmlische Gesang" (V u. T, 148 ff.). Diese Unsicherheit kommt nicht von
ungefähr und ist — was noch zu zeigen sein wird — in der Struktur begründet.

fremdet einzusetzen – ihren Sinn, da die Identität der Rolle in der Struktur des Stücks selbst garantiert ist. Der Begriff Rolle hat ja nur dann einen Sinn, wenn man ihn von außen, unter dem Aspekt der Nicht-Identität betrachtet. Der Spieler, der sich in seiner Rolle vorstellt, identifiziert sich mit ihr, da er mit ihr nicht identisch ist. Für das Spiel ist er die Figur, die er für das Publikum darstellt. Er ist also ein Bezeichneter (Signifikat), wobei ihm auch Kostüme oder Embleme als „Zeichen" dienen können, und gleichzeitig ein Zeichen (Signifikant) als Träger der Rolle. Als Bezeichneter (als Hamlet, als Wallenstein) ist er nicht, als Rollenträger (als Herr Meier, der die Rolle spielt) aber sehr wohl austauschbar.[70]

Wenn diese Struktur wie bei Becher in Lyrik eingeht, wird aus dem Spieler[71] das „lyrische Subjekt". Der Doppelcharakter von Bezeichnetem und Zeichen ergibt sich damit nicht zwangsläufig aus einer vorgegebenen Struktur, sondern disponiert die Struktur der Gedichte seinerseits: die Rolle geht, mit der ganzen ihr innewohnenden Dialektik, in die Gedichtstruktur ein, indem sie die Existenzweise des „lyrischen Subjekts" bestimmt.[72] Während der Identifikationsakt auf der Bühne nur einmal zu erfolgen hat, um die Beziehung von Zeichen und Bezeichnetem – als Information – klarzustellen, wird er in der Lyrik Bechers als solcher wichtig und muß, da er jetzt die Struktur ausrichtet, permanent vollzogen werden. Er wird zum Zwang. Am deutlichsten zeigen dies die Wiederholungen der Identifikationsformeln. Diese sind nichts als eine formale Konsequenz aus der Situation, die bereits „De Profundis Domine" zugrunde lag: der Situation, in der das Ich der Vortragskünstler seiner Leiden – und das heißt letztlich nichts anderes als seiner selbst – ist.

c. „Einsprengtechnik" und Stigma

Im Identifikationsakt verwendet Becher die Kopula in den selteneren Fällen. Häufiger ist die Form der Apposition:

Ich Made in dem flimmernden Totenkleide

(b I, 47)

---

[70] Jeder andere Schauspieler könnte ja – zumindest theoretisch – die Rolle des Hamlet übernehmen.

[71] In „Verfall und Triumph" nennt Becher den Dichter „Akrobat" und „Athlet" (V u. T, 57; b I, 41).

[72] „Rolle" verliert damit an Eindeutigkeit, weil das Identische vom Nicht-Identischen formal nicht mehr getrennt ist. Die Unsicherheit Bechers, die Anführungszeichen zu setzen, ist hieraus zu erklären.

Uns Kauernde saugt tief ein finsteres Tor.   (b I, 46)

Ich euerer Länder preisgekrönter Akrobat!
(V u. T, 57)

Wir gehn, verfaulte Wracks, in Abends Schatten unter.
(b I, 118)

Ein Wurm ich mich durch brennende Gegend wand.
(b I, 48)

Verschnürte Häuteklumpen wir aus Särgen kippen.
(b I, 127)

Ihr treibet, Klumpen Haut, in Flüssen groß.
(V u. T, 58)

Er bleibt nicht auf das menschliche Subjekt beschränkt; auch die Objekte werden ihm unterzogen. Mit Kopula, wie in dem bereits anderweitig herangezogenen Beispiel:

Verfrorene Ohren sind
Papierene Schirme (. . .)   (b I, 49)

ist er ebenfalls selten; ohne Kopula ergibt er die charakteristische Bildstruktur:

Schakale winseln Dächer in den Öden.   (b I, 113)

Aufgerissener Rachen, die Sonne brüllt.   (b I, 54)

Ein finsteres Vieh, die fette Pauke, grunzt.
(b I, 55)

Verbrannte Blätter sich die Horizonte neigen.
(b I, 122)

Hartung interpretiert das zuletzt angeführte Beispiel: „Durch den Fortfall der Vergleichspartikel ziehen sich die Vergleichsgegenstände zu einer Stimmungseinheit zusammen." [73] Zunächst muß bezweifelt werden, ob der Begriff „Stimmung" bzw. gar „Stimmungseinheit" hier angebracht ist, denn Becher schreibt keine Stimmungslyrik im überkommenen Sinn. Was aber schwerer wiegt und entschieden zurückgewiesen werden muß, ist die An-

---

[73] Hartung, Bechers frühe Dichtungen, l. c., S. 396.

nahme, es handle sich einfach um verkürzte Vergleiche. Dies zeigt sich schon beim Versuch, die Bilder aufzulösen. Weder „die Sonne brüllt wie ein aufgerissener Rachen" noch „aufgerissener Rachen brüllt wie die Sonne" ergeben, wenn man die Struktur des Vergleichs voraussetzt, einen Sinn; nirgends nämlich wird einsehbar, was als tertium comparationis fungieren sollte. Eine andere Auflösungsmöglichkeit bietet sich an: „Als aufgerissener Rachen brüllt die Sonne". „Aufgerissener Rachen" und „Sonne" werden identifiziert, ganz im beschriebenen Sinn der Rolle, sie werden nicht verglichen. Tatsächlich bedient sich Becher bisweilen der aufgelösten Form:

> Himmel dräut als Eises starrer Klotz.   (b I, 50)

> (. . .) der krümmt sich hoch als Brücke   (b I, 165)

> Die vielen Plätze wirbeln um als Karusselle.
>
> (b I, 41)

Das Verfahren, das Becher anwendet, ist dem der „Einblendungstechnik" verwandt, wie sie Friedrich in seiner „Struktur der modernen Lyrik" beschreibt[74]. Zwei verschiedene „Bezirke" werden ineinander „eingeblendet": „Statt Metapher (für Friedrich hier Vergleichsfigur) absolutes Gleichsetzen des sachlich Verschiedenen"[75]. Becher bildet dieses Verfahren in für ihn charakteristischer Weise aus. In stimmige Bilder wie:

> Aufgerissener Rachen brüllt.
> Ein finsteres Vieh grunzt.
> Schakale winseln in den Öden.

werden andere Bilder „eingeblendet" oder – für Becher zutreffender – „eingesprengt":

> Aufgerissener Rachen, *die Sonne* brüllt.
> Ein finsteres Vieh, *die fette Pauke*, grunzt.[76]

Dieselbe Struktur ist auch in den Genitivmetaphern wirksam:

> Der Menschen Schlamm umwoget deine wurmichten Knöchel.
>
> (b I, 130)

---

[74] Friedrich, Struktur d. mod. Lyrik, l. c., S. 64 ff. und 151 f.
[75] Friedrich, Struktur d. mod. Lyrik, l. c., S. 65.
[76] Nur selten macht Becher in „Verfall und Triumph" dieses „Einsprengsel" als solches durch Kommata kenntlich wie in diesem Beispiel. In „An Europa" dagegen, seinem nächsten großen Gedichtband, verwendet Becher als Zeichen dafür fast ausschließlich die Parenthese.

> Da kotzt auf Dächer Mondes schiefer Mund
> Gallgrünen Schleim. (V u. T, 16)

Anstelle von Appositionen erscheinen die Genitive „Menschen" und „Mondes" in ansonsten in sich schlüssige Bilder „eingesprengt".

Der zwanghafte Charakter der Identifikation, der sich in der permanenten Wiederholung der Identifikationsformeln äußert, schlägt sich in der Bildstruktur nieder und macht den Identifikationsakt zum Gewaltakt. Identifikation ist Treffen bzw. Getroffen-Werden. Tatsächlich kennt Becher Bilder dieses Inhalts:

> Es fährt sein Schwert uns zwischendurch die Rippen.
> Wir sterben, rufend seinen Namen laut.
>
> (b I, 107)

> Du zwangst uns dich zu rufen
> Du schleudertest den Speer.
> Wir stürzten bei den Stufen
> Des Tempels, bläßlich-leer. (V u. T, 189)

> Ich hab genug dich harte Zeit erlitten,
> Da ich Empfängnis war, feig und befleckt,
> Wir über Land auf hellen Schienen glitten.
> Wir Ziele euch. Wie Scheiben aufgesteckt.
>
> (b I, 116)

> Herrisch steiget auf ihr, grauer Säulen Quader,
> Bohrt euch, starre Dolche, in des Ewigen Brust,
> Daß zerplatzet seines Herzens blaue Ader.
> Niederklatschet steil ein Purpur-Regenguß.
>
> (V u. T, 132)

Sowohl in der Struktur als auch in den Inhalten der Bilder treibt Becher das Prinzip der Identifikation zum äußersten: der Identifizierte ist gleichzeitig der Gezeichnete, der Stigmatisierte. Im ursprünglichen Sinn des Wortes „Stigma" – es ist griechisch und bedeutet „Stich", „Wundmal" – liefert so der Identifikationsakt die Bilder der körperlichen Verstümmelung. Die Häufigkeit der Bilder vom Durchstechen, Durchbohren, von Folter und Marter des menschlichen Körpers ist hier begründet. Dabei wird Stigmatisierung – wie einst bei den Mystikern, deren Bild- und Gedankengut leicht wiederzuerkennen ist – ersehnt und ekstatisch herbeigewünscht:

Durchbohret mich erschauernd, tiefer . . .

(b I, 47)

Zerhack mich Messer Strahl, durchzück mich Stoß!

(b I, 161)

O Dirigent, fach an das höllische Feuer,
Treib auf die Spitze dieser Töne Schwall!
Erpeitsche uns das letzte Abenteuer!
Durchjage uns mit Blitz und Wasserfall!   (b I, 58)

Die gewaltsame Identifikation, die der Technik des „Einsprengens" zugrunde liegt, hat ihre Entsprechung in der Produktion des Schemas: in der Herstellung ähnlicher, tendenziell identischer Teile. Die Verwandtschaft dieses Verfahrens mit dem des „Reihungsstils" wurde bereits betont. Im „Reihungsstil" wurde Funktionalität aufgehoben, so daß die einzelnen Teile letztlich austauschbar erscheinen. Dasselbe Muster reproduziert sich in der „Einsprengtechnik": sie vermag die formale Identität auch des Heterogensten herzustellen, da sie eine vorgegebene Ähnlichkeit – ein tertium comparationis – nicht zum Ausgangspunkt ihres Verfahrens hat. So kommt es weniger darauf an, *was* eingesprengt, sondern *daß* eingesprengt wird. Schon die Tatsache, daß Identifikation permanent vollzogen werden muß, zeigt dies. Damit aber sind die einzelnen Teile, die identifiziert werden, austauschbar. Identität wird so freilich zum Widerspruch in sich. Es gilt, was Horkheimer und Adorno in anderem Zusammenhang feststellen: „Bezahlt wird die Identität von allem mit allem damit, daß nichts zugleich mit sich selber identisch sein darf." [77]

Beliebige Austauschbarkeit und Identifizierbarkeit der Teile lassen sich im Begriff der „pluralen Hingabe" erfassen – eine Wendung, die Schirokauer im Hinblick auf die zahlreichen Pluralbildungen der „Worte" im Expressionismus einst prägte [78]. Zu Recht sieht Schirokauer die Personifikation der „pluralen Hingabe" in der nicht nur bei Becher so oft genannten Dirne. Schlagartig leuchtet im Bild der Dirne der Zusammenhang von Identifikation und Austausch auf: die körperliche Vereinigung mit der Dirne erhält,

[77] Max Horkheimer und Theodor W. Adorno, Dialektik der Aufklärung, Amsterdam 1947, S. 23.
[78] Arno Schirokauer, Expressionismus der Lyrik, in: A. Schirokauer, Germanistische Studien, ausgewählt und eingeleitet von Fritz Strich, S. 89. Der Aufsatz erschien zuerst in: Weltliteratur der Gegenwart, hrsg. v. L. Marcuse, Bd. 2, Leipzig 1924. – Die Pluralbildungen bei Becher lassen sich selbstverständlich ebenso deuten.

da als Ware verkauft, Tauschcharakter. Als Person ist die Dirne wie der Spieler auf der Bühne austauschbar; gerade deshalb aber ist das Opfer, das sie mit ihrem Körper bringt, universal. Diese „plurale Hingabe" wird zum Inbegriff der Stigmatisierung und macht die Dirne zu einer Heiligen.[79]

d. *Der Zug*

Die Untersuchung hat bisher ergeben, daß Verfall und Zerstückelung einerseits und Identifikation andererseits einander bedingen und als untrennbare dialektische Gegensätze in der Gedichtstruktur enthalten sind. Es ist folgerichtig, daß Becher den Bildern des „Wracks" bzw. des „Gerippes", in denen die Vorstellung von „Verfall" zusammengefaßt ist, ein anderes Bild entgegensetzt, das den Aspekt der Identität – in Bechers Sprache des „Triumphes" – wiedergibt. Dieses Bild ist der „Zug"[80] im Sinne sich geordnet fortbewegender Menschen. Zeigt das „Wrack" die Entfunktionalisierung der Teile, so der „Zug" den Zusammenschluß zu einem geordneten und funktio-

---

[79] Vgl. Schirokauer, Expressionismus, l. c., S. 89. – Der Zusammenhang von Dirne und Heiliger wird im Gedicht „Die Huren" (b I, 136–141) vor allem unter dem Aspekt der Zukunft gesehen: „Ihr seid gestellt einst, Schwerterwächter, um der Gnade Stuhl . . .!" (b I, 137). In dem Gedicht „Die Wartenden", das als Vorstufe zu „Die Huren" angesehen werden kann, ist dieser Zusammenhang noch betonter:

> Wir Dirnen, wie, seine (= Christi) Bräute und Nonnen,
> Wir Viel-Geliebten, wir folgen ihm gern.   (b I, 563)

[80] Als bildhaftes Gegenstück zu „Wrack" vermutet man zunächst „Schiff". Tatsächlich kennt Becher dieses Bild:

> Ja überall im Dunkel schwebt dein Bild,
> Endlos wirkt deine Gnade, deine Güte weit,
> Weit wie das Meer und wenn in Abgrund taucht
> Mein Schiff und wirbelt um im Strudelschlund,
> Bleibt doch in Lüften hoch dein silberner Schrei,
> Dein Adlerschrei, *der mich Zerschlafenen weckt,*
> *Das Steuer umreißt und den Bug hochschraubt.*
> (b I, 162)

Der Einfluß von Rimbauds „Bateau ivre" – „ein in den Himmel stoßendes Schiff" (Friedrich, Struktur d. mod. Lyrik, l. c., S. 55) – ist nicht zu verkennen. Im Kontext der Gedichte von „Verfall und Triumph" bleibt das Bild von „Schiff" merkwürdig blaß. Dies liegt daran, daß es eine einfache Rückverwandlung des „Wracks" darstellt, das seinerseits aus dem „bateau ivre" Rimbauds entwickelt werden kann. Diese Entwicklung ist – wie noch zu beschreiben sein wird – eine dialektische. Indem sich Becher bei einer Rückverwandlung des „Wracks" zum „heilen Schiff" auf einfache Gegensätze beschränkt, wird er dem dialektischen Ansatz und der Kategorie des „Triumphes" nicht gerecht. – Die spätere Umdeutung der Schiffmetaphorik in „Abschied" durch die Überlagerung des für Freiheit und Revolution stehenden Panzerkreuzers „Potemkin" (vgl. Abschied, 229) ändert für „Verfall und Triumph" nichts. Bezeichnend ist, daß Becher in „Abschied" ausdrücklich von einem „ganzen Schiff" im Zusammenhang mit dem „Anderswerden", einer späten Variante der „Verwandlung", redet: „Ich lasse das Schiff heranfahren, das ganze Schiff, und lasse die Mannschaft singen das Lied vom Anderswerden." (Abschied, 296).

nierenden Ganzen: hier Desorganisation, dort Organisation. Im Bild des „Wracks" kommen Vielheit, Passivität, Verfall, im Bild des Zugs Einheit, Aktivität, „Triumph" zum Ausdruck.

Das dialektische Verhältnis, in dem die Bilder des „Wracks" und des „Zugs" zueinander stehen, impliziert die für den Expressionismus so zentrale Kategorie der „Verwandlung". Unter diesem Aspekt faßt Becher die Antinomien zusammen:

> *Ich bin Triumphzug, blühend aus Verfall.*
>
> (b I, 109)

> In den versunkenen Gewölben klappern wir Gerippe
> Und winden uns und flattern auf im herrlichen Zug.
>
> (b I, 127)

Das lange Gedicht „Die Huren" entfaltet dies im einzelnen. Zunächst wird Zerstückelung und damit auch Stigmatisierung in vielfältiger Weise dargestellt, etwa in der 13. Strophe:

> Zerkratzet sind die käsenen Wangen und der Leib voll Flecken.
> Ein Ankerwappen blüht, im Oberarm blau tätowiert.
> An den gespreizten Fingern gelbe Kettenringe stecken.
> Ein Nadelriß an dem verschminkten Rosenmunde schwiert.
>
> (b I, 138)

Die Beschreibung, wie sich die Huren zum Zug formieren, und ein chorischer Zukunftsgesang[81] schließen das Gedicht ab; es ist eine der zentralen Stellen von „Verfall und Triumph":

> Sie packen fiebernd ein, sie stapeln hoch der Wäsche Körbe.
> Vergilbte Vorhänge bedecken Wirtinnen verweint.
> Sie reißen hoch sich, schlingend um der schwarzen Mäntel
>   Schärpe.
> Sie sammeln sich wie dürre Rabenschar in finsterm Hain.
>
> Sie stampfen auf und schwenken dröhnend ihre Hängetaschen
> Und flüstern, wie ein Hauch im Wald, sich zu des Kriegs Parole
> *Und ordnen sich zum Vorwärtsmarsch, die himmlischen Apachen,*
> Mit der Kapellen Chor, die bläst des Schlummers Barkarole.

---

[81] Das Bild des Zugs signalisiert bei Becher meist die Zeitkategorie der Zukunft. Vgl. dazu die weiter unten beschriebene Programmatik, die „Verfall und Triumph" bestimmt und schon im Titel des Gedichtbands zum Ausdruck kommt.

„. . . Wir kommen mit der schwefelnden Sonne Glanzesflor
  bekleidet,
Wir tauchen Wildnis auf vor euch und jagender Schrecken Heer.
Wo ist der starke Mann und wo das Meer bereitet
Für uns, die Wasserbrunnen aus den zerstürzten Schächten her?

Ihr Mütter! Mütter! Wahret euere Söhne in den Häusern!
Wir spritzen Gift, in spätem Abende erweckte Nattern.
Ihr Mütter höret: – unsere armen Püppchen quietschen leise.
Wir fegen wie die Föhne durch die Straßen mit Geratter.

Wacht auf! Wacht auf! Wir schnellten blitzend aus der Gräber
  Schluchten.
Wacht auf! Wir ticken an die stummen Fenster, die zerspringen!
Wacht auf! Euch schmettern nieder die Posaunen der
  Verfluchten.
Wacht auf! Wir flammen haßgeschürt und spucken Galle bitter!

Wir werden sein verruchter Jugendliebe grause Rächer.
Auf fetter Bürger Buckel flitzen unsere Peitschengürtel.
Wir jauchzen, Böller krachend, auf in höllischem Gelächter.
Der Erde Festen wanken. Himmel brechen ein erschüttert.

Empfanget uns: die wir aus eisigen Särgen aufgefahren,
Die wir auf schattenen Kothurnen herrlich sternwärts
  schwanken.
Die kranken Schwestern tragen wir verzückt auf Sträucher-
  bahren.
In unseren gebleichten Haaren spielen Strahlenranken.

Die Huren werden grinsend euere Einsamkeit belauern.
Die Huren werden euch in böser Träume Schlaf erwürgen.
Die Huren werden um die Kindheit furchtbar opfernd trauern.
Die Huren werden euerer Städte gläsernen Bau zerwirken!" . . .

– – – Sie ziehen heulend auf, Gewitter in den Höhen finster.
Der Horizonte Augenlid eröffnet sich, entzündet.
Sie schreiten aus im Morgenrot, scharlachene Gespenster,
Mit silbernen Schwanenflügeln, die klirrend tönen in den
  Winden.   (b I, 139 ff.)

Die Vision des Zugs taucht bereits in „Verfall"[82] auf, bestimmt den Schluß des Gedichts „Die Armen"[83] und liegt auch den Sonetten „Aufbruch"[84] und „Die Geißler"[85] zugrunde. Voraussetzung für den Zug ist, daß *ein* Wille die einzelnen Glieder beherrscht; die Verstümmelung des Körpers – die Depersonalisierung – bereitet darauf vor. Um die neue Identität zu erlangen, muß die alte ausgelöscht sein. Sinnfällig wird dies gerade am Bild der „pluralen Hingabe" fähigen Hure und des Hurenzugs.

Es ist kein Zufall, daß Becher auf kultische und historische Formen des Zugs zurückkommt, auf Prozession und Geißlerzug. Ein Gedicht aus dem Jahre 1912, nicht in „Verfall und Triumph", sondern in die später erschienene Sammlung „Päan gegen die Zeit" aufgenommen, heißt „Kinderkreuzzug"[86]. Damit aber zeigt das Bild des Zugs gleichzeitig das Rituelle, das der „Verwandlung" im Expressionismus anhaftete. Vergleichbar kultischen Prozessionen wurde „Verwandlung" zelebriert, auch auf der Theaterbühne. Der Gestus dieses Rituals findet sich in der Lyrik Bechers wieder und wird ähnlich wirksam wie das Identifikationsprinzip: die „Verwandlung" muß ständig stattfinden.

e. *Zitate*

In „Verfall und Triumph" wird auf eine ganze Reihe anderer Werke und Dichter Bezug genommen. Becher nennt in den Gedichten als Vorbilder Kleist, Baudelaire und Rimbaud.[87] Besonders von den beiden Franzosen übernahm Becher manche Vorstellung, bisweilen fast wörtlich[88]. Auch von

---

[82] b I, 54.
[83] b I, 59 ff.
[84] b I, 145.
[85] b I, 165.
[86] b I, 343.
[87] b I, 148.
[88] Zwei Beispiele mögen dies zeigen. Bei Rimbaud lautet ein Vers: „Christ! ô Christ, éternel voleur des énergies..." (Arthur Rimbaud, Sämtliche Dichtungen, Heidelberg 1955, S. 130); Becher nennt Gott „der Kräfte Dieb" (b I, 63) und dichtet an anderer Stelle: „Nicht ehren wir Gott mehr. Er hat uns geraubt / Die Kräfte." (b I, 77) – Bei Baudelaire findet sich die Strophe:

> – „Soyez béni, mon Dieu, qui donnez la souffrance
> Comme un divin remède à nos impuretés
> Et comme la meilleure et la plus pure essence
> Qui prépare les forts aux saintes voluptés!

(Charles Baudelaire, Die Blumen des Bösen, deutsch und französisch, Neuwied 1958, S. 16 ff.). – Ganz ähnlich preist Becher den Schmerz:

> *Der Schmerz ist heilig*. Er wird Tat und Werk gebären.
> Verhaltene Kräfte zünden. Uns dem Tod vermählen.

namentlich nicht genannten Dichtern gehen direkte Einflüsse aus. Zu nennen wäre in erster Linie Georg Heym, mit dessen Gedichten sich auffällige Übereinstimmungen ergeben. Die dritte Strophe von Heyms „Die Stadt der Qual" beginnt:

> Der Geißeln Hyder bäumt in hoher Faust.
>
> (h I, 349)

In Bechers gleichnamigem Gedicht finden sich die Verse:

> Die Eisenbahnen grölend durch die Straßen wallten,
> Die haben Schlangen züngelnd sich emporgehoben
>
> Und sausten Geißeln durch die Lüfte mit Gesirre
> Und krümmten pfeifend sich wie Hydren in der Faust
> Des Ewigen.   (b I, 126)

Heym sagt von der Wasserleiche:

> Ihr dicker Bauch entragt
> Dem Wasser groß, zerhöhlt und fast zernagt.
> Wie eine Grotte dröhnt er von den Bissen.
>
> (h I, 117)

Ganz ähnlich heißt es bei Becher:

> Der König schwemmet langsam durch die Kotkanäle.
> Sein Bauch erdröhnt im Tunnel.   (b I, 119)

Den Einfluß, den Dantes „Göttliche Komödie" auf „Verfall und Triumph" ausgeübt hat, beschreiben wir an anderer Stelle.[89]

Am wichtigsten sind die Bezüge zur Bibel und zur christlichen Überlieferung. Hier sind zunächst die Mottos anzuführen, die den beiden letzten größeren Abschnitten der Großgliederung von „Verfall und Triumph" vorangestellt sind.[90] Das Motto zum Abschnitt „Der irdische und der himmlische Gesang" lautet: „Als aber das Zeichen des Kreuzes in den Wolken erschien, umgeben von Engeln, die einen himmlischen Päan anstimmten,

> Der Schmerz wird das Gehirn in harte Folter spannen,
> Daß kalte Feuer sprühend diesen Raum entfachen.
>
> (b I, 127)

[89] Vgl. S. 187 ff.
[90] Vgl. S. 184 f.

fanden die Kämpfenden wieder neuen Mut."[91] Eine Quelle, der das Motto entstammt, konnte nicht ausfindig gemacht werden. Sicher jedoch ist, daß es auf die Kreuzesvision Konstantins anläßlich der Schlacht bei der milvischen Brücke Bezug nimmt. Das zweite Motto, dem Abschnitt „Triumph" vorangestellt, lautet: „Und da er auf dem Wege war, und nahe bei Damaskus kam, umleuchtete ihn plötzlich ein Licht vom Himmel . . .".[92] Becher entnahm es dem Kapitel der Apostelgeschichte, das von der Bekehrung des Saulus berichtet.[93]

Mit besonderer Vorliebe greift Becher auf die Apokalypse zurück. In den Gedichten „Die Stadt der Qual" I–III, „Berlin" und „Verfall" werden manche Bilder und Vorstellungen teilweise wörtlich übernommen. In „Verfall" heißt es:

> Rotes Gedonner entsetzlich schwillt.
> Drachen, Erde speiend.
> Aufgerissener Rachen, die Sonne brüllt.
> Empörung, Lachen. Geschrei.
>
> Verfinsterung. Erde- und Blutgeschmack.
> Knäuel. Gemetztel weit . . .   (b I, 54)

Die Verse klingen wie Paraphrasen zu den Abschnitten der Apokalypse, die das Öffnen des sechsten Siegels oder die Wirkung der sieben Posaunen beschreiben.[94] Handfester ist die Anspielung in den Versen:

> Laternen schlingen gierig auf der Nebel Grunde,
> Aus denen fahler Pferde Vier, sich bäumend, steigen.
> Raketen sprühen aus der Reiter heulendem Munde.
>   (b I, 122)

Es kann kein Zweifel herrschen, daß es sich um die apokalyptischen Reiter handeln soll. Die aus dem Mund „sprühenden" Raketen haben ihr Gegenstück ebenfalls in der Apokalypse: sie stellen eine Aktualisierung des aus dem Mund gehenden Schwerts[95] dar. Eine wörtliche Übernahme bringen folgende Verse:

---

[91] Vgl. b I, 624 f.
[92] Vgl. b I, 625.
[93] 9, 3.
[94] 6, 12 ff. und 8, 6 ff.
[95] 19, 15.

Auf prasselnder Scheiter Haufen brennet der Prophet.
Der Kirchen Türme ragen hager auf wie Galgen.
Die Haare Flachs. Sein Leib auf Messingfüßen steht,
Im Ofen heiß wie glühender Erzkoloß zerwalket.

Und seine Stimme schwillt wie Wasserrauschen groß,
(. . .) (b I, 131)

Die entsprechende Stelle in der Apokalypse lautet: „(13) und mitten unter den sieben Leuchtern (sah ich) einen, der war eines Menschen Sohne
gleich, der war angetan mit einem langen Gewand und begürtet um die
Brust mit einem goldenen Gürtel. (14) Sein Haupt aber und sein Haar
war weiß wie weiße Wolle, wie der Schnee, und seine Augen wie eine
Feuerflamme (15) und seine Füße gleichwie Messing, das im Ofen glüht,
und seine Stimme wie großes Wasserrauschen."[96]

Es hieße die Intentionen Bechers mißverstehen, wollte man hinter den
Andeutungen und Zitaten ein geistvolles Spiel vermuten, vergleichbar dem,
wie es Thomas Mann oder E. T. A. Hoffmann treiben. Das zeigt sich schon
an der Tatsache, daß es Becher mit dem Zusammenhang, aus dem heraus
zitiert wird, nicht so genau nimmt. So haben die apokalyptischen Reiter
nicht ausnahmslos fahle Pferde; die Gestalt mit Füßen „gleichwie Messing"
aus dem letzten Beispiel ist nicht irgendein Prophet, schon gar keiner auf
dem Scheiterhaufen, sondern die Erscheinung des verklärten Menschen-
sohns.

Bechers Verfahren ist einfach: Bilder, Gestalten, Einzelheiten, Vorgänge
werden aus dem Zusammenhang genommen und punktuell in das eigene
Gebilde eingebracht. So können die Verse

Der süße Wein, der in der Priester Kelche quoll,
Zerschliß die Magendärme ruckweis an den Hüften.
(b I, 120)

mit einer Stelle der Apokalypse zusammengebracht werden, in der es heißt:
„Und ich nahm das Büchlein von der Hand des Engels und verschlang es,
und es war süß in meinem Munde wie Honig; und da ich's gegessen hatte,
grimmte mich's im Bauch."[97] Der Vorgang wird übernommen und in einen
ganz anderen Zusammenhang gebracht: aus dem Büchlein wird Wein, aus

---

[96] 1, 13 ff.
[97] 10, 10.

dem Bauchgrimmen Darmzerfetzung. „Süß" bleibt wörtlich bestehen. Nirgends hilft die Bibel, den Becher-Text besser zu begreifen, ebensowenig wie Becher die Interpretation der Bibelstelle um einen Aspekt bereichern möchte. Dasselbe Verfahren könnte man an den zitierten Textstellen, die in der Substanz auf Heym zurückgehen, aufzeigen.

Mit der Vorstellung, es handle sich bei diesen offenen und versteckten Zitierungen um eine Art Plagiate, ist den Gedichten nicht beizukommen. Das Verfahren ist vielmehr aus der Gedichtstruktur, wie sie bisher beschrieben wurde, abzuleiten. Es ist der „Einsprengtechnik" verwandt und dem Identifikationsakt vergleichbar. Die „fremden" Teile werden aus ihrem ursprünglichen Funktionszusammenhang herausgelöst und als Stoff in das Gedicht eingebracht. Sie werden so vollständig einverleibt, daß sie im Kontext nicht als Fremdkörper fungieren können.

Im Hinblick auf den historisch-zeitlichen Zusammenhang, dem die Zitate entstammen, bedeutet das Verfahren Bechers ihre restlose Vergegenwärtigung als materielle Gegenstände und nichts weiter. Becher löst sie aus ihrer „Aura"[98], deren das Zitat, soll es Teil eines „geistreichen" Spiels sein, gerade bedarf. Damit macht er sich das Vergegenwärtigte jederzeit und in beliebiger Weise verfügbar.

f. „Panorama" und „Kaleidoskop"

Die Dialektik, die der Struktur der Bilder und teilweise auch ihren Inhalten innewohnt, bestimmt die Produktion des Schemas. Sie läßt sich auch aufzeigen, wenn man den Zusammenhang betrachtet, der strukturell zwischen dem „Reihungsstil" und dem produzierten Schema bzw. der Bildstruktur besteht.

Das wichtigste Merkmal des „Reihungsstils" ist das eigentümlich widersprüchliche Verhältnis, das aus der inhaltlichen Zusammenhanglosigkeit der Teile und ihrer formalen Gleichheit resultiert. Dieses Verhältnis läßt sich auch am Beispiel einer Apparatur beschreiben, die sich in der Zeit um 1900 großer Beliebtheit erfreute: dem „Panorama", auch „Kaiserpanorama" genannt. Das „Panorama" war eine Vorrichtung, in der man Bilder betrachten konnte. Das „Publikum befand sich vor einem Paravent, in dem Stereoskope angebracht waren, deren auf jeden Besucher eins kam. Vor diesen

---

[98] Vgl. dazu Walter Benjamin, Das Kunstwerk im Zeitalter seiner technischen Reproduzierarbeit, Frankfurt/M. 1968, S. 15 ff., und unsere Ausführungen im Schlußkapitel.

Stereoskopen erschienen automatisch einzelne Bilder, die kurz verharrten und dann anderen Platz machten." [99] Es ist kein Zufall, daß Becher in seinem Roman „Abschied", der in vieler Hinsicht einen Schlüssel zu den früheren Dichtungen an die Hand geben kann, einen Besuch der Kinder im „Panorama" beschreibt.[100] Es heißt dort: „Wir saßen hochgereckt, jeder vor seinem Guckloch. So war es bei den Schaufenstern und auch im Aquarium: nur durch eine Glasscheibe getrennt, tauchte man mit den Augen in eine fremde, erstaunliche Welt hinein. Leckereien, Spielzeug, Fische, Seepferdchen, Medusen, Meerwunder, und auch diese Bilder hier, die leise kling! machten, wenn eines das andere ablöste, schienen auf eine seltsame Weise miteinander verbunden zu sein und zusammenzugehören." [101] Die Übereinstimmung der Funktionsweise des „Panoramas" und der Technik des „Reihungsstils" ist deutlich: hier wie dort die Folge inhaltlich unterschiedlichster Teile bei deren gleicher formaler Präsentation. Letztere wird im „Reihungsstil" durch das metrische Schema, im „Panorama" durch die Anlage der Apparatur und den automatischen Wechsel der Bilder in gleichen Zeitabständen realisiert. Die Art und Weise des Wechsels, nachdrücklich unterstrichen durch das Klingelzeichen, fasziniert die Kinder besonders [102]: die Bilder geraten in einen „seltsamen" Zusammenhang. Das Klingelzeichen hat im „Reihungsstil" seine Entsprechung in der Versfuge: es ist die Stelle, an der die einzelnen Teile formal miteinander verbunden sind, ohne daß dies inhaltlich gefordert wäre.[103]

Das Klingelzeichen betont vor allen Dingen das Mechanische des Vorgangs. Becher nimmt es leitmotivisch in seine Beschreibung hinein, in der es weiter heißt: „Kling! machte es, und ein Mann stand da (. . .). Der Mann war, ohne daß er es wußte, von einem breiten Trauerrand umrahmt, und eine Überschrift stellte ihn vor: ‚Der deutsche Gesandte von Ketteler von

[99] Walter Benjamin, Das Kunstwerk, l. c., S. 61.

[100] Auch Walter Benjamin widmet in seiner „Berliner Kindheit um Neunzehnhundert" dem „Kaiserpanorama" ein Stück. (Vgl. Walter Benjamin, Berliner Kindheit um Neunzehnhundert, Frankfurt/Main 1962, S. 14–17.)

[101] Abschied, 31.

[102] Auch Benjamin hebt dieses Klingeln hervor: „Mir aber scheint ein kleiner, eigentlich störender Effekt all dem verlogenen Zauber (der späteren Filmmusik, J. Z.) überlegen, den um Oasen Pastorales oder um Mauerreste Trauermärsche weben. Das war ein Klingeln, welches wenige Sekunden, eh das Bild ruckweise abzog, um erst eine Lücke und dann das nächste freizugeben, anschlug." (Benjamin, Berliner Kindheit, l. c., S. 14 f.)

[103] Dadurch besitzen die einzelnen Teile keinen bestimmten Stellenwert. Im Hinblick auf das „Panorama" betont dies Benjamin: „Es war ein großer Reiz der Reisebilder, die man im Kaiserpanorama fand, daß gleichviel galt, bei welchem man die Runde anfing." (Benjamin, Berliner Kindheit, l. c., S. 14)

den Boxern ermordet.' Kling! zuckte das nächste Bild heran: unser Kaiser in Admiralsuniform hält in Wilhelmshaven an die nach China ausfahrenden Truppen eine Ansprache. Kling! klingelte es zum Sturmangriff auf Peking. Mit gefälltem Bajonett drangen die verbündeten Truppen, die Deutschen voran, gegen die Stadtmauer. Kling! klingelten fein die vielen Glöckchen oben an den Türmen, und es klingelte kurz und schrill: der Henker hieb auf dem Hinrichtungsplatz mit seinem riesigen krummen Schwert einem Boxer den Kopf ab." [104] Damit ist der mechanische Vorgang als Abtrennen ins Bild selbst gerutscht.

Becher beschreibt genau die Genese des produzierten Schemas und der Bildstruktur aus dem „Reihungsstil": die Herstellung formal gleicher Teile und die Zerstückelung vorhandener Zusammenhänge gehören untrennbar zusammen wie „Verfall" und „Triumph". Das Mechanische, das im „Reihungsstil" in der äußeren Form präsent ist, wird in der neuen Struktur gleichsam verinnerlicht. Man könnte sie mit der Struktur des „Kaleidoskops" vergleichen. Dort entstehen die Folgen der einzelnen Bilder, indem das jeweils vorangegangene Bild zerstört und aus den Einzelteilen ein neues Bild zusammengesetzt wird. Diese Bildfolge ist, gleich der Zeilenfolge im „Reihungsstil", potentiell unendlich, wobei der äußere Rahmen des Bildes, ebenfalls dem „Reihungsstil" vergleichbar, immer derselbe bleibt. Im Unterschied zum „Reihungsstil" herrscht in jedem Bild des „Kaleidoskops" Identität der Substanz. Diese Tendenz bestimmt sowohl das produzierte Schema als auch die Bildstruktur in „Verfall und Triumph". Sie kommt umso deutlicher zum Vorschein, je mehr es gelingt, die Substanz zu atomisieren, d. h. in identische kleinste Teilchen aufzuspalten. Der Prozeß der Entfunktionalisierung, der sich in den sprachlichen Formen wie in den Bildern niederschlägt, ist der Ausdruck dieser Tendenz.

„Verwandlung" ist in der Struktur des „Kaleidoskops" enthalten als dessen Handhabung: jede Drehung bringt eine neue Konstellation der Substanz und damit ein neues Bild. Die Auflösung des Alten ist gleichzeitig die Fügung des Neuen, und so fort in unendlicher Folge. Auf „Verfall" folgt „Triumph", der gleichzeitig wieder als „Verfall" begriffen werden kann. Dieser Ablauf ist wie der im „Panorama" ruckartig und diskontinuierlich; Bewegung und Stillstand wechseln sich ab. Verglichen werden kann dieser Verlauf mit dem Fortschreiten eines Prozessionszugs von Station zu Station.

[104] Abschied, S. 31.

Exkurs 1: „Verwandlung" und Psychoanalyse

Wenigstens andeutungsweise soll auf die Zusammenhänge eingegangen werden, die zwischen der Kategorie der „Verwandlung", wie sie uns in „Verfall und Triumph" entgegentritt, und der Psychoanalyse historisch wie strukturell bestehen. Grundsätzlich gilt, daß die Einwirkung der seit der Jahrhundertwende aufkommenden Psychoanalyse auf die Dichtung der Zeit und vor allem auf die expressionistische heute noch nicht voll abgeschätzt werden kann; es fehlen eingehende Untersuchungen. So wäre vor allem der Frage nachzugehen, in welchem Maß und in welcher Form die Freudsche Lehre und deren von Freud nicht gebilligte Übertragung auf andere Gebiete von den Expressionisten rezipiert wurden, bzw. welchen Bedürfnissen der Expressionisten diese Lehre entgegenzukommen schien. Dies gilt sowohl in bezug auf thematische Einflüsse [105] als auch auf strukturelle Übereinstimmungen.

Becher war bekannt mit dem zeitweilig in München lebenden Psychoanalytiker Dr. Otto Groß [106], der in literarischen Kreisen verkehrte und in Pfemferts „Aktion" einige Aufsätze veröffentlichte [107]. Im Oktober 1913 ließ der Vater von Groß, ein bekannter Grazer Kriminologe, den Sohn gewaltsam in eine Irrenanstalt bringen. Dies löste bei den jungen Literaten helle Empörung aus. Groß galt als Opfer der von ihm in seinen theoretischen Schriften bekämpften Vaterautorität. Mit Erfolg setzten sich mehrere Zeitschriften für die Freilassung von Groß ein, unter ihnen auch „Die Ak-

---

[105] So ist keineswegs geklärt, wie die so überaus häufige Darstellung des Vater-Sohn-Konflikts in expressionistischer Dichtung und seine Beschreibung in der psychoanalytischen Literatur zusammenhängen. Für Becher wurde mindestens biographisch die Rebellion gegen die Vaterfigur zu einem entscheidenden Erlebnis. Den Gedichtband „Verbrüderung" von 1916 eröffnet er mit zwei Gedichten „Ödipus" I und II, die sich eindeutig mit dem von Freud beschriebenen „Ödipuskomplex" in Verbindung bringen lassen.
[106] 1877–1919.
[107] So u. a. die Aufsätze „Die Überwindung der kulturellen Krise" (Aktion, Jg. 1913, Sp. 384 ff.), „Die Einwirkung der Allgemeinheit auf das Individuum" (Aktion, Jg. 1913, Sp. 1091 ff.) oder „Bemerkungen zu einer neuen Ethik" (Aktion, Jg. 1913, Sp. 1141 ff.). – Die Erläuterung der ideologischen Zusammenhänge, die zwischen den wissenschaftlichen Ansichten von Groß und den Anschauungen vieler Expressionisten bestehen, würde eine eigene Abhandlung erfordern. Angeführt sei ein Zitat von Groß: „Heute ist die Psychologie des Unbewußten die einzige und erste sichere Gewähr für wirkliche Antworten auf wirkliche Fragen und richtige Wege zu richtigen Zielen (...) *Wir* aber meinen: daß jetzt der Mensch sich selbst erkennen kann, daß jetzt die Menschen hoffen dürfen und erstreben müssen, einander zu verstehen..." (Aktion, Jg. 1913, Sp. 507). Die Nähe solcher Anschauungen zu den expressionistischen Bestrebungen nach „Ursprung", „Wesen", „Verbrüderung" liegt auf der Hand.

tion" und die bei Bachmair erscheinende „Revolution", letztere sogar in einer „Sondernummer für Otto Groß" [108].

In „Abschied" portraitiert Becher den Psychoanalytiker als „Doktor Hoch" [109]. Deutlich beeinflußt von Hoch läßt er in diesem Roman den Schriftsteller Sack sagen: „Längst Erlebtes, bis zur Unkenntlichkeit verwandelt, folgt uns auf unseren Gedankengängen, lauert im Dunkel, glüht auf . . . Alles bleibt erhalten, in unendlicher Veränderung . . . Nicht eine Handbewegung geht verloren im Raum, und ein Zucken im Mundwinkel könnte hundertjährige Geschichten erzählen . . . Überall stellt uns das Vergangene eine Falle, um uns darin festzuhalten, wirft nach uns seine Schlingen aus, um uns darin zu verfangen und ins Vergangene zurückzuziehen . . ." [110] Der Schriftsteller resümiert eine Erkenntnis der Psychoanalyse, nach der die Vergangenheit – besonders in Form von Neurosen – stets präsent ist.[111] Jede Äußerung oder Verhaltensweise ist nicht nur Zeichen in einem momentanen Zusammenhang, sondern ist – wenngleich verwandelt – Produkt der Vergangenheit.

Gerade diese Dimension der Vergangenheit im Menschen, gewissermaßen materiell in ihn eingegangen, beschäftigte Becher Zeit seines Lebens: die zahlreichen autobiographischen Versuche, die die Vergangenheit eher deuten als darstellen sollen, ja die nachträglich noch einen Eingriff in sie erlauben, sind dafür ein Beispiel. In „Abschied" versucht er dieses Verfahren zu rationalisieren: „Sie werden über sich selbst schreiben, aber dieses ‚Ich' wird kein herkömmlich biographisches sein, es wird eine Gestalt sein, wie jede andere mit den tatsächlichen Ereignissen, vielleicht nur ab und zu durch ein belangloses Detail verbunden." [112]

Wenn Sack davon redet, daß die eigene Vergangenheit einem „folgte", so meint er dies im Sinn von „verfolgen", wie die anderen Formulierungen „lauern" und „Fallen stellen" erweisen. Ganz ähnlich heißt es in den Gedichten „Eingang" und „Herbst-Gesänge" I aus „Verfall und Triumph":

Ihn narrt Vergangenheit mit Schuld und schiefer Fratze
(b I, 42)

---

[108] Revolution, hrsg. v. Franz Jung, Sondernummer für Otto Groß vom 20. 12. 1913.
[109] Leonhard Frank nennt ihn in seiner autobiographischen Schrift „Links wo das Herz ist" „Doktor Kreuz".
[110] Abschied, 249.
[111] Vgl. die Werke Ibsens und Strindbergs, in denen die Schuld der Vergangenheit eine strukturierende Funktion innehat.
[112] Abschied, 287.

Von Dunkelheiten sind wir rings umschanzet.
Geduckt. Vergangenheiten nach uns schleifen.

(b I, 46)

Auch die These der Psychoanalyse, daß ein erheblicher Teil der Neurosen aus Verdrängungen in der Kinderzeit herrühren, findet ihren Niederschlag in „Eingang":

Hah! Wenn ich denke meiner reinen Kindheit Raub

(b I, 41)

In der bereits erwähnten „Sondernummer für Otto Groß" ließ Becher folgende Gedichte publizieren, die später unverändert in „Verfall und Triumph" aufgenommen wurden:

Erscheinen des Engels

Dem Doktor Otto Groß gewidmet

I

Schon färbet Nacht uns. – Sieh, als heiliger Würger
Stolziert er durch die Nacht mit Wohlbehagen.
Er spucket Kugelköpfe, rote Bürger
Und Gäule stürzt er, sanfte Trambahn-Wagen.

Er schmettert seine rauschenden Fanfaren,
Er rufet Pest und Fieber, die Dämonen.
Er zerret Weiber in den Fluß an Strickehaaren.
Er balancieret auf bedenklichen Balkonen.

Sein Mantel hänget Haut herab in Fetzen.
Die dunkle Luft ist irgendwie erschüttert.
Schon dünne Nonnen durch die Straßen hetzen.

Im Arsenal die Bogenlampe zittert.
Das Flammenschwert er schwinget, sich ergötzend.
Es dröhnet Orgel weit das himmlische Gewitter.

II

Nun ruhend über, ach, gefallenen Säulen,
Zerborstenen Theatern und Konzerten ...

Er füget Glieder an zerbrochene Leiber
Und streicht mit Erde Wunden aus.

Wo Dunst aufbricht verwelkter Seuchen
Und Flüsse spülen endlos blaue Leichen ...
Und jammernd kindlich über offenen Gräbern
Und stößet Seufzer hell durch Blätterruß.

Sich streckend, daß dies Leid er fasse,
Bis jene Ewigkeit ins Aug ihm wächst.

(b I, 114 f.)

Mit ihrem Titel und ihrer Stellung in „Verfall und Triumph" als Auftakt zu dem größeren, „Die Stadt der Qual" überschriebenen Abschnitt
spielen die Gedichte auf den IX. Gesang von Dantes Inferno an. Dort erscheint ein Engel, um Dante und Vergil ungefährdet Einlaß zu verschaffen in die von den Erinnyen bewachte Stadt Dis – bei Becher die „Stadt
der Qual". Der Bezug zum Psychoanalytiker, der den Weg in das „Inferno"
der Seele – in das Unbewußte – öffnet, ist deutlich.

Über solche Analogie hinaus bringen die beiden Gedichte das poetische
Verfahren selbst mit dem psychoanalytischen in Zusammenhang. Schon in
dem Vers

Mit Hände kühnem Griff er (= der Dichter) ein Gehirn
zergliedert.   (b I, 41)

aus dem Gedicht „Eingang" zeigt Becher den Dichter programmatisch in
der Pose des Analytikers. Psychoanalyse ist ein Akt der Zergliederung. Mit
ihrer Hilfe hoffte man, zum wirklichen Wesen des Menschen vordringen
zu können[113], indem die verschiedenen Anlagen und Kräfte des Individuums – etwa im sexuellen Bereich – aus ihrem funktionalen gesellschaftlichen Zusammenhang, der als wesensfremd und repressiv wirkend angesehen wird, befreit werden. Dem entsprechen in den Gedichten die Bilder
der Zerstörung und der Zerstückelung, die ja als Stigmatisierung zugleich
Identitätsfindung bedeuten. Das Gedicht „Erscheinen des Engels" I beschreibt die Zerstörungsarbeit des „heiligen Würgers", Metapher für den
Analytiker wie für den Dichter.

[113] In „Zur Überwindung der kulturellen Krise" von Otto Groß heißt es: „Dies ist das
Überwältigende in diesem neuen Wahrheit-Begreifen müssen, daß wir von dem Eigentlichen, Wesentlichen, vor allen Fragen unvergleichlich Fragenswerten – von unserem Sein,
unserem inneren Leben, von Uns, vom Menschen bis zu diesen Tagen nichts gewußt haben,
ja nicht einmal danach zu fragen imstande gewesen sind." (Aktion, Jg. 1913, Sp. 385).

„Erscheinen des Engels" II bringt im Gegensatz dazu den Prozeß der Heilung, dem die Analyse vorausgehen mußte. Psychoanalyse hatte nur entstehen können unter dem Aspekt der Identität: hinter dem von Neurosen deformierten Menschen steht ein integres Gesamtbild. Heilung bedeutet, dieses herzustellen. Dem gleicht das poetische Vorgehen Bechers: die aus ihren funktionalen Bindungen befreiten Teile sollen ein neues Bild, neue Identität ergeben. In der Sprache der Zeit heißt dies „Verwandlung".

6. Zyklus und Stationen

a. „Verfall und Triumph": Gesamtaufbau

In unserer Untersuchung von „Verfall und Triumph" wurde bisher der Umstand nicht beachtet, daß Becher den Gedichtband in fünf größere Abschnitte unterteilte. Sie haben die Titel „Verfall", „De Profundis", „Die Stadt der Qual", „Der irdische und der himmlische Gesang", „Triumph". In jedem dieser Abschnitte findet sich ein Gedicht, dessen Titel mit dem des Abschnitts identisch ist. Umrahmt werden die Abschnitte von den Gedichten „Eingang" und „Ausgang", die in ihrer formalen Kennzeichnung im Druckbild den größeren Abschnitten gleichgestellt sind.

Schon dieser kurze Überblick legt den Gedanken nahe, daß „Verfall und Triumph" mehr sein soll als eine zufällige Sammlung von Gedichten. Hartung spricht von einem „gehaltlich-programmatischen Aufbau"[114] des Gedichtbands, ohne indes den Aufbau näher zu beschreiben. Auffällig ist hier zunächst, daß thematisch sich entsprechende Abschnitte formal symmetrisch angeordnet sind. „Eingang" eröffnet den Gedichtband, „Ausgang" beschließt ihn; die beiden Gedichte fungieren auf diese Weise als eine Art Prolog und Epilog. Entsprechend stehen sich die Abschnitte „Verfall" und „Triumph" gegenüber, die so die im Titel des gesamten Gedichtbands bereits vorgegebene Gegenüberstellung der beiden Begriffe formal reproduzieren. Diese Symmetrie wird durch weitere Korrespondenzen unterstrichen. Sowohl „Eingang" wie „Ausgang" gliedern nicht in Strophen und weisen jeweils 52 Verse auf. Im Abschnitt „Verfall" findet sich ein Zyklus von fünf Sonetten „Herbst-Gesänge" I–V, dem im Abschnitt „Triumph" die fünf Sonette „Frühlingsgesänge" I–V gegenüberstehen.

---

[114] Hartung, Bechers frühe Dichtungen, l. c., S. 397.

Innerhalb des Gedichtbands gibt es noch andere Entsprechungen, vor allem Selbstzitate [115], diese bleiben aber mehr oder weniger zufällig und können kaum etwas zur Klärung der Frage beitragen, wie sich der „gehaltlich-programmatische Aufbau" begreifen läßt. Zunächst ergibt eine genauere Betrachtung, daß „Verfall und Triumph" keine strenge Komposition darstellt, in der die einzelnen Teile in ihrer Stellung bis ins kleinste festgelegt wären. Die symmetrische Anlage der umrahmenden Abschnitte weist jedoch deutlich darauf hin, daß Becher den Gedichtband als ein Ganzes plante, als eine Art Zyklus, in dem die einzelnen Gedichte und Abschnitte in bestimmten Beziehungen zueinander stehen. Aus der Erhellung dieser Beziehung erhoffen wir uns weitere Schlüsse auf die Gedichtstruktur.

b. Die „Weltanschauung"

Im Jahr 1912 verfaßte Becher eine „Rede über Richard Dehmel" [116]. Diese Rede ist umso bemerkenswerter, als sich Becher in ihr nicht bloß mit einigen Dichtungen Dehmels kritisch auseinandersetzt, sondern auch andeutungsweise eine poetische Konzeption entwickelt, die noch in „Verfall und Triumph" wirksam ist und dessen Struktur, vor allem was den Gesamtaufbau des Gedichtbands anbelangt, nachhaltig bestimmt. Es lohnt sich daher, auf diese Rede näher einzugehen.

Becher lobt die Fülle und Buntheit der frühen Lyrik Dehmels, wie sie etwa in den Gedichtbänden „Erlösungen" oder „Aber die Liebe" vorliegt. Sein gesteigertes Interesse gilt jedoch der „erotischen Rhapsodie" „Die Verwandlungen der Venus". Er begründet, weshalb er „Die Verwandlungen der

---

[115] Den Gedichten „Der Fetzen" I–VIII ist das Motto
>Wir weinen uns durch Haft und Äthersaal
>Einander zu ... (b I, 65)

vorangestellt. Es ist wörtlich aus dem Gedicht „Krankenhaus" II (b I, 105 f.) entnommen. – Die dritte Strophe der „Hymne an die ewige Geliebte" schließt mit den Versen:
>*Wie herrlich leuchtet die Sonne in*
>*Unser letztes Geschwank!!* (b I, 159)

Es handelt sich um ein leicht abgewandeltes Zitat aus dem Gedicht „Der Fetzen" VII, in dem es heißt:
>Ach, und
>*Streu etwas Frühsonne in unser letztes Geschwank!*
>(b I, 71)

[116] Johannes R. Becher, Rede über Richard Dehmel; in: Die neue Zeit. Beiträge zur Geschichte der modernen Dichtung. Erstes Buch. (Heinrich F. S. Bachmair) München und Berlin 1912, S. 31–42. – Auszugsweiser Nachdruck in: Sinn und Form, Sonderheft Johannes R. Becher, l. c., S. 85–88.

Venus" den lyrischen Dichtungen Dehmels vorzieht: „... in den Verwandlungen der ‚Venus' sieht er (Dehmel) zum erstenmal seine Erlebnisse von dem Standpunkt einer großen, allumfassenden Weltanschauung aus. Diese Dichtungen tragen zum Teil das leidenschaftlich bewegte, wahrhaft heroische Gepräge des großen epischen Stils . . ."[117] In den „Verwandlungen" sieht Becher den „mutvollen Versuch zu einer Komposition großen Stiles und im Sinne der Weltliteratur, der leider bis heute einzigartig in seiner erstaunlichen Kühnheit geblieben ist..."[118]. Stilistische Mängel wie „Unausgeglichenheit der Diktion"[119] können in Kauf genommen werden: „Denn die ‚Verwandlungen der Venus' sind ja letzten Endes doch die Metamorphose des eigenen armen und zermarterten Menschenherzens; der uralte Grundgedanke der großen christlichen Dichtung, der ‚Göttlichen Komödie', des ‚Faust', vielleicht im Einzelnen konkreter, im Allgemeinen aber abstrakt gefaßt, variiert, doch fast schon gänzlich eliminiert von jenem nur Momentanen, das nicht stetig bedeutsam und mit aller Entschiedenheit auf das Allgemein-Menschliche hinwiese; die ewig erneute Wiederkehr der großen rastlosen Sehnsucht nach makelloser Schönheit und Vollendung; ruhloses Wandern des einfältigen und gedrückten Menschenherzens: durch die irdische Nacht zum himmlischen Licht . . ."[120]

Der „Standpunkt einer großen, allumfassenden Weltanschauung" also ist notwendig, um „eine Komposition großen Stiles und im Sinne der Weltliteratur" hervorbringen zu können. Der Dichter, der ohnehin als einziger über „das erhabene Gefühl all dieser irdischen Herrlichkeit und Schönheit" hinaus „alle Offenbarung" „dieser umfangreichen, bunten Erdenwelt" erfährt[121], vermag von diesem Standpunkt aus die „Offenbarung" der Welt als Ganzheit, die hinter den vordergründigen Erscheinungen verborgene Totalität, zuschauend zu begreifen. Die Berufung auf das Epos – und gar das Epos Homers[122] – ist freilich ein historisches Mißverständnis: konnte das Epos doch nur entstehen in einer Welt, in der „Totalität des Seins" herrschte und allen Formen schon vorgegeben war.[123] Die Erfassung der Welt durch den epischen Dichter war formal ganz problemlos; seine Haltung ist das bloße „Feststellen"[124], das Kompositionsprinzip daher das der

[117] Becher, Rede über Dehmel, l. c., S. 35.
[118] Becher, Rede über Dehmel, l. c., S. 36.
[119] Becher, Rede über Dehmel, l. c., S. 36.
[120] Becher, Rede über Dehmel, l. c., S. 36 f.
[121] Becher, Rede über Dehmel, l. c., S. 35.
[122] Becher, Rede über Dehmel, l. c., S. 37.
[123] Georg Lukács, Theorie des Romans, Neuwied 1965, S. 28 und 32 f.
[124] Staiger, Grundbegriffe der Poetik, Zürich und Freiburg 1961, S. 132.

einfachen Addition, die „immer weiter" geht.[125] Bei Becher verhält es sich gerade umgekehrt. Die Erscheinungen der Welt sind vielfältig und diskontinuierlich; der Dichter soll sie nicht „feststellen", sondern deuten, und erst die „allumfassende Weltanschauung" vermag Totalität zu schaffen. Die ordnende Kraft, die die „Komposition großen Stiles" schafft, ist im Dichter selbst, wird bestimmt von seiner Subjektivität.

So wenig Bechers Auffassung dem Epos gerecht wird, so sehr ist sie als Kritik der zeitgenössischen Dichtung von Interesse. Im Grunde wendet sich Becher gegen den vom Subjekt hingenommenen und bloß reproduzierten Pluralismus der Erscheinungen, wie er ihn – teilweise wenigstens – in impressionistischer und naturalistischer Dichtung vorfand. Und so entwickelt er aus der Beurteilung Dehmels ein Programm: „Doch seine ewig eminente: anregende Bedeutung wird sich erst in jenem Großen manifestieren, der diese neue, unsere Zeit restlos in sich beschließt. Der Dehmels Chaos zur Welt gebiert. Der sich aus Aller Verfall seinen Triumph erbaut. In einer blühenden Zukunft . . ."[126] Es unterliegt keinem Zweifel, daß Becher selbst sich anschickte, jener „Große" zu werden.

Was Becher als Merkmal des „großen epischen Stils" beschreibt, geht abgewandelt in die Struktur von „Verfall und Triumph" ein: der Anspruch einer „allumfassenden" Weltschau. Eines der Vorbilder Bechers in dieser Hinsicht war die in der Rede genannte „Göttliche Komödie" Dantes. Tatsächlich weist „Verfall und Triumph" neben inhaltlichen Anspielungen[127] auch formale Aspekte auf, die sich mit dem mittelalterlichen Werk in Verbindung bringen lassen. Dante durchläuft in sukzessiver Reihung die einzelnen Stationen; der zurückgelegte Weg ist nachzeichenbar. Dieser Verlauf gibt das Gerüst für den äußeren Aufbau ab. Gleichzeitig wird mit der Einführung einer Erzählperson, die nach dem Modell „ich sah" berichten kann,

---

[125] Staiger, Poetik, l. c., S. 117 f. – Vgl. auch unser Schlußkapitel.
[126] Becher, Rede über Dehmel, l. c., S. 41.
[127] Schon in „Erde" hatte Becher auf dieses Werk Bezug genommen (Erde, S. 82 ff.). In „Verfall und Triumph" ist „Die Stadt der Qual" ein bewußter Rückgriff auf die „citta dolente" der „Göttlichen Komödie". Dante hat bei seiner Wanderung drei Führer: Virgil, Beatrice und den Hl. Bernhard. In dem Gedicht „Das Dreigestirn" (b I, 148) werden Baudelaire, Rimbaud und Kleist als Führer apostrophiert. In den Gedichten „Baudelaire" und „Rimbaud" ist die Führerschaft dieser Dichter ausgesprochen:

> Schwarzer Engel meine Schritte leitet.   (b I, 50)

und:

> Du zerre uns empor am Führerseil!   (b I, 135)

Auch Kleist erscheint in dem nach ihm benannten Gedicht als Führer, chiffriert in der Figur des Fuhrmanns:

> Er auf dem Bock der Kohlenfuhre sitzet.   (b I, 113)

eine einheitliche Perspektive geschaffen, die sich – im „Inferno" zumindest – durch Distanz vom Gesehenen auszeichnet. Dante kann sich wundern, erschrecken oder Mitleid fühlen – im Grund bleibt er der unbeteiligte Beobachter, dessen Person und Leben von den betretenen Bereichen nicht betroffen werden.

Dante berichtet hintereinander von partikularen Ereignissen und Situationen. Hier ergibt sich eine überraschende Ähnlichkeit zum „Reihungsstil" und zur Struktur des „Panoramas": wie in der „Göttlichen Komödie" ist die Folge der Einzelbilder nicht durch diese selbst, sondern durch ein von außen herangetragenes Prinzip – Form bzw. Mechanik der Aufeinanderfolge – bedingt. Gleichwohl gibt es einen gravierenden Unterschied. Die einzelnen Bilder fügen sich bei Dante zu einem Gesamtbild zusammen, das die göttliche Ordnung der Welt darstellt; sinnfällig bereits im kompositorischen Aufbau des mittelalterlichen Werkes. [128] Dante gelangt daher tatsächlich zu einer „Weltanschauung".

Über die Art und Weise, wie das Programm der „allumfassenden Weltanschauung" in „Verfall und Triumph" realisiert werden sollte, war sich Becher in seiner Dehmel-Rede noch nicht im klaren. Er kannte nicht die Technik, mit deren Hilfe er in „Verfall und Triumph" seine Zeit „restlos in sich" zu beschließen suchte. Diese Technik ist der „Reihungsstil", vermittelt wahrscheinlich durch van Hoddis und dessen Gedicht „Weltende". Becher hebt hervor, daß in „Weltende" ein neues „Weltgefühl" zum Ausdruck kam, ein Gefühl der Simultaneität. Überraschend ergibt sich eine Übereinstimmung mit dem Epos: „Jacob van Hoddis aber dozierte uns, während wir Nächte hindurch die Stadt von einem Ende zum anderen durchstreiften (wir waren nämlich Peripatetiker), daß schon bei Homer dieses Gefühl der Gleichzeitigkeit vorgebildet sei" [129]. Ganz nebenbei gibt Becher eine Situation an, die aufs vollkommenste der „Weltanschauung", wie sie sich in der Technik des „Reihungsstils" ausdrückt, entspricht: das planlose Durchstreifen der Großstadt. Dante durchwandert das Inferno, Becher durchstreift die Stadt, mit dem Unterschied freilich, daß Dante eine Ordnung durchmißt, während Becher, dem Zufall überlassen, ein Chaos registriert. Typologisch ist der, dessen Wahrnehmungstechnik im „Reihungs-

---

[128] Vgl. E. R. Curtius, Europäische Literatur und lateinisches Mittelalter, Bern und München (5. Aufl.) 1965, S. 498: „1 + 33 + 33 + 33 = 100 Gesänge führen den Leser durch 3 Reiche, deren letztes 10 Himmel umfaßt. Triaden und Dekaden weben sich zur Einheit. Die Zahl ist hier nicht mehr nur äußeres Gerüst, sondern Symbol des kosmischen ordo."

[129] Becher, Das poetische Prinzip, l. c., S. 106.

stil" zum Ausdruck kommt, verwandt mit dem von Benjamin beschriebenen „Flaneur" [130]; er ist dessen heruntergekommene Form. Becher nennt ihn „Streuner".

> Er treibet durch die Straßen voller Ruh,
> Indes des Himmels Gründe Purpurröte färbet,
> Die Arme weit, die weißen Augen zu.
> Da flacher Bläuen Strahl ihn nicht verderbet
>
> Und nicht zerreißt mehr, ihn erhabenen Sinn. –
> Wo wirst du landen, Streuner, diese Nacht?
> An welche Ufer schlägst du müde hin?
> Verweinet und zerstöret? Ob du lachst?
>
> (b I, 133)

Die Bilder aus dem nautischen Bereich zeigen, daß der Beobachter gleichzeitig ein Objekt ist, dessen Existenzweise mit dem Beobachteten unlösbar verknüpft ist. Deshalb zerfällt die Einheit der Perspektive im Sinne der „allumfassenden Weltanschauung", die bei Dante formal durch den unbeteiligten Beobachter garantiert ist. Der Doppelcharakter, den wir an Hand der Identifikationsformel als den von Bezeichnetem und Zeichen beschrieben, reproduziert sich auch in der „Weltanschauung", indem der in „Eingang" vorgestellte „düstere Dichter" gleichzeitig Teil der Welt ist, die er zu erfassen sucht.

Die in der Dehmel-Rede konzipierte „Weltanschauung" unterliegt in „Verfall und Triumph" derselben Dialektik, die durch eben die Pole „Verfall" und „Triumph" bezeichnet ist. Ihrem Anspruch auf Totalität („allumfassend") entgegengesetzt ist ihre Beobachtungstechnik, die den Zufall zum Prinzip hat und das je Vorgefundene ganz für sich nimmt, ohne Rücksicht auf den ursprünglichen Zusammenhang. Ihr Ausdruck ist die „Komposition großen Stiles" auf der einen Seite, der „Reihungsstil" auf der anderen. Wenn Becher noch im Jahr 1956 im Hinblick auf das Gedicht „Weltende" von einem „unendlichen Zusammenhang" redet, so gibt er letzten Endes die expressionistische Hoffnung wieder, diesen Gegensatz zu versöhnen und durch die formale Gleichsetzung des Heterogenen, Partikularen einen neuen großen Zusammenhang zu schaffen.

---

[130] Vgl. Walter Benjamin, Charles Baudelaire – Ein Lyriker im Zeitalter des Hochkapitalismus, Frankfurt/Main 1969, S. 35 ff.; und: Walter Benjamin, Die Wiederkehr des Flaneurs, in: Walter Benjamin, Angelus Novus, Ausgewählte Schriften 2, Frankfurt/Main 1966, S. 416 ff.

c. Stationen und Potpourri

Die in der Dehmel-Rede vorhandene Programmatik der „Verwandlung", deren inhaltliche Bestimmung in den Worten „durch die irdische Nacht zum himmlischen Licht" am deutlichsten wird, liegt auch dem Gedichtband „Verfall und Triumph" zugrunde und bestimmt seinen Gesamtaufbau. Wie in „Erde" geht es um das Durchlaufen einer Passion, an deren verklärtem Ende Erlösung und „Triumph" stehen. Im Unterschied zu „Erde" jedoch gibt es keinen Handlungsverlauf und keine Handlungsträger; es fehlt, was Becher in der Dehmel-Rede als dem Epos eigentümlich beschreibt: „Das Epos ist das heroische Gedicht, wie es Homer geschaffen, der erregte Verlauf eines reichbegnadeten, irdischen Geschickes, dargestellt in der konkreten Gestalt des Helden." [131] In „Verfall und Triumph" ist der „düstere Dichter" gleichzeitig der „Held"; die „Weltanschauung" ist „allumfassend" (im Hinblick auf den Gesamtaufbau) *und* partikulär bzw. momentan (im einzelnen Gedicht). Der „Held" wie der „Dichter" sind in jenem zentralen lyrischen „Ich" vereint, das hinter dem Gedichtband als Ganzem steht und auf das alle Teile bezogen werden müssen. Der Verlauf von „Verfall" zum „Triumph" ist nicht mehr von einer Handlung getragen wie in „Erde"; die einzelnen Gedichte selbst stellen die Stationen des Verlaufs dar.

Es ergeben sich strukturelle Übereinstimmungen mit der „subjektiven Dramatik" Strindbergs und der Expressionisten, wie sie Peter Szondi beschreibt. In dieser Dramatik ist das „Handlungskontinuum in eine Szenenfolge" aufgelöst, da „die Einheit der Handlung durch die Einheit des Ich ersetzt wird" [132]. Es entsteht das „Stationendrama", dessen einzelne Szenen in „keinem kausalen Bezug stehen", „einander nicht, wie im Drama, selber hervor(bringen)" und sich durch „Statik und Zukunftslosigkeit" auszeichnen; sie erscheinen deshalb „als isolierte Steine, aufgereiht am Faden des fortschreitenden Ich" [133]. Dieses „Ich" verkörpert meist den „subjektiven Dramatiker" selbst [134].

Die einzelnen Gedichte in „Verfall und Triumph" stehen zueinander wie die Szenen im Stationendrama. Freilich ist zu berücksichtigen, daß es sich um Gedichte handelt und nicht um ein Drama. Strindberg mußte, um zum „Stationendrama" zu gelangen, die Einheit der Handlung durch die lockere Szenen*folge* ersetzen, was auf Grund des zeitlichen Nacheinander auf der

---

[131] Becher, Rede über Dehmel, l. c., S. 37.
[132] Szondi, Theorie des modernen Dramas, Frankfurt/M. 1966, S. 47.
[133] Szondi, Theorie des modernen Dramas, l. c., S. 47.
[134] Szondi, Theorie des modernen Dramas, l. c., S. 46.

Bühne leicht möglich war. Strukturell bedeutsam ist, daß die einzelnen Szenen sich nicht aus sich selbst heraus zu entwickeln vermögen. In einer Gedichtsammlung gibt es zunächst kein solches Nacheinander, da jedes Gedicht intentional für sich steht. Erst im Zyklus schließen sich die Gedichte zu einem funktionalen Gebilde eng zusammen. Gerade diese Funktionalität aber ist in „Verfall und Triumph" nicht vorhanden. Der den Gedichten übergeordnete Aspekt ist die beschriebene Programmatik. Die ihr innewohnende Dialektik aber verhindert, daß der Zusammenhang durch die Gedichte selbst erstellt würde. Anders ausgedrückt heißt dies: die Gedichte sind voneinander isoliert wie die Szenen im Stationendrama, erhalten ihren Sinn aber dennoch erst aus dem von der Programmatik erheischten Zusammenhang. Die Problematik des produzierten Schemas wiederholt sich im großen: der Verlauf, der im Programm der Passion angelegt ist, wird, da „Verwandlung" statt Entwicklung stattfindet, zum Leerlauf.

Im „Stationendrama" ist der „Held" in den einzelnen voneinander isolierten Szenen anwesend; gleichzeitig aber ist das Drama „als Ganzes in der Subjektivität seines Helden beheimatet" [135]. In seiner Subjektivität disponiert der „Held" über sich wie über eine fremde Figur. Derselbe Widerspruch – Szondi spricht von der „Paradoxie der Subjektivität selbst" [136] – beherrscht „Verfall und Triumph". Er wird deutlich sichtbar im Gegensatz, der zwischen der im „Reihungsstil" sich ausdrückenden Beobachtungstechnik und dem Anspruch der „allumfassenden Weltanschauung" besteht. Er gründet im bereits erwähnten Doppelcharakter des Ich als Bezeichnetem und Bezeichnendem.

Eine wichtige Übereinstimmung von „Stationendrama" und „Verfall und Triumph" sei noch angeführt: die Rolle und Erscheinungsweise der Vergangenheit. Szondi beschreibt sie folgendermaßen: „Die erinnerte, innerlich gewordene Vergangenheit tritt in der Reflexion als fremde Gegenwart auf: die Fremden, denen der Unbekannte begegnet, sind oft Signale seiner Vergangenheit." [137] Die stete Präsenz des Vergangenen in „Verfall und Triumph" wurde im Hinblick auf die Psychoanalyse erwähnt; sie zeigt sich auch in den zentralen Motiven von Krankheit und Gefangenschaft. Formal kommt die „fremde" Gegenwart dadurch zum Ausdruck, daß die bereits geschriebenen Gedichte „De Profundis" I–XIX in die Konzeption aufgenommen wurden. Ursprünglich selbst eine Art Zyklus darstellend, wer-

[135] Szondi, Theorie des modernen Dramas, l. c., S. 49.
[136] Szondi, Theorie des modernen Dramas, l. c., S. 49.
[137] Szondi, Theorie des modernen Dramas, l. c., S. 50.

den diese Gedichte jetzt zum Teilstück, zur Station. Ihre Fremdheit wird unterstrichen durch ihre abweichende formale Gestalt. Die Präsenz des Vergangenen impliziert bei Becher auch dessen Fungibilität und den nachträglichen, korrigierenden Eingriff. Was Gegenwart ist, kann, wenn es fremd ist, durch einen Identifikationsakt in die Identitätsstruktur einbezogen werden.[138]

„Verfall und Triumph" stellt also weder eine zufällige Sammlung von Gedichten noch einen Zyklus im strengen Sinn dar; die der Struktur innewohnende Dialektik verbietet das eine wie das andere. Der Gedichtband ist in seiner Struktur am ehesten dem Potpourri vergleichbar. Das Potpourri stellt eine Aneinanderreihung von Teilen dar, die anderen Zusammenhängen entnommen und damit aus ihrer ursprünglichen Funktion gerissen wurden. Die neue Einheit des Potpourris ist eine von außen gesetzte. Bechers poetische Methode ist ähnlich: auch er löst die Teile aus ihren funktionalen Zusammenhängen, wie besonders die Handhabung der Zitate zeigen konnte, und ordnet sie einem ihnen äußerlich bleibenden, von der Programmatik getragenen Kompositionsprinzip unter.[139] Die symmetrische Anordnung mancher Teile im Ganzen des Gedichtbands kann deshalb als ein Versuch gewertet werden, kompositorische Einheit unabhängig von der inneren Beschaffenheit der Teile dennoch herzustellen.

Während sich jedoch das Potpourri in der Regel auf wenige „Quellen" beschränkt (typisch ist das Potpourri aus Melodien *einer* Oper, *eines* Komponisten), will Becher – entsprechend dem „allumfassenden" Standpunkt – über alles, über die Welt „restlos" verfügen. Hier tritt ein künstlerisches Verfahren mit dem Anspruch des Schöpferischen auf, das vorher als Kompilation angesehen werden konnte: ohne Rücksicht auf Zusammenhänge wird allein auf Grund eines subjektiven Willkürakts aus „demontierten" Teilen ein neues Gebilde zusammengefügt. Diese Feststellung bedeutet keinerlei Abwertung, sondern beleuchtet die Problematik, die der Kate-

---

[138] Dem entspricht das Verhältnis zur eigenen Geschichte; auch sie wird sich hemmungslos vergegenwärtigt und angeeignet.

[139] Adorno charakterisiert das Potpourri folgendermaßen: „Die vollständige Vertauschbarkeit alles thematisch Einzelnen dort zeigt an die Gleichzeitigkeit aller Ereignisse, die ohne Geschichte aneinanderrücken." (Theodor W. Adorno, Moments musicaux, Frankfurt/Main 1964, S. 24.) So wie sich Identifizierbarkeit und Austauschbarkeit entsprechen, so „Gleichzeitigkeit" und Zeit- und Geschichtslosigkeit. Der futurische Charakter, der dem Verlaufsschema von „Verfall" zum „Triumph" ursprünglich innewohnte, wird zu Permanenz von „Verfall" *und* „Triumph" durch die dauernde Herrschaft des Prinzips der „Verwandlung". In gleicher Weise gibt es zwischen der Statik der einzelnen Szenen im „Stationendrama" und ihrer Aufeinanderfolge keine Vermittlung; von Szene zu Szene muß eine „Verwandlung" (auch der Bühne) erfolgen.

gorie des Schöpferischen überhaupt im Expressionismus innewohnt. Wir werden dieser – im übrigen bereits bei den französischen Symbolisten erkennbaren – Problematik im Schlußkapitel mit Hilfe der Begriffe der Reproduktion und der „Echtheit" mehr Aufmerksamkeit schenken, als dies an dieser Stelle möglich ist.

Exkurs 2: Rimbaud, zu Ende gebracht

In seiner Abhandlung „Die Struktur der modernen Lyrik" nennt Hugo Friedrich die Franzosen Rimbaud und Mallarmé die „Gründer und noch heutigen Führer der modernen Lyrik Europas"[140]; gleichzeitig weist er darauf hin, daß „jene deutschen Dichter von und um 1920" – gemeint sind die in Pinthus' Anthologie „Menschheitsdämmerung" repräsentierten Expressionisten – „nicht so beziehungslos da(standen), wie es scheinen wollte"[141]. Tatsächlich waren die deutschen Expressionisten von den Werken der französischen Symbolisten – und hier vor allem von denen Rimbauds und Baudelaires – stark beeindruckt; ihr Einfluß auf einzelne Dichter ist beschrieben worden.[142] Weniger beachtet wurden dagegen Zusammenhänge, die zwischen den zentralen, die Struktur der Werke im innersten bestimmenden poetischen Vorstellungen der Symbolisten und denen der Expressionisten bestehen. Im folgenden wird der Versuch unternommen, einen solchen Zusammenhang im Rahmen unserer Untersuchung von Bechers „Verfall und Triumph" kurz aufzuzeigen.

Einer der Dichter, der nachhaltig auf Becher gewirkt hat und in „Verfall und Triumph" neben Heinrich von Kleist und Charles Baudelaire als „Führer" apostrophiert wird[143], ist Arthur Rimbaud. Berühmt geworden

[140] Friedrich, Struktur der modernen Lyrik, l. c., S. 7.
[141] Friedrich, Struktur der modernen Lyrik, l. c., S. 7.
[142] Vgl. etwa Anton Regenberg, Die Dichtung Georg Heyms und ihr Verhältnis zur Lyrik Charles Baudelaires und Arthur Rimbauds, Neue Arten der Wirklichkeitserfahrung in französischer und deutscher Lyrik, Diss. München 1961; oder die bereits zitierte Abhandlung von Ludwig Dietz, Die lyrische Form Georg Trakls, l. c., S. 18 ff. und besonders S. 97 ff.
[143] „Erwählte Führer ihr der irdischen Fahrt..." (b I, 148) – Es ist mit an Sicherheit grenzender Wahrscheinlichkeit anzunehmen, daß Becher die deutsche Rimbaud-Ausgabe „Leben und Dichtung. Übertragen von K. L. Ammer. Eingeleitet von Stefan Zweig" vom Jahre 1907 gekannt hat. Ammer berichtet in der Lebensbeschreibung Rimbauds von dessen qualvollem Tod in einem Marseiller Krankenhaus. Bevor Rimbaud an einer schnell fortschreitenden unbekannten Krankheit starb, wurden ihm die Beine amputiert. In Bechers Gedicht „Rimbaud" aus „Verfall und Triumph" lauten zwei Verse:
Es werden Arm und Beine amputiert.
Im dunklen Bauch des Krebses Blüte schwiert. (b I, 135)

sind die sogenannten „Voyant-Briefe" vom Mai 1871, in denen Rimbaud seine Vorstellungen vom Dichter und von der Dichtung entwickelt. Wir zitieren aus einem der Briefe: „La première étude de l'homme qui veut être poète est sa propre connaissance, entière; il cherche son âme, il l'inspecte, il la tente, l'apprend. Dès qu'il la sait, il doit la cultiver; cela semble simple: en tout cerveau s'accomplit un développement naturel; tant *d'égoïstes* se proclament auteurs; il en est bien d'autres qui s'attribuent leur progrès intellectuel! – Mais il s'agit de faire l'âme monstrueuse: à l'instar des comprachicos, quoi! Imaginez un homme s'implantant et se cultivant des verrues sur le visage. Je dis qu'il faut être *voyant*, se faire *voyant*. Le Poète se fait *voyant* par un long, immense et raisonné *dérèglement* de *tous les sens*. Toutes les formes d'amour, de souffrance, de folie; il cherche lui même, il épuise en lui tous les poisons, pour n'en garder que les quint-essences. Ineffable torture où il a besoin de toute la foi, de toute la force surhumaine, où il devient entre tous le grand malade, le grand criminel, le grand maudit, – et le suprême Savant! – Car il arrive à *l'inconnu!* Puisqu'il a cultivé son âme, déjà riche, plus qu'aucun! Il arrive à l'inconnu, et quand, affolé, il finirait par perdre l'intelligence de ses visions, il les a vues! Qu'il crève dans son bondissement par les choses inouïes et innom-mables: viendront d'autres horribles travailleurs; ils commenceront par les horizons où l'autre s'est affaissé!" [144] Weiter heißt es: „Le poète définirait la quantité d'inconnu s'éveillant en son temps dans l'âme universelle: il donnerait plus – que la formule de sa pensée, que la notation *de sa marche*

---

[144] Arthur Rimbaud, Briefe und Dokumente, hrsg., übersetzt und erläutert von Curd Ochwadt, Heidelberg 1961, S. 243 f. – Ochwadts Übersetzung dieser Briefstelle lautet: „Das erste, was der Mensch erarbeiten muß, der Dichter sein will, ist die volle Kenntnis des Eigenen; er sucht seiner Seele nach, gewinnt Einblick in sie, versucht sie, macht sich die Erfahrung ihres Wesens zu eigen. Sobald er um sie weiß, muß er sie aufbilden; das scheint einfach: in jedem Kopf vollzieht sich eine natürliche Entfaltung; daher erklären sich soviel *Egoisten* zu Autoren; es gibt viele andere, die ihren geistigen Fortschritt *sich selbst* zu-schreiben! – Aber es handelt sich darum, die Seele ungeheuerlich zu machen: nach Art der Kinderhändler, was! Stellen Sie sich einen Menschen vor, der sich Warzen ins Gesicht pflanzt und großzüchtet. Ich sage, daß es nottut, *Seher* zu sein, sich *sehend* zu machen. Der Dichter macht sich *sehend* durch eine lange, gewaltige und überlegte *Entregelung aller Sinne*. Alle Formen von Liebe, Leiden, Wahnsinn; er sucht sich selbst, er erschöpft alle Giftwirkungen in sich, um nur den innersten Kern davon zu bewahren. Unsägliche Qual, wo er des vollen Vertrauens, der gesammelten übermenschlichen Kraft bedarf, wo er unter allen der große Kranke, der große Gesetzbrecher, der große Verdammte wird, – und der höchste Wissende! – Denn er kommt an beim *Unbekannten!* Weil er seine schon reiche Seele weiter hinaus ge-bildet hat, weiter als irgendjemand sonst! er kommt an beim Unbekannten, und wenn er, überwältigt, daran endete, daß er das Verständnis seiner Gesichte verliert, so hat er sie doch gesehen! Soll er nur zerbrechen in seinem riesigen Sprung durch die unerhörten und unnennbaren Dinge: kommen werden andere furchtbare Arbeiter; sie werden bei den Hori-zonten anfangen, wo der Vorgänger sich erschöpft hat!" (S. 27 f.).

au Progrès! Enormité devenant norme, absorbée par tous, il serait vraiment *un multiplicateur de progrès!"* [145]

Ausgehend von den „Voyant-Briefen" spricht Hugo Friedrich davon, daß bei Rimbaud der „dichterische Antrieb" „in Gang gebracht" werde „durch Selbstverstümmelung, durch operative Verhäßlichung der Seele" [146]. „Abnormität" („énormité") ist jetzt „kein bloß erduldetes Schicksal mehr, (...) sondern ein vorsätzliches Draußenstehen" [147]. Nicht länger wartet der Dichter auf Eingebungen. Er bedient sich bewußt bestimmter Mittel und Methoden – Gifte [148], Perversionen, Schmerzen –, um einen neuen Standort, eine neue Perspektive zu erlangen, um – in modisch-moderner Terminologie – „sein Bewußtsein zu erweitern".

Rimbauds Entwurf ist am Begriff des „progrès" orientiert, der permanentes Fortschreiten bedeutet. Diese Bewegung ist linear und durch die Kraft bzw. Erschöpfung des einzelnen nicht begrenzt. Gemäß der Vorstellung, daß „énormité" zur „norme" werde, lösen sich die Dichter in ihrer Aufgabe ab: wo der eine erschöpft liegen bleibt, setzt der nächste an und schreitet weiter. Da eine endgültige Grenze nicht besteht, kann immer neues Unbekanntes erreicht werden.

Der Begriff des „progrès" weist auf die Ähnlichkeit solcher Vorstellungen mit positivistischem Denken der Zeit Rimbauds, das die Zukunft vor allem unter dem Aspekt der zunehmenden Naturbeherrschung und damit auch der Entwicklung technischer Vernunft und Methode betrachtet. Rimbaud selbst stellt diesen Zusammenhang her, wenn er im selben Brief schreibt: „Cet avenir sera matérialiste, vous le voyez; – Toujours pleins

---

[145] Rimbaud, Briefe und Dokumente, l. c., S. 245 f. – Ochwadts Übersetzung dieser Briefstelle lautet: „Der Dichter würde das Maß des Unbekannten abgrenzen, wie es sich zu seiner Zeit in der allumfassenden Seele erweckt: mehr würde er geben als die klare Aussprache seines Gedankens, als die Niederschrift *seiner Schritte zu* wahrhaft menschlichem Wege! Da das Außerordentliche, von allen angeeignet, zur ordnenden Regel wird, wäre er wahrhaftig *ein Vervielfältiger glückenden Menschenweges!"* (S. 30). Die Übersetzung „wahrhaft menschlicher Weg" bzw. „glückender Menschenweg" für „progrès" scheint uns problematisch, ja irreführend zu sein. Wenn man versucht, das Wort „Fortschritt" zu vermeiden, um Rimbaud nicht in die Nähe banalen Fortschrittsglaubens zu bringen, so verschleiert man doch den Ansatzpunkt seiner poetologischen Bestrebungen. Rimbauds „progrès" und der Fortschrittsglaube der zweiten Hälfte des 19. Jahrhunderts sind nicht so weit voneinander entfernt, als man annehmen geneigt ist.

[146] Friedrich, Struktur der modernen Lyrik, l. c., S. 47.

[147] Friedrich, Struktur der modernen Lyrik, l. c., S. 47.

[148] In diesem Sinn empfahl bereits Baudelaire die Anwendung der Rauschmittel Haschisch und Opium.

du *Nombre* et de *l'Harmonie,* ces poèmes seront faits pour rester."[149] Die „Entregelung aller Sinne", die Rimbaud als poetisches Verfahren vorschlägt, um das „Unbekannte" zu erschließen, gleicht in der Art und Weise, wie sie systematisch betrieben und kalkuliert werden soll, tatsächlich der Lösung eines technischen Problems. Hugo Friedrich kann daher davon sprechen, „daß die einander feindlichen Machtträger der Moderne, der technische Arbeiter und der poetische ‚Arbeiter', sich im geheimen begegnen, weil sie beide Diktatoren sind: der eine über die Erde, der andere über die Seele"[150].

Ziel des „poetischen ‚Arbeiters'", wie Friedrich ihn beschreibt, ist es, „diktatorische Phantasie"[151] zu entwickeln, „die mit vollen Händen im Wirklichen wühlt, es wegwirft, zu neuen Überwirklichkeiten massiert"[152]. Sie „verfährt nicht wahrnehmend und beschreibend, sondern in unbeschränkt kreativer Freiheit"[153]; sie bedeutet die „absolute Freiheit", die „als sie selber ansichtig werden (will)"[154].

Sicherlich waren es vor allem diese Aspekte im Werk und Programm Rimbauds, die auf die Expressionisten großen Eindruck machten. So kann es nicht weiter verwundern, wenn sie sich in Bechers „Verfall und Triumph" wiederfinden. Eine große Rolle spielen etwa Rausch und gesteigerte Nervensensationen:

> Die Nerven gepeitschet! Die Welt wird zu enge.
>
> (b I, 77)

> Die Körper, in giftigen Räuschen entheiligt,
> Sie welken und stürzen zu Schutthaufen ein.
>
> (b I, 76)

Besonders deutlich aber erinnern die zahlreichen Bilder der mutwilligen Zerstückelung des menschlichen Körpers an Rimbauds Forderung nach „Selbstverstümmelung". Hierher gehört auch die Apologie des Schmerzes[155]:

---

[149] Rimbaud, Briefe und Dokumente, l. c., S. 246. – Ochwadts Übersetzung: „Sie sehen, diese Zukunft wird materialistisch sein; – Immer erfüllt von *gesetzhafter Zahl* und *harmonischer Fügung,* werden diese Gedichte zum Bleiben geschaffen sein." (l. c., S. 30).
[150] Friedrich, Struktur der modernen Lyrik, l. c., S. 48.
[151] Friedrich, Struktur der modernen Lyrik, l. c., S. 61.
[152] Friedrich, Struktur der modernen Lyrik, l. c., S. 62.
[153] Friedrich, Struktur der modernen Lyrik, l. c., S. 62.
[154] Friedrich, Struktur der modernen Lyrik, l. c., S. 61.
[155] Sie findet sich bereits bei Baudelaire. Vgl. dazu S. 173, Anm. 88.

So haben wir den Schmerz zu unserer Braut erwählet.
Das Muskelfleisch aufscheuern die Gewänder hären.
Der Schmerz ist heilig. Er wird Tat und Werk gebären.
Verhaltene Kräfte zünden. Uns dem Tod vermählen.

(b I, 127)

Die beiden letzten Beispiele zeigen jedoch gleichzeitig, daß Becher das Programm des „progrès" – des unendlichen Fortschreitens – nicht einfach übernimmt; er möchte diesen Prozeß zum Abschluß bringen. Der Aspekt des Zusammenbruchs ist deshalb zentral. Für Rimbaud ist der Tod ein Punkt, an dem neue Arbeiter ansetzen. Becher deutet diesen Punkt um zum absoluten „Ziel": fortgesetzte Leiden und immer ärgere Verstümmelung sollen in die totale Zerstörung münden, aus der heraus – Phönix aus der Asche – „Triumph", der „neue Mensch", das Neue schlechthin entstehen sollen. Damit verändert sich die Struktur dieser Bewegung grundlegend: aus dem „progrès" Rimbauds wird die „Verwandlung".

Friedrich unterläßt es, die historischen und gesellschaftlichen Bedingungen aufzuzeigen, unter denen Rimbauds Poetik entstehen konnte. Er verabsolutiert sie und webt mit am Mythos einer literarischen Moderne, die Freiheit einzig in der Freisetzung von Phantasie, etwa als „primäre Setzung" (Benn), zu fassen vermag und dem Dichter, der diese Freiheit verwirklicht, damit eine asoziale, im Grunde außergesellschaftliche Position zuweist. Er begreift die Poetik Rimbauds nicht als geistiges Produkt, entstanden in einer Gesellschaftsform, die die Entfremdung und Isolation der Individuen erst erzeugt und in der der Widerspruch von subjektiver Freiheit und gesellschaftlichem Sein selbst eine durch die Widersprüche der Gesellschaft bedingte Erscheinung darstellt. Gerade im Expressionismus verschärft sich dieser Widerspruch aufs äußerste: der isolierte und verstümmelte Mensch, den Rimbaud als Promotor der Geschichte sieht, wird jetzt gar zum Ziel und Sinn der Geschichte. Die expressionistischen Vorstellungen von „Weltuntergang", „Endzeit" und „Revolution" sind subjektive Projektionen des Zustandes des Individuums, das den positiven Geschichtsverlauf, wie ihn Rimbaud inaugurierte, nicht länger auf seine Kosten betrieben haben will.

Rimbauds „Bateau ivre" endet in der „Ruhe des Nichtmehrkönnens, des Schiffbruchs im Grenzenlosen wie der Unfähigkeit für das Begrenzte" [156]; es „mündet in die zerstörende Freiheit eines Einsamen und Gescheiter-

---

[156] Friedrich, Struktur der modernen Lyrik, l. c., S. 56.

ten" [157], die doch auch „unbeschränkt kreative Freiheit" [158] ist. Diese Freiheit bleibt freilich formal und inhaltslos, weil sie „unter dem Machtanspruch eines Subjekts, das seine Inhalte nicht empfangen, sondern selber herstellen will" [159], gerade das negiert, wovon die inhaltliche Bestimmung der Freiheit einst ausging: das gesellschaftliche Sein des Subjekts. Die Expressionisten teilten mit Rimbaud die „Unfähigkeit für das Begrenzte" und wollten es wie dieser durch die „Entregelung aller Sinne" überwinden; gleichzeitig aber konnten sie sich nicht mit der „Ruhe des Nichtmehrkönnens, des Schiffsbruchs im Grenzenlosen" abfinden. Sie fanden die Formel der „Erlösung" bzw. der „Verwandlung", mit der sie formale Freiheit in inhaltliche umdeuteten. Diese Formel blieb freilich eine Leerformel. Der Versuch, „Verfall" als „Triumph" zu erleben, mußte scheitern.

7. Das Ende

a. *Anhäufung und Organisation von Substanz*

Becher löst die vorgefundenen Gegenstände aus ihren funktionalen Zusammenhängen, um sie als reine Substanz ganz für sich verfügbar zu machen. Diesen Prozeß muß er ununterbrochen vollziehen, da er immer Neues vorfindet, was seinem Zugriff noch nicht anheimgefallen ist. Nur auf diese Weise wird er dem in der Dehmel-Rede konzipierten Anspruch gerecht, seine „Zeit" – und damit meint er seine gegenwärtige Welt als Totalität – „restlos" „in sich" zu „beschließen". Seine Methode bedingt also ihre permanente Anwendung. Damit aber läßt sich das Bildungsgesetz für „Verfall und Triumph" als ständige Anhäufung von Substanz formulieren.

Die Sprache Bechers ist diesem Bildungsgesetz bis ins kleinste verpflichtet. Auf Schritt und Tritt begegnet man Sprachsubstanz, die – funktional betrachtet – „überflüssig" ist. Charakteristisch ist die Vorliebe für zusammengesetzte Substantive, die zudem nicht selten pleonastisch sind: „Wasserbrunnen" (b I, 120), „Magendärme" (b I, 120), „Kuttenmönche" (b I, 120), „Ackerfelder" (b I, 123), „Gamaschenstrumpf" (b I, 123), „Säbelschwert" (b I, 155), „Knabenkinder" (b I, 154) u. v. m. Man muß sich hüten, solche Bildungen als „Intensivierung von Ausdruck" o. ä. zu nehmen; wie dem

[157] Friedrich, Struktur der modernen Lyrik, l. c., S. 55.
[158] Friedrich, Struktur der modernen Lyrik, l. c., S. 61.
[159] Friedrich, Struktur der modernen Lyrik, l. c., S. 61.

Prinzip der „harten Fügung" kommt ihnen kaum ein qualitativer Stilwert zu. Die gleiche Aufgabe haben die vielen Pluralbildungen, besonders wenn sie ungewöhnlich sind: „Dunkelheiten" (b I, 124), „Tode" (b I, 125), „Schneee" (b I, 125), „Schlafe" (b I, 129), „Finsternisse" (b I, 129), „Gestrüppe" (b I, 133). Erinnert sei weiter an die Anhäufung bestimmter Klänge. Am deutlichsten jedoch manifestiert sich das Prinzip, Substanz beizubringen, in den langen Gedichten und den relativ langen Versen.

Das Sinnbild solch kruder Stofflichkeit ist der Abfall. Kaum besser begreifen läßt sich der gehaltliche Kern dessen, was „Verfall" bei Becher und im Expressionismus überhaupt meint, als in der Versammlung von Abfall. Man hat die Bilder von Kot, Unrat, Verwesung, Eiter, Schimmel, Kadavern „fäkalischer Barock"[160] genannt und als exzessiv getadelt; man hat damit übersehen, daß sie tief in der Gedichtstruktur verankert und vielleicht ihr sinnfälligster Ausdruck sind. Ästhetische Postulate, die die Ökonomie der poetischen Mittel – auch der Häßlichkeit – zum Inhalt haben, müssen angesichts einer Dichtung versagen, deren Bildungsgesetz sich der Absetzung eben jener Ökonomie verdankt.

Dem Bildungsgesetz im Gedicht, Substanz herzustellen und aufzuhäufen, entspricht ihr Ordnungsprinzip: die Organisation. Von außen wird Ordnung an die einzelnen Teile herangetragen. Im Hinblick auf den Gesamtbau des Gedichtbands – Programmatik der Abschnitte, symmetrische Anlage – konnte dies bereits gezeigt werden. Auch der „künstliche" Bau mancher Gedichte wie etwa von „Baudelaire" (b I, 50 f.) muß unter diesem Gesichtspunkt begriffen werden; ebenso die Neigung, mehrere Gedichte unter einem Titel zusammenzufassen. Besonders deutlich zeigt sich Art und Weise der Organisation an den Gedichten „Die Stadt der Qual" I–III und „Berlin". Jedes dieser vier Gedichte hat 21 Strophen, was kaum auf Zufall beruhen kann, schon gar nicht bei den zusammengehörenden Gedichten „Die Stadt der Qual" I–III. 21 aber ist das Produkt der Primzahlen 3 und 7; sie spielen in der Apokalypse, auf die gerade diese Gedichte Bezug nehmen, eine wichtige Rolle. Auch von hier aus wird die Verwandtschaft zwischen „Verfall und Triumph" und dem Stationendrama Strindbergs sichtbar, das „einem mechanischen und, wenn auch sinnvollen, so doch werkfremden Ordnungsgedanken" folgt.[161]

Die Organisation von außen fragt nicht nach der „Individualität" der Teile, sondern unterwirft sie alle denselben Regeln. Sinnfällig wird dies im

---

[160] Vgl. Ferdinand Josef Schneider, Der expressive Mensch, l. c., S. 60.
[161] Szondi, Theorie des modernen Dramas, l. c., S. 48.

Bild des „Zugs", das den Umschlag von einer heterogenen Masse zu einem geordneten Gebilde zeigt. Bedeutend ist allein die Quantität. Daher rührt es, daß das Zahlenhafte und Meßbare so sehr in den Vordergrund rückt. Als Produktion des Schemas bestimmt das Maß die Sprache von „Verfall und Triumph" bis ins kleinste, indem es sich jeden Stoff anpaßt.

b. *Imperative*

Sowohl in der Anhäufung wie in der Organisation von Substanz äußert sich der Wille eines im Zentrum stehenden, „allumfassende Weltanschauung" beanspruchenden Subjekts. Deutlichster Ausdruck des Organisationswillens sind die zahlreichen Imperative, die die Gedichte durchsetzen. Besonders offensichtlich wird dies, wenn sie direkt zur Organisation aufrufen. In den Gedichten „Päan des Aufruhrs" I–III haben sie eine solche Funktion. „Päan des Aufruhrs" I zeigt in der ersten Strophe den Dichter als Antreiber:

> Inmitten der Getümmel, knochig und robust,
> Steh ich, befeuernd den Tumult mit Schrei.
>
> (V u. T, 57)

Im zweiten Gedicht dann steht der Imperativ im Dienst der Organisation; die Organisationsform ist einleuchtenderweise der Zug:

> Verdammet ewig! Ordnet euch zum Zug!

und:

> Hah! Vorwärts marsch in euer Qualdasein!
>
> (V u. T, 59)

Im dritten Gedicht schließlich wird das ordnende Moment der Organisation betont:

> Vergesset den Takt nicht! Rennet nicht, jaget nicht durch!
>
> (V u. T, 61)

Einen Sinn verleiht der Bewegung des Zugs die dem Gedichtband im ganzen zugrunde liegende Programmatik. Bisweilen ist deshalb in den Imperativen das Ziel direkt angesprochen:

> *Daß wir Leuchten seien letzter Nacht!*
>
> (b I, 51)

Erpeitsche uns das letzte Abenteuer!
(b I, 58)

Daß meine Schritte deinen gleicher werden,
Daß deine Male meinen Körper zieren,
Daß deine Leiden heftig in mich dringen,
Daß mich Verlästerung und Schande treffen,
Bis mich Triumph aus ekler Not verklärt.
(b I, 161)

Auch wo ein Ziel nicht so deutlich vor Augen gestellt wird, steht die Programmatik im Hintergrund. Die Imperative können als die vergegenständlichten Impulse aufgefaßt werden, die vom zentralen Ich ausgehen, um die Bewegung vom „Verfall" zum „Triumph" voranzutreiben. In ihrer Stellung in der Gesamtstruktur lassen sie sich mit den Relativpronomina aus Heyms erster Phase vergleichen. Wir nannten diese die Wegemarken der Bildbewegung, die sich in der „einen Ebene" ausbreitete. Die „eine Ebene" ergab sich aus dem Umstand, daß in Heyms Gedichten ein Subjekt, von dem ein Programm ausgehen könnte, abwesend war. Bei Becher hingegen gibt es ein übergeordnetes Programm mit finaler Tendenz. Die Imperative sollen es im kleinen zeigen und befördern. Sie sollen im Gedicht markieren, daß aus dem Nebeneinander, das strukturell als mangelnde Funktionalität den „Reihungsstil" kennzeichnet, kraft des zentralen Ichs das Nacheinander der „Verwandlung" geworden ist.

c. *Das vorläufige und unaufhörliche Ende*

Das produzierte Schema zeigt am deutlichsten, daß die Herstellung und Organisation von Substanz nicht voneinander getrennt werden können; das eine ist ohne das andere nicht möglich. Es ist die Dialektik der „Verwandlung", die in „Verfall" und „Triumph" ihre Pole hat, und die nicht in einen kontinuierlichen Verlauf aufgelöst werden kann. Jede Bewegung verläuft ruckartig und bildet die Aneinanderreihung in sich statischer Stationen. Der Ort der „Verwandlung" liegt zwischen den Stationen, und das Verwandelte muß – das zeigte auch die Struktur des „Kaleidoskops" – bereits wieder ein Verwandelbares sein.

Es liegt in der Konstruktion der „Verwandlung" selbst, daß das, was sie anstrebt – ein Ziel, ein Ende –, nicht erreicht werden kann. Der Zwang zur permanenten Identifikation ist auch der Zwang zur ständigen Verwandlung. Der Anspruch der Totalität, der der Komposition „großen Stiles" wie der „allumfassenden Weltanschauung" zugrunde liegt, kann mit eben den Mitteln, die ihm in „Verfall und Triumph" entsprechen – dem „Reihungsstil", der Herstellung identischer Substanz – im Endlichen nicht erreicht werden. Er könnte nur dann eingelöst werden, wenn die zu verwandelnde Substanz begrenzt wäre, was aber dem eigenen Ansatzpunkt – der Konzeption einer unendlichen Welt – widerspricht.

Die Konstruktion der „Verwandlung" führt folgerichtig dazu, daß „Triumph" und Tod zusammenfallen. Die unter der Hand vorgenommene Feststellung Hartungs, am Ende des Werks stehe nicht der Tod[162], ist nicht allein durch die Gedichte selbst[163], sondern auch durch die Gedichtstruktur zu widerlegen. Der Tod ist freilich nicht „letzte Hoffnung des Durchbruchs zum unbekannten Neuen"[164], wie es Hartung für Baudelaires „Fleurs du Mal" annimmt, sondern eine Notwendigkeit. Dies ergibt sich schon aus dem Versuch, Rimbauds „progrès" eschatologisch beschließen zu wollen. Dies ergibt sich auch aus der Identifikationsstruktur: Stigmatisierung und Zerstückelung laufen auf die Herstellung der Leiche hinaus. Die Auslöschung der funktionalen Zusammenhänge betrifft schließlich auch die Lebensfunktion. Auflösung erst bringt die neue Identität ganz:

> Er tönet ausgesöhnt mit allen Stücken
> Und aufgelöst in den Zusammenhang.
>
> (b I, 147)

Doch wie jeder Identifikationsakt hat auch der Tod etwas Vorläufiges, ganz ähnlich wie jener ersehnte „ewige Tag"[165]. Ein Funken dieser Erkenntnis blitzt auf in dem „Ahnung" überschriebenen Gedicht, in dem es heißt:

---

[162] Hartung, Bechers frühe Dichtungen, l. c., S. 398.
[163] Das drittletzte Gedicht, das unmittelbar vor dem Gedicht „Triumph" steht, trägt den Titel „Der Tod". Es endet:
> Es bauschet sich in unerhörter Wucht
>
> Sein Mantel, jener zarte Lilahimmel,
> Der Herbstzeitlose Kelch, endlose Bucht,
> Aufsaugend uns und irdisches Gewimmel.   (b I, 167)

Und die Schlußverse von „Triumph" lauten:
> Einst wankten wir durch Gassen wirre Netze,
> Zerdacht die Stirnen und von Flucht bedrückt.
> Tod deckte auf die Herrlichkeiten-Schätze,
> Wir voll erlebend, stumm und unzerstückt.   (b I, 168)

[164] Hartung, Bechers frühe Dichtungen, l. c., S. 398.
[165] b I, 54.

Aufbruch ruft.
Wir aber werden am Boden liegen, schlafend.
Berauscht, kotzend oder greinend.
An uns vorüberrauschen, über uns rauschen wird
Tag und Getümmel.
Wenn des Ewigen Hand die goldenen Vorhänge löst . . .
Trompeten stoßen,
Pauken donnern.
Wir müssen Schläfer sein.

(V u. T, 51)

Im Bild der Schläfer, die den Jüngsten Tag versäumen, ist der Widerspruch erfaßt, der zwischen dem Anspruch und der Struktur der „Verwandlung" besteht: der Widerspruch zwischen dem Endziel der Erlösung und der Möglichkeit der Verwirklichung. Er äußert sich auf der anderen Seite darin, daß auch die letzte Möglichkeit der Identifikation bloß eine Station in einer endlosen Reihung darstellt. Das vorläufige Ende wiederholt sich unaufhörlich.

Der Anspruch, sich die Welt und ihre Geschichte „restlos" verfügbar zu machen im Verfahren der Entfunktionalisierung, bezeichnet die extreme Position expressionistischer Subjektivität. Es ist letztlich der Anspruch, die in diesen Verfahren selbst enthaltenen Widersprüche von „Verfall" und „Triumph", von „Reihungsstil" und „allumfassender Weltanschauung" in und durch Subjektivität zu versöhnen. Damit aber reproduziert sich dieser Widerspruch im Subjekt selbst. Die Verbindung von poetischem Anspruch und poetischem Verfahren spiegelt „jene Paradoxie der Subjektivität" [166], in der „die Möglichkeit subjektiver, das heißt ursprünglicher Aussage nicht geschaffen, sondern aufgehoben wird" [167]. Bechers Gedichtband „Verfall und Triumph" ist beispielhaft für diesen Vorgang.

---

[166] Szondi, Theorie des modernen Dramas, l. c., S. 49.
[167] Szondi, Theorie des modernen Dramas, l. c., S. 106.

SCHLUSS: FORM UND SUBJEKTIVITÄT

1. „Formel" und „Verwandlung"

Die Beobachtung, daß sich Gedichte des frühen Expressionismus in hohem Maß in festen Vers-, Strophen- und Gedichtformen präsentieren, erwies sich als geeigneter Ansatz, zu den Gedichtstrukturen selbst vorzudringen. Erst im Kontext der metrischen Form erfuhren manche auffallende Merkmale wie Heyms Wie-Vergleiche und Bechers „Einsprengtechnik" ihre Erklärung. Darüber hinaus aber zeigte sich, daß sich an der metrischen Form, an ihrer Handhabung und Funktion die Problematik der expressionistischen Subjektivität aufweisen läßt.

Wir gingen aus von den Dichtungen Heyms. Schon ein erster statistischer Überblick ergab, daß Heyms Werk vom Beginn des Jahres 1910 bis zu seinem Tod im Januar 1912 im Hinblick auf den Formengebrauch keine Einheit darstellt, sondern daß auf eine erste Phase, in der eine einzige regelmäßige metrische Form fast ausschließlich Verwendung findet, eine zweite Phase folgt, in der Vielfalt und Unregelmäßigkeit der Formen herrschen. Diesem unterschiedlichen Formengebrauch entsprachen unterschiedliche Gedichtstrukturen.

Die Gedichte der ersten Phase zeichnen sich dadurch aus, daß in ihnen keine subjektive Anteilnahme, kein „Mitschwingen der Seele" sichtbar werden. In völliger Gleichgültigkeit werden die Bilder aneinandergereiht. Wir bezeichneten diese Einstellung als „neutrale Perspektive". In ihrem Dienst steht die metrische Form, denn sie hilft entscheidend jene Monotonie schaffen, die der sinnfälligste Ausdruck der perspektivischen Gleichgültigkeit ist. Wir erkannten deshalb in der Monotonie keine poetische Schwäche, sondern ein wichtiges konstitutives Element der Gedichte. Monotonie ist eine Funktion von Regelmäßigkeit und Wiederholung. Die metrische Form erfüllt also ihre Aufgabe umso besser, je öfter sie zur Anwendung gelangt. Heyms poetischer Ansatz impliziert deshalb, daß die einzelnen Gedichte nicht „abgeschlossen" sind, es sei denn mit Gewalt.

Heyms Erkenntnis, „es ist alles ein Nebeneinander", findet im poetischen Verfahren der neutralen Perspektive ihre Entsprechung. Perspektive und die „eine Ebene" bedingen sich gegenseitig. Wo alles ein „Nebeneinander" ist, da ist die neutrale Perspektive – das gleichsam „epische" „man sieht" – die einzig angemessene Haltung; umgekehrt ist es jedoch gerade diese Haltung, die die Bilder als in „einer Ebene" befindlich erscheinen läßt. Das Eigentümliche in Heyms Dichtungen dieser Zeit liegt ja gerade darin, daß auch das Phantastische und Surreale den Anschein des Selbstverständlichen erhält, das nur registriert werden muß.

Der Umstand, daß sich in diesen Gedichten kein Subjekt zu erkennen gibt, bedeutet nicht, daß nicht nach einem solchen zu fragen wäre; im Gegenteil, diese Frage stellt sich unaufhörlich. Jene „seltsamste Wirkung", die Stadler empfand, hat in dieser Frage ihren eigentlichen Grund. Wir haben gesehen, daß die Umschreibung des „Lochs" ein zentrales Strukturmerkmal dieser Lyrik ist: es ist die Frage nach dem Subjekt. Der subjektive Gehalt dieser Gedichte liegt in der Abwesenheit – genauer gesagt: in der demonstrativen Abwesenheit – eines Subjekts. Die Gedichte reklamieren eine Perspektive, die sich dann doch nicht als subjektiver Standort zu erkennen gibt. Wir nannten sie „neutral", um der Abwesenheit eines Subjekts gerecht zu werden. Mit gutem Grund können wir sie mit Rölleke „starr" oder „erstarrt" nennen. Damit konstatieren wir nicht nur Abwesenheit, sondern bezeichnen gleichzeitig, wie es zu dieser Abwesenheit kam: nur indem es sich ausklammert, kann das Subjekt der Erfahrung entgehen, daß es zu sich selbst nur als totes, als erstarrtes, kommen kann.[1] Die Erstarrung, der das Subjekt durch seinen Rückzug zu entgehen trachtet, ist so in der Perspektive doch gegenwärtig. Wir sagten, daß die neutrale Perspektive und die „eine Ebene" einander bedingen; mithin teilt sich der Ebene auch jene Erstarrung mit. Von hier aus erhält jene Metaphorik der Starrheit und Statik, auf die Mautz nachdrücklich hingewiesen hat und die schon von Stadler und Hiller bemerkt wurde, ihren Sinn. Man kann noch weiter gehen und in jenen lebendigen Toten und toten Lebendigen die Personifikationen der neutralen Perspektive sehen.

Das Tagebuch bestätigt indirekt, daß die demonstrative Haltung der neutralen Perspektive als der subjektive Gehalt der Gedichte angesehen werden muß. Grundsätzlich gilt, daß Heym die Welt, die ihn umgab, als banal, eintönig, dumpf, unerträglich empfand; überall sah er sich in seiner individuellen Entfaltungsmöglichkeit gehindert. Im Tagebuch rebelliert er blind gegen ihm verhaßte Institutionen, gegen Familie, Schule, Studentenverbindungen, den vorgeschriebenen Werdegang des Juristen, den Kaiser,

---

[1] Es ist die Erfahrung, die Heyms zweite Phase bestimmt.

die Zeitungskritik. Sein Protest verbleibt im Bereich reiner Subjektivität; nie versucht er den Tatsachen nachzugehen, auf Grund deren das Individuum in eine solche Lage überhaupt erst gekommen war. Seine formulierten Gegenentwürfe einer Welt, in der er zu leben wünschte – kurze und bedeutungslose, zu Heyms Lebzeiten nicht veröffentlichte Aufsätze –, sind entsprechend welt- und realitätsfern, voll von restaurativem Gedankengut, letztlich naiv.[2] Umso erstaunlicher ist es, daß Heym seinen subjektiven Protest nicht ausdrücklich in seine Gedichte eingehen ließ oder sich gar im „Schrei" zu befreien suchte. In der Phase des „Ewigen Tag" vermeidet er es ganz bewußt, sich gegen diese Welt im Protest zu exponieren. Er versucht vielmehr, sich in der Haltung der neutralen Perspektive zu behaupten. Deshalb kann er im Tagebuch vermerken, er sei jetzt „viel glücklicher" als vorher, weil er gelernt habe, „zu schauen, ohne zu wünschen, einfach zu betrachten"[3]; deshalb kann er diesen Zustand rückblickend als „göttliche Ruhe"[4] bezeichnen. Selbstbewußt dekretiert er einen Standpunkt, an dem ihn – so sieht es wenigstens zunächst aus – nichts mehr zu gefährden vermag. Das Verhältnis zur Welt scheint vollkommen unproblematisch, in gleicher Weise übrigens, wie das formale Problem nicht zu existieren scheint. Diese vorgebliche Problemlosigkeit ist freilich höchst hintergründig, basiert sie doch auf der paradoxen und für das Subjekt tödlichen Voraussetzung, daß das Verhältnis des Subjekts zur Welt problemlos ist, wenn das Subjekt eliminiert wird. In dieser Paradoxie gelingt es Heym, den Zustand von Welt und Individuum genauer und entlarvender zu fassen, als es seine theoretischen Vorstellungen je vermochten.

Mit der Aussage, der subjektive Gehalt dieser Gedichte liege in der demonstrativen Abwesenheit eines Subjekts, deckt sich die Beobachtung, daß die neutrale Perspektive aus der symbolistischen Rollenstruktur abgeleitet werden kann. Auf der einen Seite verschwinden die Attribute, die

---

[2] So entwirft er 1909 den „Versuch einer neuen Religion" (h II, 164–172), in dem er ernsthaft als die Ziele der Religion „Heroenverehrung" und „Naturverehrung" (165) nennt und genaue Gottesdienst- und Festrituale ausarbeitet. Dieser Versuch mutet an wie eine Parodie auf den Kult, den George trieb, ein Gedanke, der angesichts des maßlosen Hasses auf George berechtigt ist. Heym ist es jedoch offensichtlich ernst. Kurz vor seinem Tod schreibt er eine Skizze „Über Genie und Staat" (h II, 174–176), in der er für die „Großen" des Geistes, für die „Genies", die politische Macht fordert und vorschlägt, „eine anständige Aristokratie zu schaffen" (175). Als Widersacher des Geistes sieht er die Bürokratie, die „Behörden und Behördchen" (174), die „Aktentiere" (175) – Institutionen, mit denen Heym vornehmlich als Justizreferendar schlechte Erfahrungen gemacht hatte. Direktes poetisches Resultat dieser Erfahrungen ist der Zyklus „Das Grundbuchamt" (h I, 265 ff.).
[3] h III, 150.
[4] h III, 174.

die Rolle inhaltlich motivierten und determinierten, auf der anderen Seite jedoch bleibt der Rollencharakter erhalten. Auf diese Weise wird die Rolle und mit ihr die Perspektivierung überhaupt problematisch, auch die neutrale oder „erstarrte": die Einrichtung einer neutralen Perspektive impliziert ihre eigene Liquidation. Hierin liegt der Grund für die eigentümliche Ambivalenz der neutralen Perspektive, die einerseits die Verhältnisse, in denen sich Welt und Individuum befinden, entlarvend darzustellen vermag, die andererseits aber als Maske und damit auch als „Lüge" empfunden wird, da die unaufhörliche Frage nach der Perspektivierung und damit die nach dem Subjekt selbst direkt nicht beantwortet wird. Die neutrale Perspektive konnte Heym schützen und „göttliche Ruhe" geben, da die Frage nach der Identität suspendiert blieb bzw. in der dialektischen Beziehung von subjektivem Gehalt und Abwesenheit des Subjekts reflektiert wurde. Im Moment, in dem Identität gefordert war, mußte sie versagen.

Damit ist der Grund zu Heyms zweiter Phase gelegt. Heym richtet jetzt „das Erkennen nach Innen"[5]; das Subjekt selbst, bisher terra incognita, wird erforscht.[6] Die Gedichte geben die Erfahrung wieder, die Heym dabei macht. Der eingeschlagene Weg erweist sich – vermutlich in Anlehnung an Schopenhauer – als ein Gang in die Leere. Er stimmt überein mit dem Bild vom Tod, das sich Heym machte, mit dem „meilenlangen Nichts", wie es in „Atalanta" heißt. Die Suche nach dem principium individuationis ist ein Sich-Verlieren, sowie das Sterben ein langsames Dahinschwinden ist: Sterben und Individuation werden identisch. Nichts anderes ist es, wenn wir in Heyms Gedichten dieser Zeit die Erfahrung finden konnten, daß das Subjekt nur als totes zu sich selbst gelangt. Das Bild von der sich hinauswindenden Schlange, die tot ist, oder jenes paradoxe „Ich schwinde hinaus wie ein gläserner Luftballon" sind die Prozesse (vergeblicher) Indi-

---

[5] Arthur Schopenhauer, Die Welt als Wille und Vorstellung, IV. Buch, Fußnote zu § 54.

[6] Im Jahr 1911 schreibt Heym die Erzählung „Das Tagebuch Shakletons" (h II, 124–143), die in der Form von Tagebuchaufzeichnungen von einer Südpolexpedition handelt. Diese Erzählung kann als poetische Explikation des „Wegs nach Innen" aufgefaßt werden. Die Forscher, die am Pol unerwartet in eine Zone vordringen, in der es Vegetation und seltsame Lebewesen gibt, geraten in Gefangenschaft; gleichzeitig verändert sich ihre Verfassung in merkwürdiger Weise: „Ich muß lange geschlafen haben, und trotzdem fühle ich mich sehr matt. Ich kann meinen Zustand nicht recht beschreiben. Mir ist, als wenn während meines Schlafes mit mir irgendeine geheimnisvolle Prozedur vorgenommen worden wäre. Mir ist, als wenn ich gleichsam seelisch halbiert worden wäre." (h II, 142) Wie sich später herausstellt, kommt der wahre Shakleton um; was die Welt als siegreichen Polarforscher feiert, ist ein Golem, der seine Existenz jenen unheimlichen Polbewohnern verdankt. – Im Kern steht der Zweifel, ob sich das Individuum von einem Golem unterscheidet, ob es nicht bloß eine Erscheinung, die im Innersten leer ist, darstellt.

viduation wie die des Sterbens. Den gleichen Sinn haben die zahlreichen Stellen, Bilder und Wendungen des Schwindens, Verblassens, Verdämmerns, – die Formel „nur manchmal noch . . ." ist hierfür besonders charakteristisch. Die Erforschung des Innen endet mit der Desorientierung in Raum und Zeit.

Die Paradoxie, auf Grund deren das Subjekt in der Phase der neutralen Perspektive demonstrativ abwesend sein konnte, zeigt sich jetzt als die Paradoxie dieses eliminierten Subjekts selbst: es findet sich tot und leer. Um sich der Welt gegenüber zu behaupten, zog sich das Subjekt ganz zurück; jetzt zeigt sich, daß diese Rettung keine war. Gleichsam spiegelbildlich nahm Heym so in seiner ersten Phase vorweg, was später die „Methode" des Expressionismus wurde: Isolation und Vereinzelung des Menschen, um zu seinem „Wesen" zu gelangen.[7] Heyms Gedichte der zweiten Phase zeigen, daß das Eindringen in das „Wesen", längst bevor es zum Schlagwort wurde, ein Gang war „in leerer Wege ausgetretnem Gleise"[8].

Mit der Aufgabe der neutralen Perspektive wird auch die Form ganz offen zum Problem. Unsicherheit stellt sich ein; sie äußert sich in der Auflockerung des starren jambischen Schemas, in den wechselnden und unregelmäßigen Gedicht-, Strophen- und Versformen. Fragwürdig wird aber nicht allein die metrische Form, sondern Form in einem umfassenden Sinn, als nämlich Sprache immer ein System von Zeichen und Objektivationen darstellt, die nicht identisch mit dem Bezeichneten sind.[9] Die Sprache selbst wird dem Subjekt feindlich, fremd und boshaft; sie ist ganz und gar Teil jener Objektwelt, die das Subjekt in seiner Entfremdung nicht mehr durchschaut. „Was dich schmerzet, ich sag es im Bösen. / Und uns quälet ein fremdes Wort."[10] : jeder Versuch der Kommunikation ist von vornherein zum Scheitern verurteilt. Die Chiffren „fremde Worte", „fremde Stimmen" oder „fremde Gesichter", die so oft im späten Werk zu finden sind, reflek-

---

[7] Vgl. Szondi, Theorie des modernen Dramas, l. c., S. 108.
[8] h I, 431.
[9] Der Prozeß, daß formale und inhaltliche Aussage auseinandertreten, wie er sich in der Lyrik des 19. Jahrhunderts exemplarisch bei den französischen Symbolisten – in der Trennung des lyrischen Subjekts vom empirischen Ich einerseits und der zunehmenden Abstraktion bis hin zur „reinen Form" andererseits – niederschlägt, gelangt angesichts der Forderung nach Identität, nach der Wahrheit des Subjekts (Hugo Friedrich spricht davon, daß bei Mallarmé die Trennung von Wahrheit und Schönheit endgültig geworden sei; vgl. Friedrich, Moderne Lyrik, l. c., S. 88) an einen Endpunkt. Die Möglichkeit der „Sprachmagie", der allein aus der Sprache heraus wirkenden Imagination, wie sie sich in Mallarmés Satz „Der Dichter überläßt die Initiative den Worten" (vgl. Friedrich, Moderne Lyrik, l. c., S. 103) niederschlägt, – die Möglichkeit also, die „kreative Freiheit" verbürgte, war für Heym verbaut.
[10] h I, 448.

tieren diesen Zustand. Auch die eigene Sprache existiert nur außerhalb, hermetisch vom Subjekt getrennt als ein Fremdes. Das stumme und vergebliche Liebeswerben „Hülikins" zeigte dies eindrucksvoll.

Nirgends macht Heym den Versuch, diese aus der Vereinzelung des Subjekts resultierende Trennung und Entfremdung in irgendeiner Weise zu überwinden. Darin unterscheidet er sich grundlegend von Johannes R. Becher und anderen Expressionisten. In deren Sprache heißt dieser Versuch „Verwandlung" und „Triumph".

Es empfiehlt sich bei der Erörterung dieses Sachverhalts dort anzusetzen, von wo Becher speziell und der Expressionismus überhaupt einen wichtigen Anstoß erhielten: beim Gedicht „Weltende" von Jakob van Hoddis. Dieses Gedicht zeichnet sich dadurch aus, daß in ihm ein bestimmtes poetisches Verfahren, von uns „Reihungsstil" genannt, dialektisch reflektiert wird; so nämlich, daß im Gedicht diese Struktur aufblitzt, ohne daß es selbst ihr sich beugen müßte. Van Hoddis holt aus der Tatsache, daß im „Reihungsstil" jede Pointe ausgeschlossen ist, gerade die Pointe heraus.

Im Hinblick auf die expressionistische Dichtung interessiert weniger diese Pointe, die van Hoddis' einmalige und geschichtliche Leistung ist, als die Struktur des „Reihungsstils" selbst. Wir sahen den „Reihungsstil" dann verwirklicht, wenn abgeschlossene Einheiten, die formal identisch sind, aneinandergefügt werden. Diese Einheiten konstituieren sich als syntaktisch und inhaltlich geschlossene Verse. Der Zusammenhang der Verse untereinander ist formaler und nicht inhaltlicher Natur; den Inhalten gegenüber herrscht Neutralität. Formale Identität und inhaltliche Neutralität der Teile aber bewirken gemeinsam, daß die Teile innerhalb der Reihung keinen Stellenwert besitzen. Mangelnde Funktionalität äußert sich aber nicht in Regellosigkeit, sondern gerade in der genauen Gleichheit und Abfolge der Teile. Der „Reihungsstil" kennt damit weder Anfang noch Ende, weder Kausalität noch Finalität: der Tendenz nach lassen sich unendlich viele Teile in beliebiger Reihenfolge aneinanderfügen.

Ganz entfernt gleicht der „Reihungsstil" einer Kompositionstechnik, die früher Epik – den Dichtungen Homers oder den Chansons de geste – eigen ist: dort folgen die Episoden aufeinander in einem „prinzipiell unendlichen Reihungsverfahren"[11]. Ein kurzer Vergleich vermag die Unterschiede auf-

---

[11] Erich Köhler, Ideal und Wirklichkeit in der höfischen Epik, Tübingen 1956, S. 238.

zuzeigen und so die Eigenheiten des „Reihungsstils" nochmals zu verdeutlichen. Die einfache Reihung als das Kompositionsprinzip epischer Dichtung ergibt sich ganz zwanglos aus der von Schiller erkannten Tatsache, daß „die Selbständigkeit seiner Teile einen Hauptcharakter des epischen Gedichtes ausmacht", wobei „der Zweck des epischen Dichters" „schon in jedem Punkt seiner Bewegung" liegt.[12] Die Selbständigkeit der Teile wird erreicht, weil auf sie „der Schwerpunkt der poetischen Tätigkeit"[13] fällt. Anders im „Reihungsstil". Hier entsteht die Selbständigkeit gerade nicht durch breite Schilderung, durch behagliches Verweilen an einem Punkt etc., sondern dadurch, daß die Teile auf *eine* Norm gebracht werden. Selbständigkeit ist ein Produkt der Formalisierung und damit qualitativ anderer Natur als in den Epen. Während das poetische Interesse in den Epen dem einzelnen Teil gilt und die Reihung deshalb als das angemessene Kompositionsprinzip erscheint, ist im „Reihungsstil" das Kompositionsprinzip selbst der Gegenstand des poetischen Interesses.

Die Gefahr, die aus dem Prinzip der Addition in den Epen erwächst, ist die der Langeweile. Ihr „kann der Epiker (. . .) begegnen, indem er durch den folgenden Teil den früheren überbietet und so den Hörer beständig fesselt"[14]. Die Beschaffenheit der einzelnen Teile hilft also aus der Gefahr, die aus ihrer Fügung droht. Im „Reihungsstil" ist dies unmöglich, weil die einzelnen Teile ihre Existenz keinem stofflichen oder schildernden Interesse verdanken, sondern einzig einem formalen Prinzip. Langeweile ist deshalb durchgängig und notwendig. Wenn Becher davon redet, daß im Anschluß an „Weltende" „bürokratische Versprodukte entstanden, die geradezu rechnerisch durchgeklügelt waren, indem auf jeden Satz ein Gegensatz folgen mußte"[15], so zeigt dies nur, daß auch das Mittel der Kontrastierung von jenem wahrhaft bürokratisch-pedantischen Prinzip aufgesogen und neutralisiert wird. Die dem Epiker „eigentümlichen" Mittel[16] sind nicht anwendbar.

Das Prinzip des „Reihungsstils" läuft darauf hinaus, daß sich unendlich viele Teile in unendlich verschiedenen Anordnungen zusammenfügen lassen, ohne daß sich etwas anderes einstellte als die dauernde Reproduktion

---

[12] Brief an Goethe, 21. April 1797.
[13] Emil Staiger, Grundbegriffe der Poetik, Zürich und Freiburg 1961, 5. Aufl., S. 117.
[14] Staiger, Poetik, l. c., S. 118.
[15] Becher, Poetisches Prinzip, l. c., S. 107.
[16] Staiger, Poetik, l. c., S. 118.

eines Gleichen. Auch das inhaltlich Unterschiedlichste fungiert als Zeichen für das Gleichartige. Darin liegt die Fragwürdigkeit des „Reihungsstils" als poetische Verfahrensweise. Die ihm innewohnende Endlosigkeit überholt jede Wiederholung: er ist damit auch poetisch unwiederholbar, gerade weil jeder neue Versuch die platteste Wiederholung darstellt. Selbst der provokatorische Effekt, der ihm in einer bestimmten Situation eigen gewesen ist, verschleißt schnell. Die poetische Leistung, die van Hoddis in „Weltende" vollbrachte, besteht gerade darin, daß er die „Formel" des „Reihungsstils" mit denkbar größter Ökonomie ins Bewußtsein hob und als Pointe einsetzte: zwei Zeilen – die kleinst mögliche Anzahl einer Reihung – implizieren die unendlichen Möglichkeiten. Jede weitere Durchführung des „Reihungsstils" mußte zwangsläufig hinter „Weltende" zurückbleiben und zu einem „bürokratischen Versprodukt" geraten.

In Bechers enthusiastischer Würdigung von „Weltende" findet sich der bemerkenswerte Satz: „diese Welt der Abgestumpftheit und Widerwärtigkeit schien plötzlich von uns – zu erobern, *bezwingbar* zu sein." [17] Gottfried Benn schreibt in seinem „Expressionismus"-Aufsatz, die Expressionisten hätten sich von einem „Chaos von Realitätszerfall" [18] umgeben gesehen; in ähnlicher Weise, freilich aus kritischer Position, äußert sich Georg Lukács, wenn er sagt, „daß die Wirklichkeit von vornherein als ‚Chaos', also als etwas Unerkennbares, Unfaßbares, ohne Gesetz Existierendes aufgefaßt" [19] worden sei. In Bechers Dichtung läßt sich diese Erfahrung der Wirklichkeit ebenso aufweisen wie in Heyms Tagebüchern. Der Sinn von Bechers Rede, nach „Weltende" sei die „Welt", also die Wirklichkeit, plötzlich „bezwingbar" geworden, muß im Zusammenhang gesucht werden mit jener Erfahrung. In einem bestimmten sprachlichen Verfahren von „Weltende", im „Reihungsstil" nämlich, erblickte man eine Möglichkeit, des „Realitätszerfalls" Herr zu werden. In ihm wurden die heterogenen Splitter der Wirklichkeit nicht einfach reproduziert und hingenommen – das machte man ja dem „Impressionismus" und „Naturalismus" zum Vorwurf –, sondern in einer „Formel" eingefangen. Diese Formel erwies sich als allem und jedem angemessen; es schien nichts zu geben, auf das sie

[17] Becher, Poetisches Prinzip, l. c., S. 104.
[18] Gottfried Benn, Bekenntnis zum Expressionismus, in: Deutsche Zukunft, 5. November 1933; abgedr. in: Gottfried Benn, Ges. Werke in acht Bänden, hrsg. v. Dieter Wellershoff, Wiesbaden 1968, Bd. 3, Essays und Aufsätze, S. 810.
[19] Georg Lukács, „Größe und Verfall" des Expressionismus, in: Internationale Literatur, 1934, Jg. 1; abgedr. in: Expressionismus – Der Kampf um eine lit. Bew., l. c., S. 263.

nicht passen würde. Mittels der Formel, über die beliebig verfügt werden konnte, glaubte man auch das Chaos in den Griff zu bekommen. Der „Realitätszerfall" wurde dadurch freilich nicht rückgängig, sondern bloß erträglich gemacht, indem man sich auch noch jenes letzten Rests von Realität, der im Zerfall immerhin gespürt worden war, endgültig begab. Dies erklärt die doppelte Wirkung des Gedichts „Weltende": auf der einen Seite macht es betroffen, weil der Zusammenhang als rein formaler erkannt und damit der Realität das Urteil gesprochen wird, auf der anderen Seite vermag es optimistisch zu stimmen, weil die Realität im Gedicht plötzlich unendlich verfügbar und manipulierbar erscheint. Auf einen Nenner gebracht: die universale Verfügbarkeit wurde erkauft mit Realitätsverlust.[20]

Der subjektive Anteil im „Reihungsstil" ist als Reflex auf den „Realitätszerfall" die Formalisierung der Teile oder, anders gesagt, die Vertilgung der Realität in der fungiblen „Formel". Subjektivität äußert sich nicht im Reflex auf sich selbst, sondern findet einzig Ausdruck in der Herstellung einer „Formel": Formalisierung und subjektiver Ausdruck werden identisch. Was man an der Art der Nachrichtenübermittlung beobachten konnte, nämlich die grundsätzliche Übermittelbarkeit der Ereignisse in vorgegebenen Formen, wird in ein poetisches Verfahren umgemünzt. An dieser Stelle zeigt sich deutlich der Unterschied zwischen „Reihungsstil" und Heyms erster Phase: während bei Heym die metrische Form problemlos scheint und damit vollkommen jener Einstellung des neutralen „man sieht" entspricht, ist im „Reihungsstil" die metrische Form als „Formel" Ziel der Gestaltung und versetzt den Leser in jene von van Hoddis apostrophierte Haltung des Nachrichtenempfängers „man liest".

In „Verfall und Triumph" nimmt Becher das Verfahren des „Reihungsstils" auf und intensiviert die ihm innewohnenden Tendenzen, indem er

---

[20] Becher spricht von einem „neuen Weltgefühl", das diese Poetengeneration ergriffen habe: das „Gefühl von der Gleichzeitigkeit des Geschehens" (Poet. Prinzip, l. c., S. 106). Man habe plötzlich erkannt, daß „alles Vereinzelte" nur „scheinbar" sei und in einem „unendlichen Zusammenhang" stehe (Poet. Prinzip, l. c., S. 107). Im Hinblick auf das „Weltgefühl" der damaligen Dichter mögen Bechers Ausführungen richtig sein; man muß sich aber davor hüten, das Gedicht „Weltende" selbst in dieser Weise zu interpretieren. „Gleichzeitigkeit des Geschehens" bzw. „Simultanismus" sind wie „unendlicher Zusammenhang" für den literarischen Expressionismus typische Vorstellungen, in denen die Tatsache des Realitätsverlustes positiv gefaßt werden soll. Unsere bisherigen Ausführungen sollten zeigen, daß es das Gleichartige der Präsentation von Ereignissen ist, was an „Weltende" betroffen macht, und daß nicht irgendein Gleichzeitigkeitsgefühl dargestellt oder vermittelt wird.

die Herstellung von gleichen Teilen nicht nur mit Vers und Syntax, sondern auch mit den verschiedenen Parallelkonstruktionen, mit der Angleichung von Klängen oder rhythmischen Akzenten, nicht zuletzt auch mit Hilfe der Metaphorik vor Augen führt. Wir nannten dies die Produktion des Schemas. So wie im „Reihungsstil" einzelne Ereignisse in einer Formel eingefangen, als vereinzelte Information ihrem ursprünglichen Zusammenhang entfremdet und ohne Rücksicht auf diesen Zusammenhang aneinandergereiht werden, so verfährt Becher mit der Sprache selbst. In einem selbstherrlichen subjektiven Akt demontiert er ihr Gefüge, um sie als Substanz, frei von jeder Funktion, sich verfügbar zu machen. Die so herausgelösten Teile sollen in einen neuen, einen „unendlichen" Zusammenhang gebracht werden.

Der Expressionismus bezeichnete dieses Verfahren als „Verwandlung". In diesem Begriff enthalten ist der Anspruch, in einem nur durch das Subjekt legitimierten Vorgehen aus Vorhandenem ein qualitativ Neues herzustellen. Dieses Vorgehen besteht, wie wir bereits sahen, in Entfunktionalisierung und Formalisierung. Was sich dergestalt im kleinen, in der Herstellung der einzelnen Formel nämlich, abspielt, soll auch im großen wirksam sein: die einzelnen isolierten Teile sollen sich, wieder durch einen nur vom Subjekt legitimierten Akt, zu einer neuen Ordnung zusammenfügen. Deutlich zeigt sich dies im Drama, wo der formale Charakter der einzelnen Szenen – „Statik und Zukunftslosigkeit"[21] – auf die Einheiten des „Reihungsstils" zurückweist. Ihre Verknüpfung kann nur von außen her geschehen, indem ein „äußerliches Schema zugrunde gelegt" wird[22]. Der subjektive Zugriff von außen, als Entfunktionalisierung bei der Herstellung der „Formel" wirksam, reproduziert sich so im großen, indem er den Einzelteilen einen Stellenwert zudiktiert, den sie von sich aus nicht haben.

Im Begriff der „Verwandlung" sind die Aspekte des „Verfalls" und die des „Triumphs" untrennbar verbunden. Deshalb bedingen sich die ständige Produktion eines Gleichen (Herstellung der Formel, Produktion des Schemas) und umfassende Sinngebung (das neue Ganze). „Verwandlung" im Expressionismus zeichnet sich gerade dadurch aus, daß sich widersprechende Vorstellungen wie „Verfall" und „Triumph" durch *eine* Metho-

---

[21] Szondi, Theorie des modernen Dramas, l. c., S. 47.
[22] Szondi, Theorie des modernen Dramas, l. c., S. 48.

de identisch werden; sie ist getragen vom Anspruch extremer Subjektivität, sich die Welt ohne Rücksicht auf vorhandene Zusammenhänge total verfügbar zu machen.

Aus dem totalen Verfügungsanspruch über die Dinge folgt zwangsläufig, daß nichts als es selbst über das Subjekt verfüge. Das Subjekt ist so von der „Verwandlung", die es in Szene setzt, nicht ausgeschlossen. Denn um seinem Anspruch zu genügen, muß es sich selbst verwandeln, muß es sich aus den Zusammenhängen reißen, in denen es existiert.[23] Die Bilder der Zerstückelung des menschlichen Körpers, die der Identifikationsakt liefert, zeigen dies in drastischer Weise. Das Subjekt ist wie das Kaleidoskop beschaffen, das es bewegt. Im Hinblick auf das Subjekt bedeutet „Verwandlung" gleichzeitig Identifikation und Entfremdung. Die Identität, nach der das Subjekt in seinem Anspruch unaufhörlich strebt, erreicht es nur, wenn es von sich selbst abstrahiert: Identität also in jedem Augenblick verliert. Formaler Ausdruck dessen in „Verfall und Triumph" ist neben dem Zwang zur ständigen Identifikation das plurale „wir", das als das „lyrische Subjekt" dieser Gedichte anzusehen ist und im Bild des Zugs seine vollkommene Entsprechung hat. Dieses „wir" ist verwandelbar wie das Bild im Kaleidoskop, bleibt aber wie dieses in der Substanz identisch; gleichzeitig ist alles in dieses „wir" integrierbar, wenn nur vorher von der jeweiligen Individualität abstrahiert und damit eben Identität formal hergestellt wurde.

Schon der „Reihungsstil" konnte mit der Klarheit eines Modells zeigen, wie Subjektivität im Expressionismus beschaffen war. Was Max Picard im Jahr 1919 als „Expressionismus" proklamierte, war im „Reihungsstil" von „Weltende" vollkommen angelegt: „Das Pathos aber allein genügt nicht, ein Ding aus dem Chaos zu fixieren. Man muß ein Ding noch verwandeln, als ob es niemals mit den anderen Dingen des Chaos in Beziehung gewesen wäre, damit es von ihnen nicht mehr erkannt wird und nicht mehr auf sie reagieren kann. Man muß abstrakt sein, typisieren, damit das Erreichte nicht wieder ins Chaos zurückgleitet."[24] Im „Reihungsstil" begegnet man dem Urbild jener Abstraktion, die dann bei Becher konsequent auch das Subjekt erfaßt. Freilich sind die Folgen dieser Abstraktion

---

[23] Sinnfälliger Ausdruck dessen ist bei Becher um 1914 das Unterfangen, sich aus dem Zusammenhang der bürgerlichen Gesellschaft auszuklammern und sich gesellschaftlichen Randgruppen wie Verbrechern, Huren, Zuhältern – „Abfallprodukte" dieser Gesellschaft – zuzuwenden.
[24] Abgedr. b. Pörtner, Lit. Revolution, Bd. II, l. c., S. 293.

anderer Art, als Picard im Sinn gehabt haben dürfte. Er sieht in der „Verwandlung" nur den schöpferischen Akt, nicht aber die Formalisierung und Entfunktionalisierung, die zur endgültigen „Aushöhlung" des Subjekts führt.[25] Im „Reihungsstil" ist ablesbar, daß das dem „Chaos" entrissene „Ding" mit jedem anderen dem „Chaos" entrissenen „Ding" identisch ist, daß es gerade durch die „Verwandlung" seine Einmaligkeit einbüßt und das Chaos, nämlich ein Haufen zusammenhangloser und ununterschiedener Dinge, erst hergestellt wird. Das Gedicht „Weltende" zeigte so von Anfang an mit aller Deutlichkeit in seinen zwei letzten Zeilen, daß die angebliche Bezwingbarkeit der Welt ihren gänzlichen Verlust bedeutete. „Weltende" antizipiert jene Erfahrung, die zehn Jahre später zur Ernüchterung führte: daß die Versuche, den „Realitätszerfall" mit Hilfe eines sich total setzenden Subjekts zu kitten, zum Scheitern verurteilt sind. Der Widerspruch zwischen Formel und Subjekt war auf diese Weise nicht zu versöhnen.

2. Subjektivität und Technik

Um die Dichtungen der Expressionisten im allgemeinen und die Heyms, Bechers und van Hoddis' im besonderen auch in ihrem gesellschaftlichen Gehalt zu begreifen, ist es notwendig, sie im Zusammenhang mit der technischen und wirtschaftlichen Entwicklung seit der Jahrhundertwende zu sehen. Innerhalb kürzester Zeit war das Deutsche Reich zu einem bedeutenden Industriestaat geworden; vor allem auf neuen Technologien basierende Industrien wie die elektrische oder die chemische waren in der Welt führend geworden.[26] Die Fortschritte von Wissenschaft und Technik blieben jedoch nicht auf die industrielle Produktion beschränkt, sondern sie begannen sich in sämtlichen Lebensbereichen bemerkbar zu machen. So bediente

---

[25] Szondi schreibt: „Weil ihre (der expressionistischen Kunst) Beschränkung auf das Subjekt zu dessen Aushöhlung führt, ist ihr als der Sprache des extremen Subjektivismus die Möglichkeit genommen, über das Subjekt Wesentliches auszusagen." (Theorie des modernen Dramas, l. c., S. 107.)

[26] Vgl. Helmut Böhme, Prolegomena zu einer Sozial- und Wirtschaftsgeschichte Deutschlands im 19. und 20. Jahrhundert; Frankfurt/Main 1968, S. 97.

man sich zur Erfassung der Realität neuer technischer Methoden und Apparaturen, die Bereiche und Schichten der Realität aufzudecken und Zusammenhänge zu erstellen vermochten, die der unmittelbaren Anschauung bislang verborgen waren. Dabei werden dieselben Prinzipien wirksam wie in der industriellen Produktion: um die Vorgänge im Produktionsprozeß quantitativ faßbar, d. h. meßbar und kalkulierbar und damit schließlich auch automatisierbar zu machen, muß der Produktionsprozeß selbst in immer mehr Teilbereiche aufgegliedert werden; Spezialisierung und Rationalisierung bedingen sich gegenseitig.[27] Analog verhält es sich bei der Erfassung der Realität. Hier ermöglichen spezialisierte Methoden und Techniken eine immer genauere Erfaßbarkeit der Realität in den jeweiligen Teilbereichen.

Abstrahiert man von den besonderen gesellschaftlichen Bedingungen, innerhalb deren sich diese Entwicklung vollzieht, so kann man mit Georg Lukács zu der Ansicht gelangen, daß durch Spezialisierung und Rationalisierung an sich – und nicht etwa durch deren besondere Anwendung im kapitalistischen Verwertungsprozeß – „die Totalität der Wirklichkeit in Stücke gerissen" wird und „jedes Bild des Ganzen verloren(geht)"[28]. Einem solchen Bewußtsein haben viele Expressionisten in der Thematik des Verfalls Ausdruck verliehen. So ist es nicht weiter verwunderlich, daß sich Lukács' Äußerung leicht mit dem bereits zitierten Wort von Gottfried Benn – die Expressionisten seien einem „grauenvollen Chaos von Realitätszerfall und Wertverkehrung" gegenübergestanden[29] – vereinbaren läßt. Benn sagt hier freilich mehr aus über das subjektive Verhältnis vieler Expressionisten zur Realität als über diese selbst. Verfall suggeriert die Vorstellung eines vormalig einheitlichen und „sinnvollen" Ganzen; „Realitätszerfall" impliziert also, daß vormals Realität ein „sinnvolles" Ganzes gewesen sei. Der subjektive Charakter einer solchen Konstruktion ist deutlich, denn hier wird Realität allein auf Grund bestimmter Bewußtseinskriterien gefaßt. Werden Veränderungen der Realität als „Zerfall" begriffen, so bedeutet dies letztlich, daß die wahrgenommenen Veränderungen der Realität zum Bewußtsein von Realität in Widerspruch geraten sind, was – wiederum höchst subjektiv – der Realität selbst angelastet wird.[30]

---

[27] Vgl. die Darstellung dieser Problematik in: Georg Lukács, Geschichte und Klassenbewußtsein, Studien zur marxistischen Dialektik, Berlin 1923, S. 99 ff.
[28] Lukács, Geschichte und Klassenbewußtsein, l. c., S. 115.
[29] Benn, Werke, Bd. 3, l. c., S. 810.
[30] Wie eingewurzelt derartige Vorstellungen auch in der Forschung sind, zeigt ein Satz

Im folgenden soll der Versuch unternommen werden, die Gedichte mit bestimmten Veränderungen im Bereich der Wahrnehmung in Zusammenhang zu bringen, ohne den Begriff des „Realitätszerfalls" einfach zu wiederholen. Wir hoffen, auf diese Weise den gesellschaftlichen Gehalt der Dichtungen in seiner Widersprüchlichkeit zu erfassen. Dabei greifen wir auf einen Ansatz Walter Benjamins zurück, den dieser zuerst 1931 in seinem Aufsatz „Kleine Geschichte der Photographie" und später in seiner Abhandlung „Das Kunstwerk im Zeitalter seiner technischen Reproduzierbarkeit" weiterführte.[31] Benjamin machte dort auf die „Veränderungen im Medium der Wahrnehmung"[32] aufmerksam, die sich seit der Möglichkeit der technischen Reproduktion – eines der wichtigsten Verfahren, Realität mittels technischer Apparaturen zu erfassen – vollzogen haben. Ausgezeichnet ist die veränderte Wahrnehmung durch ihren „Sinn für das Gleichartige in der Welt", der „so gewachsen ist, daß sie es mittels der Reproduktion auch dem Einmaligen abgewinnt"[33]. Die Reproduktion entwertet das Hier und Jetzt der Dinge, rüttelt an ihrer Einmaligkeit, zerstört ihre „Aura"[34]. Positiv gewendet betreibt sie die „Befreiung des Objekts von der Aura"[35]. Gesellschaftlich relevant wird diese Entwicklung „mit der zunehmenden Bedeutung der Massen im heutigen Leben"[36]: „die Dinge räumlich und menschlich *näher* zu bringen, ist ein genau so leidenschaftliches Anliegen der gegenwärtigen Massen, wie es ihre Tendenz einer Überwindung des Einmaligen jeder Gegebenheit durch die Aufnahme von deren Reproduktion ist."[37]

Benjamin beschränkt seine Ausführungen in ästhetischer Hinsicht auf die Betrachtungen der bildenden Kunst im Verhältnis zu Photographie und

von Wilhelm Emrich, mit dem er den sozialen und ökonomischen Kontext des Expressionismus zu fassen versucht: „Die wachsende Industrialisierung und Spezialisierung machte den Menschen vollends zum ohnmächtigen Glied einer allgewaltigen gesellschaftlichen Apparatur." (Vorwort zu Paul Pörtner, Literaturrevolution, Bd. 1, l. c., S. 8.) Gerade vom spezifisch gesellschaftlichen Zusammenhang abstrahiert Emrich – bezeichnenderweise spricht er von *dem* Menschen – und verfährt damit genauso wie die Expressionisten.

[31] Walter Benjamin, Kleine Geschichte der Photographie; und Walter Benjamin, Das Kunstwerk im Zeitalter seiner technischen Reproduzierbarkeit; beide in: Walter Benjamin, Das Kunstwerk im Zeitalter seiner technischen Reproduzierbarkeit. Drei Studien zur Kunstsoziologie, Frankfurt/Main, 2. Aufl. 1968, S. 65–94 und S. 7–63.

[32] Benjamin, Kunstwerk, l. c., S. 18.

[33] Benjamin, Kunstwerk, l. c., S. 19.

[34] Zum Begriff „Aura" vgl. Benjamin, Kleine Geschichte, l. c., S. 82 f., und Benjamin, Kunstwerk, l. c., S. 18.

[35] Benjamin, Kleine Geschichte, l. c., S. 82.

[36] Benjamin, Kunstwerk, l. c., S. 18.

[37] Benjamin, Kunstwerk, l. c., S. 18.

Film – Verfahren, die durch die Entwicklung der Technik erst im 19. und 20. Jahrhundert geschaffen wurden. Er zeigt, daß durch die Veränderungen im technischen Bereich Kriterien, die wie die „Echtheit" das traditionelle Kunstwerk ausmachten, hinfällig wurden. Auf die Literatur geht er dabei nur sporadisch ein.[38] Es ist indes naheliegend, daß die beschriebenen Veränderungen auch auf die Dichtung einwirkten und noch einwirken, wenngleich in anderer Weise, als dies beim Film der Fall ist. Die Literatur in ihrer materiellen Produktion wird ja von den neuen Techniken grundsätzlich kaum betroffen; das Druckverfahren, die „technische Reproduzierbarkeit der Schrift"[39], war ja längst bekannt. Entscheidend für die Dichtung war es, daß die neuen Techniken jene „Veränderungen im Medium der Wahrnehmung" hervorbrachten, daß die Durchdringung der Wirklichkeit mit technischen Verfahren ein verändertes Bild von der Wirklichkeit selbst lieferten. Wenn das, was die Expressionisten als „Realitätszerfall" beklagten, bedingt ist durch die veränderte Wahrnehmungsweise, so müssen sich deren Merkmale und Reflexe auch in den Werken selbst auffinden

[38] Im „Kunstwerk"-Aufsatz heißt es: „Auf die merkantile Verwertbarkeit ihrer Kunstwerke legten die Dadaisten viel weniger Gewicht als auf ihre Unverwertbarkeit als Gegenstände kontemplativer Versenkung. Diese Unverwertbarkeit suchten sie nicht zum wenigsten durch eine grundsätzliche Entwürdigung ihres Materials zu erreichen. Ihre Gedichte sind *Wortsalat*, sie enthalten obszöne Wendungen und allen nur vorstellbaren Abfall der Sprache (...) Was sie mit solchen Mitteln erreichen, ist eine rücksichtslose Vernichtung der Aura ihrer Hervorbringungen, denen sie mit den Mitteln der Produktion das Brandmal einer Reproduktion aufdrücken. Es ist unmöglich, vor (...) einem Gedicht von Stramm sich wie vor (...) einem Gedicht von Rilke Zeit zur Sammlung und Stellungnahme zu lassen." (Benjamin, Kunstwerk, l. c., S. 43) Und in der 29. Anmerkung heißt es, daß Dadaismus und Futurismus „mangelhafte Versuche der Kunst" seien, „ihrerseits der Durchdringung der Wirklichkeit mit der Apparatur Rechnung zu tragen" (Benjamin, Kunstwerk, l. c., S. 62). – Was Benjamin dadaistischen Gedichten zuschreibt, läßt sich auch von Bechers Gedichten sagen; auch sie enthalten „allen nur vorstellbaren Abfall der Sprache". Der Unterschied ist, daß Becher diesen „Abfall" im poetischen Akt erst erzeugt, während die Dadaisten ihn vorzeigen. Bechers Gedichte sind ja als der Versuch zu verstehen, die Aura gewaltsam durch eine sich verabsolutierende Subjektivität zu retten, Einmaligkeit mit allen Mitteln – sei's durch Extravaganzen, sei's durch Selbstzerstörung – aufrechtzuerhalten. In ihnen scheint der Zusammenhang von Reproduktion und Aura (bzw. Verlust der Aura) auf den Kopf gestellt, indem nämlich dem Verfahren der Reproduktion der Stempel eines einmaligen Vorgangs aufgedrückt werden soll. Vgl. dazu die Ausführungen auf S. 226 f. („Einverleibung" der Apparatur) und auf S. 227 ff. (zum Begriff der „Echtheit"). – Fragwürdig ist die Zuordnung Stramms zu den Dadaisten. Gerade Stramm versuchte ja, die „Einmaligkeit" seiner Gedichte schon formal zu manifestieren. Nicht von ungefähr spielt ja in der dazugehörigen „Wortkunsttheorie" Waldens der Begriff des (einmaligen) „Erlebnisses" eine gewichtige Rolle: das Gedicht selbst soll das „Erlebnis" sein bzw. „gestalten". Alles, was an Sprache vorgegeben ist, wurde deshalb als das „Uneigentliche", Reproduzierte, letztlich auch als das Unkünstlerische abgelehnt. Vgl. dazu die Anmerkung auf S. 220.

[39] Benjamin, Kunstwerk, l. c., S. 11.

und deuten lassen, ohne sie bloß negativ als „Zerfall" beschreiben zu müssen.

Wichtige Strukturmerkmale in Heyms Gedichten lassen sich im Zusammenhang mit der von Benjamin beschriebenen Wahrnehmungsweise begreifen. Indem die neutrale Perspektive das Subjekt ausklammert, liquidiert sie die Vorstellung, Realität sei für den Menschen im unmittelbaren Erlebnis, aus eigener sinnlicher Anschauung heraus erfahrbar und erfaßbar. Heyms poetologischer Grundsatz „es ist alles ein Nebeneinander" geht über die subjektive Erfahrung des Verfalls insofern hinaus, als sie die Bedingungen enthält, auf Grund deren auch mittels der technischen Apparatur Realität erfaßt werden kann: die Ermittlung oder Schaffung einer Basis, auf der quantitativ beliebige Vergleichbarkeit möglich ist, das Gleichartige erfaßt wird. Kein besonderes tertium comparationis verbindet zwei singuläre Erscheinungen; die „eine Ebene" selbst ist eine Basis, auf der – tendenziell wenigstens – alles verglichen werden kann; sie ist ein universaler gemeinsamer Nenner, ist Ausdruck des „Sinns für das Gleichartige in der Welt". Inhaltlich-sprachlich zeigt dies die Verwendung des Wie-Vergleichs ebenso wie formal-metrisch die ausschließliche Anwendung des fünfhebigen Jambus.[40]

[40] In diesem Zusammenhang ist eine Polemik aufschlußreich, die Herwarth Walden gegen Heym führte. Walden wirft Heym „Unfähigkeit, rhythmisch zu gestalten" vor (Herwarth Walden, Bab der Lyriksucher, in: Der Sturm 3 [1912], S. 125 f., abgedr. in h VI, 255–257, dieses Zitat S. 257); alles sei „in demselben Rhythmus erlebt" (h VI, 256). Gemäß seiner Prämisse, das Gedicht müsse wie Kunst überhaupt „Gestaltung des Erlebnisses" sein (vgl. Herwarth Walden, Kritik der vorexpressionistischen Dichtung, in: Der Sturm 11 [1920], S. 98–100 und S. 122–125, und Der Sturm 12, S. 3–8; abgedr. in: Paul Pörtner, Literatur-Revolution, Bd. I, l. c., S. 417), bemängelt er: „Heym hat sich nie in einem Erlebnis gefunden." (h VI, 256) Walden zitiert die zweite Strophe des Gedichts „Nach der Schlacht" vom September 1910:

> Aus vielen Pfützen dampft des Blutes Rauch,
> Die schwarz und rot den braunen Feldweg decken.
> Und weißlich quillt der toten Pferde Bauch,
> Die ihre Beine in die Frühe strecken.   (h I, 124)

und versucht in Form einer Frage seine Kritik zu exemplifizieren: „Strecken tote Pferde ihre Beine jambisch in die Frühe?" (h VI, 256) Walden bemerkt eines der entscheidenden Charakteristika der Gedichte Heyms – die durchgängige Anwendung des jambischen Metrums –, um es gründlich mißzuverstehen. Er begreift nicht, daß Heyms Bilder in diesem Stadium nur „jambisch" vermittelt werden können; noch weniger vermag er den Sinn, der darin zum Ausdruck kommt, zu sehen. Das Metrum ist Heym Instrument einer Sehweise, durchaus vergleichbar einer Apparatur; unabhängig von den Inhalten reproduziert es sich ständig in den Zeilen. Die „Angemessenheit" einem Inhalt gegenüber – eine Kategorie, die Waldens Kritik bestimmt – steht überhaupt nicht zur Frage.

Die Wahrnehmung „es ist alles ein Nebeneinander" hat für Heym als Erfahrung durchweg negativen Charakter, auch in seiner ersten Phase.[41] Dies zeigt u. a. die diese Gedichte durchwaltende Zwanghaftigkeit, der das Subjekt ausgesetzt ist. Daß diese Zwanghaftigkeit bei Heym aus dem Verhältnis des Individuums zur technischen Apparatur entspringt, lassen ausdrücklich nur die Gedichte „Robespierre" und „Louis Capet" vermuten. Der mechanische Hinrichtungsapparat tritt dort dem Menschen gegenüber als fremde verdinglichte Gewalt, die sich des Menschen bedient – und nicht umgekehrt. Damit aber konkretisiert Heym im drastischen Bild der Hinrichtung nur das, was ihm die neutrale Perspektive als Wahrnehmungsweise durchgehend leistet: die Reduktion des Subjekts zum Objekt, schließlich die Eliminierung des Subjekts selbst. Diesem bleibt – wie Robespierre – stummes Entsetzen.

Wird in der ersten Phase Heyms die nicht vom Subjekt bestimmte Wahrnehmungsweise als fremd und zwanghaft-feindlich erfahren, so beschäftigen sich die Gedichte der zweiten Phase ausdrücklich mit dem Versagen des Subjekts vor der Realität, indem es immer wieder als blind, als der Wahrnehmung unfähig vorgeführt wird. Das Gleichartige wird jetzt durchweg als das Gleichförmige, das „Einerlei"[42] empfunden, in dem es keine Orientierungsmöglichkeit gibt; gleichzeitig erscheint es als das Fremde. In sich findet das Individuum dieselbe Öde, als die es die Realität erfährt; Innerlichkeit als Ausweg bleibt deshalb versagt. Es erkennt sich selbst als Teil des Gleichartigen und Gleichförmigen, erkennt, daß es ausgehöhlt ist wie der Begriff, den es von sich vermittelt bekam.

Benjamin beschreibt die Abbilder von Menschen aus den Anfängen der Photographie: „Es war eine Aura um sie, ein Medium, das ihrem Blick, indem er es durchdringt, die Fülle und die Sicherheit gibt."[43] Vergleicht man diese Beschreibung mit Heyms Gedicht „Simson", so wird man gewahr, daß Heym genau das dargestellt hat, was Benjamin dann den „Verfall der Aura" nannte. Die „leeren Säle" künden vom Verlust jenes Mediums[44]; kaum besser als mit dem Vergleich „wie leerer Atem" ließe sich die verfallende Aura in Worte fassen.

[41] Die Möglichkeit, daß die aus dieser Wahrnehmung resultierende Haltung eine Art Schutz für Heym sein konnte, widerspricht dem nicht, sondern resultiert aus der den Gedichten eigentümlichen Paradoxie.
[42] h I, 452.
[43] Benjamin, Kleine Geschichte, l. c., S. 78.
[44] Die Annahme, daß der Aspekt des Leerseins, der in Heyms Spätwerk immer wieder

Heyms Gedichte bekunden so in unterschiedlicher Weise, daß das Verhältnis von Individuum und Realität mit der Möglichkeit, Realität mit Hilfe der Technik zu durchdringen, ein anderes geworden ist. Ähnliches läßt sich an van Hoddis' Gedicht „Weltende" ablesen. Dieses Gedicht hatte zwei wichtige Mittel, mit denen in moderner Zeit Realität erfaßt werden kann, in sich aufgenommen: Information und Statistik. Nicht die bloße Erwähnung dieser Mittel in einer Sphäre, wo sie nicht erwartet wurden – im Gedicht nämlich –, machte die Wirkung von „Weltende" aus; das Gedicht schockierte vielmehr, weil in ihm die Strukturmerkmale der Statistik und vor allem der Information in poetische Verfahrensweise umgesetzt erscheinen. Wir nannten dieses Verfahren „Reihungsstil".

Mit Hilfe der Nachricht vermag der Mensch in umfassender Weise an den verschiedenen Ereignissen teilzuhaben. Diese Teilhabe unterscheidet sich vom Erlebnis vor allem dadurch, daß sie nicht an das Hier und Jetzt des Ereignisses gebunden ist. Die Nachricht muß deshalb vermittelt werden, sie benötigt ein Medium, das den Träger der Information darstellt. Dabei kommt es wesentlich darauf an, ein Medium zu finden, in dem sich möglichst viele, ja sämtliche Nachrichten übermitteln lassen. Dies bedeutet aber auch, daß das Medium dem Inhalt der Nachricht gegenüber völlig neutral ist. Auf dieses Problem der Übermittelbarkeit weist der „Reihungsstil" hin, indem er eine Formel liefert, die jeder Nachricht angemessen scheint, in der jede Nachricht, unabhängig von ihrem Inhalt, transportiert werden kann.

Mit dem Problem der Übermittelbarkeit eng verschränkt ist die Reproduzierbarkeit der Nachricht: um viele Empfänger zu erreichen, muß sie auch beliebig wiederholbar sein. Der „Reihungsstil" spiegelt tatsächlich auch die wesentlichen Merkmale der technischen Reproduktion: „Flüchtigkeit" und „Wiederholbarkeit" bedingen sich[45]. Flüchtig ist die Zeile, der trotz ihrer genau festgelegten Beschaffenheit kein Stellenwert zukommt;

---

auftaucht (leere Zimmer, Wohnungen, Häuser, Straßen, Städte), mit dem „Verfall der Aura" zu tun hat, wird indirekt bestätigt durch Photographien des Franzosen Atget, der „die Befreiung des Objekts von der Aura ein(leitet)" (Benjamin, Kleine Geschichte, l. c., S. 82). Benjamin beschreibt diese Photographien folgendermaßen: „Merkwürdigerweise sind aber fast alle diese Bilder leer. Leer die Porte d'Arcueil an den fortifs, leer die Prunktreppen, leer die Höfe, leer die Caféhausterrassen, leer, wie es sich gehört, die Place du Tertre. Sie sind nicht einsam, sondern stimmungslos; die Stadt auf diesen Bildern ist ausgeräumt wie eine Wohnung, die noch keinen neuen Mieter gefunden hat." (Kleine Geschichte, l. c., S. 84).
[45] Benjamin, Kunstwerk, l. c., S. 19.

aus eben diesem Grund ist ihre Qualität nicht Einmaligkeit, sondern Wiederholbarkeit.

Die Struktur des „Reihungsstils" verweist gleichzeitig auf die Bedeutung der Statistik. Aufgabe der Statistik ist es, Realität mit Hilfe quantitativer Methoden zu erfassen und die Gesetze von Massenerscheinungen zu formulieren. Dies gelingt, indem Gleichartigkeiten ermittelt und zueinander in Relation gebracht werden. Je mehr Gleichartigkeiten gefunden bzw. geschaffen werden, desto eher wird Realität statistisch erfaßbar. Indem der „Reihungsstil" Gleichartigkeit auch des Heterogensten formal herstellt, führt er provokativ die Tatsache vor Augen, daß die Erscheinungen der Realität auch dann vergleichbar und zählbar sind, wenn sie den Schein des Einmaligen aufweisen.[46]

Heym begnügt sich damit, das Gleichartige zu erkennen und als negative Erfahrung zu beschreiben. Der „Reihungsstil" geht weiter, indem er mit dem formalen Mittel der Zeile jene Techniken ins Bewußtsein ruft, mit denen Realität auf der Basis von Gleichartigem erfaßt werden kann. In Bechers „Verfall und Triumph" schließlich herrscht die Tendenz, Gleichartigkeit in ganz umfassender Weise herzustellen, was einerseits auf die Atomisierung der Sprache, andererseits auf die Produktion des Schemas hinausläuft. Indem man so in der poetischen Technik die Struktur reproduzierte, die man an den Methoden der technischen Erfassung von Realität wahrnahm, gleichzeitig aber Realität eben auf Grund jener Techniken nur als „zerfallende" zu begreifen wußte, erhob man die Undurchschaubarkeit der Realität zur unveränderlichen Voraussetzung: man verabsolutierte das Prinzip der Technik als Ursache des „Realitätszerfalls" oder – mit einem anderen Ausdruck – als Ursache der Entfremdung von der Realität.[47] Die poetische Struktur entspricht damit durchaus der ideologischen Position vieler Expressionisten, wie etwa Gottfried Benns Polemik gegen Wissenschaften und Technik zu zeigen vermag.[48] Die Darstellung der technischen Apparatur als ein dem Menschen fremdes und feindliches, mit dämo-

---

[46] Auf den Zusammenhang von veränderter Wahrnehmung und Statistik weist Benjamin hin: „So bekundet sich im anschaulichen Bereich, was sich im Bereich der Theorie als die zunehmende Bedeutung der Statistik bemerkbar macht." (Kunstwerk, l. c., S. 19).
[47] Zur Anwendung des Begriffs „Entfremdung" vgl. die folgenden Seiten.
[48] In Benns „Expressionismus-Aufsatz", aus dem wir bereits zitierten, heißt es: „Diese monströse Wissenschaft, in der es nichts gibt als unanschauliche Begriffe, künstliche abstrahierte Formeln, das Ganze eine im Goetheschen Sinne völlig sinnlose konstruierte Welt." (Benn, Werke, Bd. 3, l. c., S. 811).

nischem Eigenleben ausgestattetes und den Menschen beherrschendes Wesen, wie sie in expressionistischer Dichtung, aber auch im vom Expressionismus beeinflußten Film vorkommt [49], ist nichts anderes als eine besonders deutliche und anschauliche Form dieser Verabsolutierung.

Wie sehr derartige Vorstellungen verbreitet waren, zeigt noch Georg Lukács' 1923 erschienene und umstrittene Abhandlung „Geschichte und Klassenbewußtsein" [50]. Klaus Maretzky hat neuerdings gezeigt, daß Lukács den Begriff der „Verdinglichung" bzw. der „Entfremdung" aus der technisch-industriellen Produktionsweise selbst ableitet und nicht wie Marx, auf den sich Lukács doch beruft, aus der besonderen kapitalistischen Anwendung dieser Produktionsweise, aus den gesellschaftlichen Verhältnissen also.[51] So macht Lukács „den Arbeitsprozeß als solchen (gemeint ist der Arbeitsprozeß bei fortschreitender Entwicklung von technischer Maschinerie und Arbeitsteilung. – J. Z.), wirkend im Sinne ‚einer immer stärkeren Ausschaltung der qualitativen, menschlich-individuellen Eigenschaften des Arbeiters', für die Verdinglichung verantwortlich"; für ihn ist „nicht wie für Marx Entfremdung erst Resultat spezifisch gesellschaftlicher Bedingungen (. . .), worin die objektiven Produktionsbedingungen als fremdes Eigentum zur feindlichen Macht gegenüber den Produzenten geworden sind" [52]. Maretzky hält Lukács entgegen, daß es „nicht recht einsichtig" sei, „warum die ‚Zerlegung des Arbeitsprozesses in abstrakt-rationelle Teiloperationen' an sich die Beziehung des Arbeiters zum Produkt als Ganzem zerstöre; es sei denn, die Beziehung des Handwerkers zum Produkt werde als einzig mögliche Form einer solchen Beziehung anerkannt. Die Wahl der Termini bei der Beschreibung vor-industrieller Produktionsprozesse nährt in der Tat den Verdacht einer romantischen Verklärung des Handwerks und vorindustrieller Lebensformen" [53]. Die Parallelen zum Expressionismus sind nicht zu übersehen. Hier wie dort ist die Verabsolutierung des technischen Prinzips als alleinige Ursache der „Entfremdung" gekoppelt mit der Idealvorstellung eines vormalig identischen Zustands, der pole-

[49] Vgl. etwa Fritz Langs „Metropolis", in dem die Menschen als Sklaven einer verselbständigten Maschinerie erscheinen.

[50] Georg Lukács, Geschichte und Klassenbewußtsein. Studien zur marxistischen Dialektik, Berlin 1923.

[51] Klaus Maretzky, Industrialisierung und Kapitalismus. Probleme der Marxrezeption in Georg Lukács' „Geschichte und Klassenbewußtsein"; in: Das Argument, Zeitschrift für Philosophie und Sozialwissenschaften, 13. Jg., Heft 4/5, August 1971, S. 289–312.

[52] Maretzky, Industrialisierung, l. c., S. 298.

[53] Maretzky, Industrialisierung, l. c., S. 296 f.

misch der Realität entgegengehalten wird. Hier wie dort werden die Möglichkeiten, die „Entfremdung" zu überwinden, im Bereich des Bewußtseins und nicht in den gesellschaftlichen Verhältnissen gesucht.[54]

Die Wahrnehmungsweise, die auf die Erfassung des Gleichartigen aus ist, konnte nur da schockieren, wo Realität als ein „organisch gewachsenes Ganzes" aufgefaßt wurde, in dem die Dinge ihren unverwechselbaren Platz einnehmen. Nur unter diesem Aspekt konnte die Erfassung der Realität mittels quantitativer Methoden als „Zerfall" erscheinen. Der Widerspruch, der nach Marx der kapitalistischen Produktionsweise innewohnt, indem – wachsend mit fortschreitender Automatisierung – die „Verwirklichung der Arbeit (. . .) als *Entwirklichung* des Arbeiters (erscheint)"[55], wiederholt sich hier im Bereich der Wahrnehmung, indem die zunehmende Erfaßbarkeit von Realität mittels technischer Methoden und Apparaturen als stetiger Realitätsverlust sich äußert. Statt sich der Natur in steigendem Maß durch Technik und Maschine zu bemächtigen, wird der Produzent zum Anhängsel der Maschine, die ihn beherrscht; seine Arbeit wird inhaltlos[56], er selbst austauschbar. Ähnliches vollzieht sich im Bereich der Wahrnehmung. Dort verliert das Subjekt der Wahrnehmung, das Individuum, ganz wie die Dinge seine Einmaligkeit und Unverwechselbarkeit, ja, es selbst wird zur berechenbaren Sache. Dabei erscheint wiederum die Berechenbarkeit an sich als das Übel, nicht etwa die Art und Weise ihrer gesellschaftlichen Anwendung.[57]

[54] „Da Lukács die Entwicklung des Arbeitsprozesses als gleichbedeutend mit der Entwicklung der Verdinglichung faßt (. . .), vermag er, anders als Marx, die Notwendigkeit der proletarischen Revolution nur noch zu begründen, indem er Bestimmungen einführt, die sich nicht mehr aus den Widersprüchen der kapitalistischen Produktionsweise selbst ableiten lassen (. . .)." Zur Überwindung der Verdinglichung ist „eine Antriebskraft nötig, die in irgendeiner Weise *außerhalb* des Geschichtsprozesses stehen muß. Lukács sieht sie im ‚Bewußtsein des Proletariats', das zum Vorbild den Hegelschen ‚Weltgeist' hat" (Maretzky, Industrialisierung, l. c., S. 312).
[55] Karl Marx, Ökonomisch-philosophische Manuskripte, in: Marx/Engels, Werke, Ergänzungsband I, Berlin 1968, S. 512.
[56] Karl Marx, Das Kapital, Marx/Engels, Werke, Bd. 23, Berlin 1966, S. 446.
[57] Entscheidend ist, wer über Methoden und Apparaturen der Realitätserfassung, vor allem aber über die ermittelten Ergebnisse verfügt, in wessen Interesse sie verwendet werden. In ähnlicher Weise stellt sich die Frage der Anwendung der „Massenmedien". Brecht sah dieses Problem und forderte 1932 in einer „Rede über die Funktion des Rundfunks", den Rundfunk „aus einem Distributionsapparat in einen Kommunikationsapparat zu verwandeln" (Bertolt Brecht, Gesammelte Werke in 20 Bänden, Bd. 18 Schriften zur Literatur und Kunst I, Frankfurt/Main 1967, S. 129). Mit anderen Worten heißt dies, daß die Massen die Möglichkeit haben sollen, die Apparatur des Rundfunks anzuwenden, anstatt von ihr angewendet zu werden. Im übrigen betont Brecht den Widerspruch, der zwischen der Struktur der Apparatur und ihrer spezifisch kapitalistischen Anwendung besteht: „Durch

Konsequenterweise glaubte man, den „Realitätszerfall" im Bereich des Bewußtseins überwinden zu können. Man wollte eine „neue Wirklichkeit", jenseits des „Trugbilds der Erscheinungen"[58] hervorbringen, man wollte „die Welt vernichten und eine neue Welt aus dem Menschen heraus schaffen"[59] – sei es durch den Geist, sei es durch mystische Ekstase oder Versenkung, immer jedoch durch Subjektivität. Auch diesen Vorgang hat Benn exemplarisch beschrieben: „Neue Wirklichkeit –, da die Wissenschaft offenbar nur die alte zerstören konnte, blickte man in sich und blickte zurück."[60] Und deutlicher das Prinzip der Subjektivität hervorkehrend: „. . . diese Gläubigen einer neuen Wirklichkeit und eines alten Absoluten (. . .) hielten mit einer Inbrunst ohnegleichen (. . .) ihre Existenz dieser Zertrümmerung (der Realität – J. Z.) entgegen."[61] Der Verabsolutierung der Wahrnehmungsweise entspricht so vollkommen die der Subjektivität. In ihrer Widersprüchlichkeit bedingen sich beide gegenseitig, basieren doch beide auf der Abstraktion von den realen gesellschaftlichen Verhältnissen: wo das Prinzip der Technik an sich als die Ursache der „Entfremdung" erscheint, ist diese – entsagt man der negativen Utopie eines Maschinensturms – nur überwindbar durch einen „neuen Menschen", durch einen gewaltigen Triumph des Bewußtseins. Eindrucksvoll artikuliert sich dieser Widerspruch, der die expressionistische Subjektivität objektiv bestimmt, in Bechers Gedichten, in denen die Produktion des Schemas einhergeht mit dem Anspruch einer neuen und absoluten Realität, einer „allumfassenden Weltanschauung". Das Subjekt usurpiert die Methode der Technik und erhebt sie im Begriff der „Verwandlung" zum individuellen schöpferischen Akt.[62] Statt die theoretische und materielle Fundierung – die entwickelten technischen Methoden und Apparaturen – zu beachten, statt sich der Technik zu bedienen, identifiziert es sich mit ihr, um sie gleichzeitig – gewisser-

immer fortgesetzte, nie aufhörende Vorschläge zur besseren Verwendung der Apparate im Interesse der Allgemeinheit haben wir die gesellschaftliche Basis dieser Apparate zu erschüttern, ihre Verwendung im Interesse der wenigen zu diskutieren. Undurchführbar in dieser Gesellschaftsordnung, durchführbar in einer anderen, dienen die Vorschläge, welche doch nur eine natürliche Konsequenz der technischen Entwicklung bilden, der Propagierung und Formung dieser anderen Ordnung." (l. c., S. 133 f.)

[58] Kurt Pinthus, Einleitung aus dem Jahr 1919 zu: Menschheitsdämmerung. Ein Dokument des Expressionismus, hrsg. v. Kurt Pinthus, Hamburg 1959, S. 27.

[59] Pinthus, Menschheitsdämmerung, l. c., S. 27.

[60] Benn, Werke, Bd. 3, l. c., S. 810.

[61] Benn, Werke, Bd. 3, l. c., S. 809.

[62] Der Widerspruch reproduziert sich so laufend: die Kategorie des Schöpferisch-Individuellen (in Benns Zitat steht dafür das weiterreichende „alte Absolute") ist angesichts technischer Methoden – etwa der der technischen Reproduzierbarkeit – irrelevant.

maßen durch Einverleiben – zu vernichten.[63] In einer absurden Anstrengung wollte man dem Verfahren der Reproduktion den Stempel der Einmaligkeit aufdrücken und so die Welt, die man nur als „zerfallende" begreifen konnte, „bezwingen"[64] und neu erschaffen.

Das Einverleiben der Methode der Technik ist ein äußerster Versuch, einen Begriff vom Individuum zu retten, den eben die konsequente Anwendung der Technik in allen Bereichen der Realität in Frage stellt. Erfassen läßt sich dieser Sachverhalt am Begriff der „Echtheit", wie er seit der Mitte des 18. Jahrhunderts existiert. In dieser Zeit erfolgte die Fundierung der poetischen Produktion in der Subjektivität des Individuums. So herrscht vom Gedicht die Auffassung, es könne sich – um eine Formulierung Emil Staigers zu gebrauchen – „nur bilden, solange die Stimmung währt".[65] Das Gedicht bleibe dem Zufall überlassen, in dem Sinne, daß es „zugefallen, geschenkt" sei.[66] Dichterische Sprache entstehe „im Augenblick des Sprechens".[67]

Die Fundierung der poetischen Produktion in der Subjektivität des Individuums und – soll sie Gedicht sein – in der Gegenwärtigkeit einer „Stimmung" läuft darauf hinaus, daß das Gedicht schließlich jeder Beurteilung entzogen wird, denn das Individuum, das – entsprechend seinem Anspruch – ganz und gar es selbst ist, bedarf keiner Rechtfertigung. Tatsächlich konstatiert Staiger, daß beim jungen Goethe „keine Beurteilung mehr möglich" sei[68]. Anders betrachtet heißt dies aber: je mehr das Ge-

---

[63] Aneignung durch Einverleiben ist ein Grundaspekt von „Verfall und Triumph". Man denke nur an die „Einsprengtechnik" oder an die Art und Weise, wie Becher mit vorgefundenem Stoff (etwa dem der Apokalypse) verfährt. – Eine ähnliche Figur findet sich in Pinthus' Vorwort zur „Menschheitsdämmerung", wenn es heißt, die Expressionisten begannen „im Ansturm des Geistes den Feind zu umarmen und zu vernichten" (Menschheitsdämmerung, l. c., S. 26).
[64] Vgl. die Worte Bechers, die Welt sei nach dem Gedicht „Weltende" „bezwingbar" geworden. Ausführliches Zitat auf S. 119 f.
[65] Emil Staiger, Goethe, Bd. I, Zürich und Freiburg 1964, 4. Aufl., S. 78.
[66] Staiger, Goethe, l. c., S. 77.
[67] Staiger, Goethe, l. c., S. 81. – Staiger bezieht sich vor allem auf die Straßburger Lyrik Goethes. Wir können seine Formulierungen verallgemeinernd durchaus übernehmen, da sie den fraglichen historischen Prozeß – die Fundierung der poetischen Produktion in der Subjektivität des Individuums – treffend beschreiben. Dies kann freilich nicht heißen, daß wir Staigers Begriffe wie etwa „Stimmung" unkritisch uns zu eigen machen würden. Dies kann weiterhin nicht heißen, daß Gedichte von 1770 und von 1910 in gleicher Weise beurteilt werden sollen.
[68] Staiger, Goethe, l. c., S. 81.

dicht der Beurteilung entzogen ist, desto mehr wird sein einziger Ausweis die „Echtheit" seiner Fundierung. Das ist einmal der subjektive Anspruch des Individuums, ganz und gar es selbst zu sein, zum anderen die Voraussetzung, daß dieses Selbstsein unverfälscht – d. h. frei von jeder Vermittlung – zum Ausdruck gelange.[69] Daß dieses Moment der poetischen Produktion, das Reflexion ausschließt, selbst Gegenstand der Reflexion wurde, konnte nicht ausbleiben; die Folge war, wo dieser Widerspruch nicht in einer Art Selbstbetrug verdeckt blieb, die Trennung von empirischem Ich und lyrischem Ich, von empirischem Erlebnis und Imagination, wie beispielsweise bei den französischen Symbolisten. Wo allerdings dieser Widerspruch verdeckt blieb, wurde „Echtheit" nachgerade zum Zwang. Das Beharren auf ihr gleicht der „Verleugnung der Schauspielerei durch den Schauspieler"[70].

Den „historischen Implikationen des Begriffs der Echtheit"[71] – des Echten nämlich „in seiner Setzung als Echtes"[72] – ist Adorno nachgegangen. Er wies auf die in ihm sich verbergende „Unwahrheit" hin, die bereits „im Substrat von Echtheit selber, dem Individuum"[73], steckt, weil dieses „als Absolutes betrachtet, eine bloße Abstraktion"[74] ist. Das Individuum „reklamiert" „seine Abgrenzung und Verhärtung"[75] – „das trotzige und verstockte Beharren auf der monadologischen Gestalt"[76] – als „Ursprung"

---

[69] Dies wird natürlich nur dann möglich, wenn man den Objektcharakter der Sprache und die Tatsache ihrer Vermitteltheit unterschlägt. Exemplarisch für diese Haltung sind folgende Sätze Staigers, Goethes Jugendlyrik betreffend: „Der Dichter fühlte sich geborgen in einer unübersehbaren Fülle. Die Sprache leistete keinen Widerstand mehr. Sie war reich und bildsam genug geworden, um die Regungen seines Herzens bereitwillig aufzunehmen. Deshalb hat sich Goethe auch nur selten über die Sprache geäußert. Sie fällt ihm so wenig auf, wie dem Gesunden sein Körper." (Staiger, Goethe, l. c., S. 79). Die Sprache wird dem Individuum als Teil seiner selbst wie Fleisch und Blut zugesprochen. Staiger formuliert gemäß seiner Theorie, in Lyrik seien Objekt und Subjekt noch nicht geschieden.

[70] Theodor W. Adorno, Minima Moralia, Reflexionen aus dem beschädigten Leben, Frankfurt/Main 1969, S. 204. – Staiger entgeht dieser Dialektik, indem er für die Kategorie des „Lyrischen" voraussetzt, daß Subjekt und Objekt noch nicht geschieden seien, daß lyrische Dichtung weder subjektiv noch objektiv sei. (Vgl. Emil Staiger, Poetik, l. c., S. 59 f.) Es wirft sich die Frage auf, ob sich, nachdem Subjekt und Objekt einmal auseinandergetreten sind, diese gegenseitige Bedingtheit einfach in einer „Stimmung" rückgängig machen läßt oder ob nicht etwa die Konstruktion dieser Bestimmung eben durch ein besonderes Verhältnis von Subjekt und Objekt verursacht ist. Es ist immerhin bemerkenswert, daß Staigers Begriff des „Lyrischen" sich nur ganz beschränkt auf Lyrik anwenden läßt.

[71] Adorno, Minima Moralia, l. c., S. 205.

[72] Adorno, Minima Moralia, l. c., S. 204.

[73] Adorno, Minima Moralia, l. c., S. 202.

[74] Adorno, Minima Moralia, l. c., S. 197.

[75] Adorno, Minima Moralia, l. c., S. 203.

[76] Adorno, Minima Moralia, l. c., S. 204.

und fixiert im Begriff der „Echtheit" „die Vorstellung von der Suprematie des Ursprungs übers Abgeleitete" [77]. Der Begriff der „Echtheit" konnte sich jedoch erst konstituieren „als Reflex der industriellen Massenproduktion" [78]: „vorher dürfte geistigen Gebilden gegenüber die Frage nach Echtheit so wenig gestellt worden sein, wie die nach Originalität, welche noch der Ära Bachs unbekannt war." [79] Erst jetzt, als Beharren des Individuums auf seiner Ursprünglichkeit, kann sich „die Idee des nicht zu Vervielfältigenden als des eigentlich Echten" [80] bilden.

Das Individuum als Garant und Substrat von „Echtheit" muß sich ständig als „echt" erweisen. Jegliches Handeln und Tun gründet allein in der Individualität; in keiner anderen Richtung kann Rechenschaft gefordert werden. Damit hängt zusammen die Vorstellung des „so und nicht anders", die ihrerseits einen Begriff von „Schicksal" heraufbeschwört, wie er nur wenig depraviert in den trivialen Schicksalsromanen der Jahrhundertwende sein Wesen treibt. „Echt" ist der, dessen Schicksal sich erfüllt; nach anderen Gründen zu fragen wäre kleinlich.[81] So wie das Individuum sich als einmalig versteht, so ist auch das individuelle Schicksal einmalig. Auf diese Weise fällt schließlich das Unsinnigste unter die Kategorie der Originalität, ja, es vermag diese noch zu beglaubigen.

[77] Adorno, Minima Moralia, l. c., S. 205.
[78] Adorno, Minima Moralia, l. c., S. 205. – In diesem Zusammenhang ist ein Blick auf die Wort- und Bedeutungsgeschichte von „echt" bzw. „Echtheit" interessant. „Echt" gehört zu „Ehe" in der alten Bedeutung „Gesetz", bedeutet also zunächst „gesetzlich", „urkundlich". Nach Friedrich Kainz ist „Echtheit" eine Verdeutschung von „Authentizität", geschaffen zwischen 1750 und 1800. Im Sinn von „ursprünglich", „kernig" etc. dürfte „echt" zunächst im völkischen Bereich Anwendung gefunden haben; Kainz belegt bereits bei Schubart „echtdeutsch". (Die Belege von Kainz in: Maurer-Stroh. Deutsche Wortgeschichte, Bd. II, Berlin 1959, S. 303 und 353.) – Seit es „Echtheit" bei geistigen Gebilden gibt, gibt es Fälschungen. Bezeichnend ist, daß gleich zu Beginn eine Fälschung, Macphersons „Ossian", Literaturgeschichte machte.
[79] Adorno, Minima Moralia, l. c., S. 205. – „Echt war ein mittelalterliches Madonnenbild ja zur Zeit seiner Anfertigung noch nicht; das wurde es im Laufe der nachfolgenden Jahrhunderte und am üppigsten vielleicht in dem vorigen." (Walter Benjamin, Kunstwerk, l. c., S. 52).
[80] Adorno, Minima Moralia, l. c., S. 205.
[81] Wo „Echtheit" reklamiert wird, ist von vornherein jede Kritik ausgeschlossen, da es ja keine Möglichkeit der Beurteilung gibt. Kritik gerät so in die Nähe des Sakrilegs. Ihre Ablehnung wird zur Attitüde dessen, der sich Dichter glaubt. Stellvertretend sei hier Becher zitiert. Der 18jährige schreibt an Dehmel: „Ich ließ meine Gedichte zurück vom Verleger kommen, prüfte und sah und las: *Mir* klingen sie wie Melodien, wie himmlisches, singendes Sehnen. Aber *Euch? Euch?* Ihr werdet vielleicht darüber lachen! sie verspotten, auch schweigend über sie hinwegsetzen. Ach Kritik! Oh Gott! Das wär mir ein Greuel. Der bitterste Schmerz! Und ich weiß, ihr werdet sie verdammen, verachten und bemitleiden und fühlt nicht, wie ich um jeden Vers gekämpft, gerungen und geweint habe." (Brief vom 7. November 1909)

Der Zusammenhang von Werk und Leben eines Dichters – bei den französischen Symbolisten, besonders bei Mallarmé, in der Gedichtstruktur als Voraussetzung für ästhetische Produktion überhaupt aufgegeben – nimmt unter der Forderung der „Echtheit" und unter veränderten Bedingungen Zwangscharakter an. Aus dieser Situation heraus sind Bechers Anfänge zu verstehen. Der Versuch des 19jährigen, mit einem Mädchen zusammen in den Tod zu gehen, findet vor diesem Hintergrund eine befriedigende Erklärung: es ist der Versuch, im Vollzug eines „Schicksals" seine Besonderheit – d. i. die „Echtheit" seiner selbst wie die seiner Gedichte – zu beglaubigen. Um in Adornos Bild zu bleiben: der Schauspieler tötet sich selbst, um mit seiner Rolle, die den Liebestod vorschreibt, identisch zu werden.[82] So wie er im Leben „echt" und einmalig sein will, so „echt" und unmittelbar sollen auch die Gedichte sein. Dies ließ sich deutlich am Gedicht selbst zeigen: es erborgt sich mit leicht zu durchschauenden Mitteln den Schein des Zufälligen und damit auch des Unmittelbaren. In Schillerschen Begriffen: die Gedichte in „Die Gnade eines Frühlings" sind sentimentalische Dichtung, die sich selbst verleugnet. Entlarvend ist es, wenn der Ort, an dem der Zufallscharakter sich erweisen soll, der Bereich des Formalen ist: die Nachahmung von Zufall soll für diesen einstehen.

Bechers frühe Gedichte sind darauf angelegt, die „Echtheit" des Individuums zu repräsentieren. Die Struktur, die im Begriff der „Echtheit" selbst angelegt ist, reproduziert sich, und mit ihr jene ihr innewohnende „Unwahrheit". Die Wahrheit, die diese Gedichte als „Echtheit" reklamieren, geht ihnen gerade deshalb ab.

Die neue Art der Wahrnehmung mit ihrem „Sinn für das Gleichartige in der Welt" erschütterte die Kategorie der „Echtheit" zutiefst: bei Gleichartigem wird die Frage, was „echt" und was „unecht" sei, sinnlos. Der Schock, den der Anblick der Apparatur beim Subjekt auslöst, ist der Schock des Wiedererkennens (wie er auch beim Blick in den Spiegel auftreten kann); in der Apparatur erkennt das Subjekt blitzartig die Unwahrheit des Begriffs, den es von sich hatte. Um diesen Begriff von sich

---

[82] Ein wichtiges Moment in diesem Zusammenhang ist die Ideologie von Geschlechtlichkeit und Tod, die im Bonselskreis gepflegt wurde. Wer dem „Ruf" seines „Bluts" folgt, dessen „Schicksal" erfüllt sich. Dies bedeutet jedoch auch die Vernichtung des anderen. So sind Tod und Geschlechtlichkeit miteinander „schicksalhaft" verknüpft. Sämtliche Romane Bonsels' dieser Zeit, durchweg seichte Produkte, handeln davon: bei einem verrät es schon der Titel: „Die Toten des ewigen Kriegs" (1911). Bechers Roman „Erde" liegt dasselbe Modell zugrunde.

für sich zu retten, treibt das Subjekt sein bisheriges Prinzip, seinen Vorrang vor den Objekten, zum äußersten. „Echtheit" wurde bis ins letzte strapaziert und damit einer letzten Prüfung unterzogen, indem man die Arbeitsweise der Apparatur übernahm und kraft der eigenen „Echtheit" im Begriff der „Verwandlung" zum schöpferischen Akt erklärte.

Wo „Echtheit" dermaßen beim Wort genommen wurde, mußte die ihr innewohnende „Unwahrheit" ans Licht kommen – und zwar in den Strukturen der Werke selbst. Die neue Wahrnehmungsweise forderte sie soweit heraus. Bewußt erkannt haben dies freilich nur wenige Expressionisten, schon gar nicht Becher; der Wahrheit am nächsten gekommen sein dürfte noch Heym. Dessen Vorwurf, der Jambus sei eine „Lüge", trifft nämlich gleichermaßen das Subjekt, dessen Anspruch der Jambus nicht genügte, denn „echt" ist der Jambus, wie Heym ihn handhabt, sicherlich nicht. In Bechers „Verfall und Triumph" ist diese „Unwahrheit" in die Struktur eingegangen: dort stehen sich der Anspruch von „Echtheit" in der Selbstdarstellung und eine neue Wahrnehmungsweise gegenüber. Selbstdarstellung war schon „Erde", wo die Romanform lediglich der Vorwand war, die „Echtheit" des Subjekts zu legitimieren. Die „Unwahrheit" konnte auf diese Weise formal noch nicht manifest werden – und so wurde „Erde" nur ein schlechter Roman. In „Verfall und Triumph" dagegen entfaltet sich die „Unwahrheit" ständig, weil „Echtheit" laufend beglaubigt werden soll. An die Stelle vorgegebener, im Dogma der „Echtheit" begründeter Identität tritt die Identifizierbarkeit. Damit aber führt sich die Kategorie der „Echtheit" aus sich selbst ad absurdum: was mit jedem identisch sein kann, ist es schließlich nicht mehr mit sich selbst. Was vorher als Anspruch dem Gedicht vorausging, was im Roman „Erde" aus den objektiven Gegebenheiten einer Form motiviert war, nämlich das Echte „in seiner Setzung als Echtes", bestimmt jetzt die Gedichtstruktur und wird im ständigen Identifikationsakt sichtbar.

Was sich subjektiv gibt als Vordringen zum „Wesen", als „dunkler Weg nach innen", von dem Gottfried Benn spricht [83], erweist sich objektiv als der Versuch des Subjekts, das Verfahren der technischen Reproduktion zu verinnerlichen. Deutlich zeigt dies die Dichtung „Verfall und Triumph", in der Becher die Tendenzen des „Reihungsstils" ganz umfassend aufnimmt, ohne das Subjekt weiter ausgeklammert zu lassen. In der Methode

---

[83] Gottfried Benn, Einleitung zu Lyrik des expressionistischen Jahrzehnts, l. c., S. 13.

der „Vereinzelung", die Abstraktion von den Funktionszusammenhängen ist, versucht das Subjekt, „Echtheit" und Einmaligkeit als Kategorien des Seins zu retten, ohne daß die Einsicht dämmerte, daß das Vereinzelte seine Einmaligkeit, sein Hier und Jetzt, gerade deshalb einbüßt und so mit dem reproduzierten Produkt identisch wird, gegen das es doch gesetzt werden sollte. Dieser subjektive Versuch scheitert am Widerspruch, der zwischen der Wahrnehmungsweise und dem Selbstverständnis und damit letztlich zwischen objektivem und subjektivem Sein der Expressionisten besteht und so zur „Paradoxie der Subjektivität selbst"[84] wird, und endet in der Leere der Formel. Was für die technische Reproduzierbarkeit die Voraussetzung ist, wird subjektiv zum Ziel. Das „Nichts", das Heym vorfindet und dem er Struktur zu verleihen trachtet, hat die genaue Entsprechung im Leerlauf der Becherschen Verse, in deren Eigenschaft als produziertes Schema. Heym gerät in Sprachschwierigkeiten, weil ihm die Sprache, die er immer noch als Voraussetzung hat, fremd wird, weil es „nichts" mehr zu sagen gibt; Becher redet gewissermaßen unaufhörlich, und seine Schwierigkeit ist es, ein beliebiges Aufhören als „sinnvollen" Schluß, als „Verwandlung" und „Triumph" zu erklären. Auf überraschende Weise erscheinen so Bechers Proklamation des „Triumphs" und Heyms „versagte Innerlichkeit" als in der in gleicher Weise strukturierten Subjektivität begründet und damit auch als subjektive Reaktionen auf eine von der Technik und der Reproduktion veränderten Welt; mit dem einen Unterschied freilich, daß Heym dem „Nichts" eine Struktur abgewinnt, während ihm Becher ein Monument setzt.

Ungeachtet ihres Charakters als subjektive Reaktion nehmen diese Dichtungen – und hierzu müssen auch Heyms erste Phase und van Hoddis' „Weltende" gerechnet werden – das, auf was sie reagieren, Formalisierung und Reproduktion, in ihre Struktur auf. Zum ersten Mal in deutscher Dichtung dringen die Verfahrensweisen des technischen Zeitalters bis ins Innerste der Werke und treten dabei in offenen Widerspruch zu fundamentalen Begriffen der überkommenen Auffassung von Dichtung, wie sich am Beispiel der „Echtheit" zeigen ließ. Dieser Widerspruch wird nicht in seiner vollen gesellschaftlichen Bedingtheit begriffen, weshalb die subjektiven Lösungsversuche – vorab das Programm der „Verwandlung" – zum Scheitern verurteilt sind; er weist jedoch auf den Beginn eines Prozesses,

---

[84] Szondi, Theorie des modernen Dramas, l. c., S. 49.

in dessen Verlauf sich die gesellschaftliche Funktion der Kunst verändert.[85] Und hierin liegt der „geschichtliche Sinn" dieser Dichtungen, den es zu ermitteln galt.

[85] „In dem Augenblick aber, da der Maßstab der Echtheit an der Kunstproduktion versagt, hat sich auch die gesamte Funktion der Kunst umgewälzt. An die Stelle ihrer Fundierung aufs Ritual tritt ihre Fundierung auf eine andere Praxis: nämlich ihre Fundierung auf Politik." (Benjamin, Kunstwerk, l. c., S. 21.)

LITERATURVERZEICHNIS

1. Ausgaben und Anthologien *

BECHER, Johannes R.: Gesammelte Werke. Herausgegeben vom Johannes-R.-Becher-Archiv der Deutschen Akademie der Künste zu Berlin. — Berlin und Weimar: Aufbau-Verlag 1966 ff.
Band 1: Ausgewählte Gedichte 1911—1918. Nachwort und Sacherläuterungen von Alfred Klein. 1966.
Band 2: Ausgewählte Gedichte 1919—1925. Nachwort und Sacherläuterungen von Alfred Klein. 1966.
Band 3: Gedichte 1926—1935. Nachwort und Sacherläuterungen von Alfred Klein. 1966.
BECHER, Johannes R.: Der Ringende. Kleist-Hymne. — Berlin: Bachmair 1911.
BECHER, Johannes R.: Die Gnade eines Frühlings. Dichtungen. Berlin: Bachmair 1912.
BECHER, Johannes R.: Erde. Ein Roman. — Berlin: Bachmair 1912.
BECHER, Johannes R.: De Profundis Domine. — München: Bachmair 1913.
BECHER, Johannes R.: Verfall und Triumph. T. 1.2. — Berlin: Hyperion-Verlag 1914.
1. Gedichte.
2. Versuche in Prosa.
BECHER, Johannes R.: Abschied. Roman. Mit einem Essay von Georg Lukács. — Reinbek bei Hamburg: Rowohlt 1968 (rororo-Taschenbuch 1106/07).
BECHER, Johannes R.: Wiederanders. Fortsetzung des Romans „Abschied". Fragment. — In: Sinn und Form. Beiträge zur Literatur. Hrsg. von der Deutschen Akademie der Künste. Zweites Sonderheft Johannes R. Becher. Berlin: Rütten & Loening o. J. (1959). S. 511—551.
BECHER, Johannes R.: Rede über Richard Dehmel. — In: Die neue Zeit. Beiträge zur Geschichte der modernen Dichtung. Erstes Buch. — München und Berlin: Bachmair 1912. S. 31—42. — Auszugsweiser Nachdruck in: Sinn und Form. Zweites Sonderheft Johannes R. Becher. Berlin: Rütten & Loening o. J. (1959). S. 85—88.
BECHER, Johannes R.: Das poetische Prinzip. Mit e. Anh.: Philosophie des Sonetts oder Kleine Sonettlehre und „Ein wenig über vier Seiten . . ." — Berlin: Aufbau-Verlag 1957.
HEYM, Georg: Dichtungen und Schriften. Gesamtausgabe. Herausgegeben von Karl Ludwig Schneider. — Hamburg und München: Ellermann 1960 ff.

---

* Die in der Arbeit verwendeten Abkürzungen der Titel sind in der Vorbemerkung angegeben.

Band 1: Lyrik. Bearbeitet von Karl Ludwig Schneider und Gunter Martens unter Mithilfe von Klaus Hurlebusch und Dieter Knoth. 1964.

Band 2: Prosa und Dramen. Bearbeitet von Karl Ludwig Schneider und Kurt Schmigelski. 1962.

Band 3: Tagebücher Träume und Briefe. Unter Mithilfe von Paul Raabe und Erwin Loewenson bearbeitet von Karl Ludwig Schneider. 1960.

Band 6: Dokumente zu seinem Leben und Werk. Herausgegeben von Karl Ludwig Schneider und Gerhard Burkhardt unter Mitarbeit von Uwe Wandrey und Dieter Marquardt. 1968.

HODDIS, Jakob van: Weltende (16 Gedichte). — Berlin 1918.

HODDIS, Jakob van: Weltende. Gesammelte Dichtungen. Hrsg. von Paul Pörtner. — Zürich 1958.

BAUDELAIRE, Charles: Die Blumen des Bösen. Deutsch und Französisch. Übertragen von Carl Fischer. Nachwort von Herbert Cysarz. (2. Aufl.) — Darmstadt, Berlin-Spandau, Neuwied: Luchterhand 1958.

BENN, Gottfried: Gesammelte Werke in acht Bänden. Hrsg. von Dieter Wellershoff. — Wiesbaden: Limes-Verlag 1960.

BONSELS, Waldemar: Die Toten des ewigen Kriegs. — Berlin 1911.

FRANK, Leonhard: Links wo das Herz ist. Roman. — München: Deutscher Taschenbuch Verlag 1963 (dtv 137).

KAFKA, Franz: Er. Prosa von Franz Kafka. Auswahl und Nachwort von Martin Walser. — Frankfurt: Suhrkamp 1963 (Bibliothek Suhrkamp 97).

RIMBAUD, Arthur: Leben und Dichtung. Übertragen von K. L. Ammer. Eingeleitet von Stefan Zweig. — Leipzig: Insel 1907.

RIMBAUD, Arthur: Sämtliche Dichtungen. Französisch mit deutscher Übertragung von Walter Küchler. — Heidelberg: Lambert Schneider 1955.

RIMBAUD, Arthur: Briefe und Dokumente. Herausgegeben, übersetzt und erläutert von Curd Ochwadt. — Heidelberg: Lambert Schneider 1961.

Lyrik des expressionistischen Jahrzehnts. Von den Wegbereitern bis zum Dada. Einleitung von Gottfried Benn. — Wiesbaden: Limes-Verlag 1955. — Als Taschenbuch erschien diese Anthologie: München: Deutscher Taschenbuch Verlag 1962 (dtv sr 4).

Menschheitsdämmerung. Ein Dokument des Expressionismus. Mit Biographien und Bibliographien hrsg. von Kurt Pinthus. — Hamburg: Rowohlt 1959 (Rowohlts Klassiker 55/56).

2. Zitierte theoretische Schriften des Expressionismus

GROSS, Otto: Zur Überwindung der kulturellen Krise. — In: Die Aktion, 3. Jg. (1913), Sp. 384—387.

GROSS, Otto: Die Einwirkung der Allgemeinheit auf das Individuum. — In: Die Aktion, 3. Jg. (1913), Sp. 1091—1095.

GROSS, Otto: Anmerkungen zu einer neuen Ethik. — In: Die Aktion, 3. Jg. (1913), Sp. 1141—1143.

LICHTENSTEIN, Alfred: Die Verse des Alfred Lichtenstein. — In: Die Aktion, 3. Jg. (1913), Sp. 942 ff. — Wiederabdruck in: Ich schneide die Zeit aus. Expressionismus und Politik in Franz Pfemferts ‚Aktion'. Hrsg. von Paul Raabe. München: Deutscher Taschenbuch Verlag 1964. S. 148—151.

MARINETTI, Emilio Filippo Tommaso: Technisches Manifest der futuristischen Literatur. — In: Der Sturm, Jg. 3 (1912/1913). — Leicht veränderte Übersetzung in: Baumgarth, Christa: Geschichte des Futurismus. Reinbek bei Hamburg: Rowohlt 1966 (rde 248/49), S. 166 ff.

PICARD, Max: Expressionismus. — In: Die Erhebung, Jahrbuch für neue Dichtung und Wertung. Hrsg. von Alfred Wolfenstein. — Berlin 1919. — Wiederabdruck in: Pörtner, Paul (Hrsg.): Literatur-Revolution 1910—1925. Band 2. Darmstadt, Neuwied, Berlin-Spandau: Luchterhand 1961. S. 292—297.

SUSMAN, Margarete: Expressionismus. — In: Die Masken. Blätter des Düsseldorfer Schauspielhauses. Jg. 14 (1918/19), S. 93—96. — Wiederabdruck in: Expressionismus. Der Kampf um eine literarische Bewegung. Hrsg. von Paul Raabe, München: Deutscher Taschenbuch Verlag 1965 (dtv sr 41). S. 153—157.

WALDEN, Herwarth: Einblick in die Kunst. — In: Der Sturm, 6. Jg. (1915), S. 122 bis 124. — Neuabdruck in: Pörtner, Paul (Hrsg.): Literatur-Revolution 1910 bis 1925. Band 1. Darmstadt, Neuwied, Berlin-Spandau: Luchterhand 1960. S. 404—411.

WALDEN, Herwarth: Kritik der vorexpressionistischen Dichtung. — In: Der Sturm, 11. Jg. (1920), S. 98—100 und 122—125, und 12. Jg. (1921), S. 3—8. — Neuabdruck in: Pörtner, Paul (Hrsg.): Literatur-Revolution 1910—1925. Band 1. Darmstadt, Neuwied, Berlin-Spandau: Luchterhand 1960. S. 411 bis 430.

ZWEIG, Stefan: Das neue Pathos. — In: Das literarische Echo. Jg. 11 (1909), H. 24. Sp. 1701—1709. — Neuabdruck in: Expressionismus. Der Kampf um eine literarische Bewegung. Hrsg. von Paul Raabe. München: Deutscher Taschenbuch Verlag 1965 (dtv sr 41). S. 15—22.

3. Sammlungen

EDSCHMID, Kasimir (Hrsg.): Briefe der Expressionisten. — Berlin: Ullstein 1964 (Ullstein TB 471).

PÖRTNER, Paul (Hrsg.): Literatur-Revolution 1910—1925. Dokumente, Manifeste, Programme. Bd. 1. 2. — Neuwied: Luchterhand 1960—1961.
Band 1: Zur Ästhetik und Poetik. 1960.
Band 2: Zur Begriffsbestimmung der Ismen. 1961.

RAABE, Paul, und H. L. GREVE: Expressionismus. Literatur und Kunst 1910—1923. Eine Ausstellung des Dt. Literaturarchivs im Schiller-Nationalmuseum Marbach a. N. Vom 8. Mai bis 31. Oktober 1960. (Katalog) — (Marbach a. N.: Schiller-Nationalmuseum 1960.). (= Sonderausstellung des Schiller-Nationalmuseums. Katalog Nr. 7.)

RAABE, Paul (Hrsg.): Ich schneide die Zeit aus. Expressionismus und Politik in

Franz Pfemferts ‚Aktion' 1911—1918. — München: Deutscher Taschenbuch Verlag 1964 (dtv-dokumente 195/196).

RAABE, Paul (Hrsg.): Expressionismus. Aufzeichnungen und Erinnerungen der Zeitgenossen. — Olten und Freiburg/Brsg.: Walter 1965.

RAABE, Paul (Hrsg.): Expressionismus. Der Kampf um eine literarische Bewegung. — München: Deutscher Taschenbuch Verlag 1965 (dtv sr 41).

ROTHE, Wolfgang (Hrsg.): Der Aktivismus 1915—1920. — München: Deutscher Taschenbuch Verlag 1969 (dtv-dokumente 625).

SCHNEIDER, Karl Ludwig, und Gerhard BURKHARDT (Hrsg.): Georg Heym. Dokumente zu seinem Leben und Werk. — München: Ellermann 1968. (= Band 6 von: Georg Heym: Dichtungen und Schriften. Gesamtausgabe. Hrsg. von Karl Ludwig Schneider.)

4. Literatur zu Becher, Heym und van Hoddis

BACHMAIR, Heinrich F.: Bericht des ersten Verlegers 1911—1914. — In: Sinn und Form. Beiträge zur Literatur. Herausgegeben von der Deutschen Akademie der Künste. Zweites Sonderheft Johannes R. Becher. — Berlin: Rütten & Loening o. J. (1959). S. 97—110.

BECHER, Lilly, und Gert PROKOP: Johannes R. Becher. Bildchronik seines Lebens. Mit einem Essay von Bodo Uhse. — Berlin: Aufbau Verlag 1963.

HARTUNG, Günter: Bechers frühe Dichtungen und die literarische Tradition. — In: Wissenschaftliche Zeitschrift der Friedrich-Schiller-Universität Jena/Thüringen. Gesellschafts- und sprachwissenschaftliche Reihe. Jg. 10, 1960/61, H. 3 (Johannes R. Becher. Aus Anlaß des 70. Geburtstages des Dichters). S. 393 bis 401.

HERDEN, Editha Martina: Vom Expressionismus zum „sozialistischen Realismus". Der Weg Johannes R. Bechers als Künstler und Mensch. Ein Beitrag zur Phänomenologie der marxistischen Ästhetik. — Diss. Heidelberg 1962.

HOHOFF, Curt: Johannes R. Becher. — In: Soergel, Albert, und Curt Hohoff: Dichtung und Dichter der Zeit. Vom Naturalismus bis zur Gegenwart. Bd. 2. Düsseldorf: August Bagel 1961. S. 474—480.

HOPSTER, Norbert: Das Frühwerk Johannes R. Bechers. — Bonn: Bouvier 1969.

HÜLSEN, Hans von: Rezension des Gedichtbands „Die Gnade eines Frühlings" von Johannes R. Becher. — In: Die Aktion. 2. Jg. (1912), Nr. 24 (12. 6. 1912), Sp. 760 f.

MEYER, Alfred Richard: Rezension der Kleist-Hymne „Der Ringende" von Johannes R. Becher. — In: Die Aktion. 1. Jg. (1911), Nr. 44 (18. 12. 1911), Sp. 1398.

MÜLLER, Joachim: Bechers Beiträge zur „Menschheitsdämmerung". — In: Wissenschaftliche Zeitschrift der Friedrich-Schiller-Universität Jena/Thüringen. Gesellschafts- und sprachwiss. Reihe. Jg. 10, 1960/61, H. 3 (Johannes R. Becher. Aus Anlaß des 70. Geburtstages des Dichters). S. 379—391.

RÜHLE, Jürgen: Johannes R. Bechers poetische Konfession. — In: Rühle, Jürgen: Literatur und Revolution. Die Schriftsteller und der Kommunismus. München/Zürich. Droemersche Verlagsanstalt Th. Knaur Nachf. 1963 (Knaur Taschenbuch 10). S. 216—234.

Sinn und Form. Beiträge zur Literatur. Hrsg. von der Deutschen Akademie der Künste. Zweites Sonderheft Johannes R. Becher. — Berlin: Rütten & Loening o. J. (1959).

SOERGEL, Albert: Johannes R. Becher. — In: Soergel, Albert: Dichtung und Dichter der Zeit. Neue Folge. Im Banne des Expressionismus. Leipzig 1926. S. 563 bis 571.

UHLIG, Helmut: Johannes R. Becher. — In: Friedmann, Hermann, und Otto Mann (Hrsg.): Expressionismus. Gestalten einer literarischen Bewegung. Heidelberg 1956. S. 182—191.

GREULICH, Helmut: Georg Heym (1887—1912). Leben und Werk. Ein Beitrag zur Geschichte des deutschen Frühexpressionismus. Berlin 1931.

Index zu Georg Heym. Gedichte 1910—1912. Bearbeitet von Russell E. Brown. — Frankfurt/Main und Bonn: Athenäum 1970. (Indices zur deutschen Literatur. Hrsg. von Prof. Dr. Hans Schwerte und Dr. Helmut Schanze, Bd. 4.)

JACOB, Heinrich Eduard: Georg Heym — Erinnerung und Gestalt. — In: Der Feuerreiter 1 (1921/22), S. 52—65. — Wiederabdruck in: Georg Heym. Dokumente zu seinem Leben und Werk (Gesamtausgabe Bd. 6). München: Ellermann 1968. S. 63—85.

MARTENS, Gunter: Umbra Vitae und Der Himmel Trauerspiel. Die ersten Sammlungen der nachgelassenen Gedichte Georg Heyms. — In: Euphorion 59 (1965), S. 118—131.

MARTINI, Fritz: Georg Heym. — Der Krieg. — In: Die deutsche Lyrik. Form und Geschichte. Interpretationen. Hrsg. von Benno von Wiese. Bd. 2. Düsseldorf: August Bagel 1956. S. 425—449.

MAUTZ, Kurt: Mythologie und Gesellschaft im Expressionismus. Die Dichtung Georg Heyms. — Frankfurt/Main: Athenäum 1961. — Rezension von K. L. Schneider s. u.

REGENBERG, Anton: Die Dichtung Georg Heyms und ihr Verhältnis zur Lyrik Charles Baudelaires und Arthur Rimbauds. Neue Arten der Wirklichkeitserfahrung in französischer und deutscher Lyrik. Diss. München 1961.

RÖLLEKE, Heinz: Die Stadt bei Stadler, Heym und Trakl. Berlin: Erich Schmidt 1966.

RÖLLEKE, Heinz: Georg Heym. — In: Expressionismus als Literatur. Gesammelte Studien. Hrsg. von Wolfgang Rothe. — Bern und München: Francke 1969. S. 354—373.

SCHNEIDER, Karl Ludwig: Der bildhafte Ausdruck in den Dichtungen Georg Heyms, Georg Trakls und Ernst Stadlers. Studien zum lyrischen Sprachstil des deutschen Expressionismus. — Heidelberg: Carl Winter 1954.

SCHNEIDER, Karl Ludwig: Anspruchsvolle Fehldeutungen. Anmerkungen zu einer Heym-Monographie von Kurt Mautz. — In: Die Zeit, Ausg. v. 12. 1. 1962 (Nr. 2), S. 12.

SCHULZE-MAIZIER, Friedrich: Begegnung mit Georg Heym (1910—1911). In: Georg Heym. Dokumente zu seinem Leben und Werk. München: Ellermann 1968. (Gesamtausgabe Bd. 6). S. 13—34.

SEELIG, Carl: Leben und Sterben von Georg Heym. — In: Georg Heym: Gesammelte Gedichte. Hrsg. von Carl Seelig. Zürich 1947.

STADLER, Ernst: Der ewige Tag. — In: Cahiers Alsaciens 1 (1912), S. 144—147. — Wiederabdruck (auszugsweise) in: Georg Heym. Dokumente zu seinem Leben und Werk. München: Ellermann 1968 (Gesamtausgabe Bd. 6). S. 237 bis 239.

WALDEN, Herwarth: Bab, der Lyriksucher. — In: Der Sturm 3 (1912), S. 125 bis 126. — Wiederabdruck in: Georg Heym. Dokumente zu seinem Leben und Werk. München: Ellermann 1968. (Gesamtausgabe Bd. 6). S. 255—257.

ZAUNERT, Paul: Zur neuen Dichtung. Georg Heym. — In: Die Tat 11 (1919/20), S. 629—631. — Wiederabdruck in: Georg Heym. Dokumente zu seinem Leben und Werk. München: Ellermann 1968 (Gesamtausgabe Bd. 6). S. 137 bis 140.

LANGE, Victor: Jakob van Hoddis. — In: Expressionismus als Literatur. Gesammelte Studien. Hrsg. von Wolfgang Rothe. — Bern: Francke 1969. S. 344 bis 353.

SCHNEIDER, Hansjörg: Jakob van Hoddis. Ein Beitrag zur Erforschung des Expressionismus. — Bern: Francke 1967.

5. Literatur zum Expressionismus (allgemein)

ARNOLD, Arnim: Die Literatur des Expressionsmus. Sprachliche und thematische Quellen. — Stuttgart: Kohlhammer 1966.

BENN, Gottfried: Bekenntnis zum Expressionismus. — In: Deutsche Zukunft vom 5. 11. 1933. — Leicht veränderter Wiederabdruck in: Benn, Gottfried: Ges. Werke in acht Bänden. Hrsg. von Dieter Wellershoff. Wiesbaden: Limes 1968. Bd. 3 Essays und Aufsätze. S. 808—818.

BENN, Gottfried: Einleitung zur Anthologie „Lyrik des expressionistischen Jahrzehnts". Von den Wegbereitern bis zum Dada. — München: Deutscher Taschenbuch Verlag 1962 (dtv sr 4). S. 5—16. — Diese Einleitung ist teilweise identisch mit Benns Aufsatz „Bekenntnis zum Expressionismus" aus dem Jahr 1933 (s. o.).

DIETZ, Ludwig: Die lyrische Form Georg Trakls. — Salzburg: Otto Müller 1959 (= Trakl-Studien. Bd. V).

Expressionismus als Literatur. Gesammelte Studien. Hrsg. von Wolfgang Rothe. — Bern und München: Francke 1969.

Der deutsche Expressionismus. Formen und Gestalten. Hrsg. von Hans Steffen. — Göttingen: Vandenhoeck & Ruprecht 1965. (Kleine Vandenhoeck-Reihe 208 S).

FRIEDMANN, Hermann, und Otto MANN (Hrsg.): Expressionismus. Gestalten einer literarischen Bewegung. Heidelberg: Wolfgang Rothe 1956.

HILLER, Kurt: Begegnungen mit „Expressionisten". Rede, gehalten am 2. September 1960 im Schiller-Nationalmuseum in Marbach/Neckar. — In: Raabe, Paul (Hrsg.): Expressionismus. Aufzeichnungen und Erinnerungen der Zeitgenossen. Olten und Freiburg/Brsg.: Walter 1965. S. 24—35. — Und in: Hiller, Kurt: Ratioaktiv. Reden 1914—1964. Ein Buch der Rechenschaft. Wiesbaden: Limes 1966. S. 249—258.

JACOB, Heinrich Eduard: Zur Geschichte der deutschen Lyrik seit 1910. — Einleitung zu: Verse der Lebenden. Deutsche Lyrik seit 1910. Hrsg. von Heinrich Eduard Jacob. Berlin o. J. (1924). — Wiederabdruck in: Raabe, Paul (Hrsg.): Expressionismus. Der Kampf um eine literarische Bewegung. München: Deutscher Taschenbuch Verlag 1965 (dtv sr 41). S. 194—211.

LOHNER, Edgar: Die Lyrik des Expressionismus. — In: Expressionismus als Literatur. Ges. Studien. Hrsg. von Wolfg. Rothe. Bern 1969. S. 107—126.

LUKACS, Georg: „Größe und Verfall" des Expressionismus. — In: Internationale Literatur 1934, Jg. 1. — Wiederabdruck in: Raabe, Paul (Hrsg.): Expressionismus. Der Kampf um eine literarische Bewegung. München 1965 (dtv sr 41). S. 254—273.

MEYER, Alfred Richard: Die maer von der musa expressionistica. Zugleich eine kleine quasi-literaturgeschichte mit über 130 praktischen beispielen. — Düsseldorf-Kaiserswerth: die faehre (1948).

SCHIROKAUER, Arno: Expressionismus der Lyrik. — In: Weltliteratur der Gegenwart. Hrsg. von L. Marcuse. Bd. 2. Leipzig 1924. S. 63—133. — Wiederabdruck in: Schirokauer, Arno: Germanistische Studien. Ausgewählt und eingeleitet von Fritz Strich. Hamburg 1957. S. 19—117.

SCHNEIDER, Ferdinand Josef: Der expressive Mensch und die deutsche Lyrik der Gegenwart. Stuttgart: J. B. Metzlersche Verlagsbuchhandlung 1927.

SCHNEIDER, Karl Ludwig: Zerbrochene Formen. Wort und Bild im Expressionismus. — Hamburg: Hoffmann und Campe 1967.

SOERGEL, Albert: Dichtung und Dichter der Zeit. Neue Folge. Im Banne des Expressionismus. Leipzig 1926.

SOERGEL, Albert, und Curt HOHOFF: Dichtung und Dichter der Zeit. Vom Naturalismus bis zur Gegenwart. Bd. 2. Düsseldorf: August Bagel 1961.

SZONDI, Peter: Theorie des modernen Dramas. — Frankfurt/Main: Suhrkamp 1966. (edition suhrkamp 27).

6. Allgemeine Literatur

ADORNO, Theodor W.: Minima Moralia. Reflexionen aus dem beschädigten Leben. — Frankfurt/Main: Suhrkamp 1969 (Bibliothek Suhrkamp 236).

ADORNO, Theodor W.: Moments musicaux. Neu gedruckte Aufsätze 1928—1962. — Frankfurt/Main: Suhrkamp 1964 (edition suhrkamp 54).

ADORNO, Theodor W.: Satzzeichen. — In: Akzente 3 (Jg. 1956), S. 569—575. — Wiederabdruck in: Adorno, Theodor W.: Noten zur Literatur I. Frankfurt/Main 1958. (Bibliothek Suhrkamp 47). S. 161—172.

BENJAMIN, Walter: Berliner Kindheit um Neunzehnhundert. — Frankfurt/Main: Suhrkamp 1962. (Bibliothek Suhrkamp 2.)

BENJAMIN, Walter: Charles Baudelaire. Ein Lyriker im Zeitalter des Hochkapitalismus. Zwei Fragmente. Hrsg. und mit einem Nachwort versehen von Rolf Tiedemann. — Frankfurt/Main: Suhrkamp 1969.

BENJAMIN, Walter: Kleine Geschichte der Photographie. — In: Benjamin, Walter: Das Kunstwerk im Zeitalter seiner technischen Reproduzierbarkeit. Drei Studien zur Kunstsoziologie. Frankfurt/Main: Suhrkamp 1968 (edition suhrkamp 28). S. 67—94.

BENJAMIN, Walter: Das Kunstwerk im Zeitalter seiner technischen Reproduzierbarkeit. — In: Benjamin, Walter: Das Kunstwerk im Zeitalter seiner technischen Reproduzierbarkeit. Drei Studien zur Kunstsoziologie. Frankfurt/Main: Suhrkamp 1968 (edition suhrkamp 28). S. 7—63.

BENJAMIN, Walter: Ursprung des deutschen Trauerspiels. Revidierte Ausgabe besorgt von Rolf Tiedemann. — Frankfurt/Main: Suhrkamp 1969.

BENJAMIN, Walter: Die Wiederkehr des Flaneurs. — In: Literarische Welt vom 4. 10. 1929. — Neuabdruck in: Benjamin, Walter: Angelus Novus. Ausgewählte Schriften 2. Frankfurt/Main: Suhrkamp 1966. S. 416—421.

BENN, Gottfried: Probleme der Lyrik. — In: Benn, Gottfried: Gesammelte Werke in acht Bänden. Hrsg. von Dieter Wellershoff. Wiesbaden: Limes 1960. Bd. 4: Reden und Vorträge. S. 1058—1096.

BLOCH, Ernst: Verfremdungen II. — Frankfurt/Main: Suhrkamp 1964 (Bibliothek Suhrkamp 120).

BRECHT, Bertolt: Der Rundfunk als Kommunikationsapparat. Rede über die Funktion des Rundfunks. — In: Brecht, Bertolt: Gesammelte Werke in 20 Bänden. Frankfurt/Main: Suhrkamp 1967. Bd. 18 Schriften zur Literatur und Kunst I, S. 127—134.

CURTIUS, Ernst Robert: Europäische Literatur und lateinisches Mittelalter. 5. Aufl. Bern und München: Francke 1965.

Der Große Duden. Bd. 4. Grammatik der deutschen Gegenwartssprache. Bearbeitet von Paul Grebe. 2. Aufl. — Mannheim: Bibliographisches Institut 1966.

FARNER, Konrad: Der Aufstand der Abstrakt-Konkreten oder Die „Heilung durch den Geist". Zur Ideologie der spätbürgerlichen Zeit. — Neuwied und Berlin: Luchterhand 1970 (Sammlung Luchterhand Bd. 13).

FRIEDRICH, Hugo: Die Struktur der modernen Lyrik. Von Baudelaire bis zur Gegenwart. — Hamburg: Rowohlt 1956 (rde 25).

HELLINGRATH, Norbert von: Hölderlin-Vermächtnis. — München 1944.

HESELHAUS, Clemens: Deutsche Lyrik der Moderne von Nietzsche bis Ivan Goll. 2. Aufl. — Düsseldorf: August Bagel 1962.

HORKHEIMER, Max, und Theodor W. ADORNO: Dialektik der Aufklärung. Philosophische Fragmente. — Amsterdam: Querido 1947.

KAINZ, Friedrich: Klassik und Romantik. — In: Deutsche Wortgeschichte. Hrsg. von Friedrich Maurer und Friedrich Stroh. Bd. 2. Berlin: Walter de Gruyter 1959. S. 223—408.

KAYSER, Wolfgang: Das sprachliche Kunstwerk. Eine Einführung in die Literaturwissenschaft. 9. Aufl. — Bern und München: Francke 1963.

KAYSER, Wolfgang: Kleine deutsche Versschule. 8. Aufl. — Bern und München: Francke 1961 (Dalp-Taschenbücher Bd. 306).

KÖHLER, Erich: Ideal und Wirklichkeit in der höfischen Epik. Studien z. Form der frühen Artus- und Graldichtung (Beihefte zur Zs. f. rom. Phil. 97). — Tübingen 1956.

LÄMMERT, Eberhard: Bauformen des Erzählens. — Stuttgart: J. B. Metzlersche Verlagsbuchhandlung 1955.

LUKACS, Georg: Geschichte und Klassenbewußtsein. Studien zur marxistischen Dialektik. — Berlin 1923.

LUKACS, Georg: Die Theorie des Romans. Ein geschichtsphilosophischer Versuch über die Formen der großen Epik. 3. Aufl. — Neuwied und Berlin: Luchterhand 1965.

MARETZKY, Klaus: Industrialisierung und Kapitalismus. Probleme der Marxrezeption in Georg Lukács' „Geschichte und Klassenbewußtsein". — In: Das Argument, Zeitschrift für Philosophie und Sozialwissenschaften, 13. Jg., H. 4/5, August 1971, S. 289—312.

MARX, Karl: Das Kapital, Marx/Engels Werke, Bd. 23. — Berlin: Dietz 1966.

MARX, Karl: Ökonomisch-philosophische Manuskripte. — In: Marx/Engels Werke, Ergänzungsband I. — Berlin: Dietz 1968.

MATTENKLOTT, Gert: Melancholie in der Dramatik des Sturm und Drang. — Stuttgart: J. B. Metzlersche Verlagsbuchhandlung 1968.

RÜHLE, Jürgen: Literatur und Revolution. Die Schriftsteller und der Kommunismus. München/Zürich: Droemersche Verlagsanstalt Th. Knaur Nachf. 1963. (Knaur-Taschenbuch 10.)

SCHOPENHAUER, Arthur: Die Welt als Wille und Vorstellung. 1. Bd.: Vier Bücher, nebst einem Anhange, der die Kritik der Kantischen Philosophie enthält. 2 Bd.: welcher die Ergänzungen zu den vier Büchern des ersten Bandes enthält. (= Arthur Schopenhauers sämtliche Werke in sechs Bänden. Hrsg. von Eduard Griesebach, Bd. I. II.) 2. Aufl. — Leipzig: Philipp Reclam jun. o. J. (1892).

STAIGER, Emil: Goethe. Bd. 1. 1749—1786. 4. Aufl. — Zürich und Freiburg/Brsg.: Atlantis 1964.

STAIGER, Emil: Grundbegriffe der Poetik. 5. Aufl. — Zürich und Freiburg/Brsg.: Atlantis 1961.

STANZEL, Franz K.: Typische Formen des Romans. 2. Aufl. — Göttingen: Vandenhoeck & Ruprecht 1965 (Kleine Vandenhoeck-Reihe 187).

SZONDI, Peter: Theorie des modernen Dramas. — Frankfurt/Main: Suhrkamp 1966. (edition suhrkamp 27.)

7. Unveröffentlichte Briefe

Im Dehmel-Archiv in der Staats- und Universitätsbibliothek Hamburg befinden sich die Originale folgender Briefe:

Becher an Dehmel	13. Mai	1909	(Signatur: 09,31)
Becher an Dehmel	7. Nov.	1909	(Signatur: 09,33)
Becher an Dehmel	25. Nov.	1910	(Signatur: 10,11)

Im Deutschen Literatur-Archiv im Schiller-Nationalmuseum in Marbach am Neckar befindet sich folgender Brief:

Becher an Dr. Ernst Sulzbach   8. Mai 1916

HANS-DIETER BALSER
Das Problem des Nihilismus im Werke Gottfried Benns
2. verb. u. erw. Aufl. 1970, X, 253 S., kt. DM 33,–; ISBN 3 416 00304 7
Abhandlungen zur Kunst-, Musik- und Literaturwissenschaft, Band 29

BODO BLEINAGEL
Absolute Prosa – Ihre Konzeption und Realisierung bei Gottfried Benn
1969, VIII, 115 S., kt. DM 15,80; ISBN 3 416 00577 5
Abhandlungen zur Kunst-, Musik- und Literaturwissenschaft, Band 62

CHRISTINE COSENTINO
Tierbilder in der Lyrik des Expressionismus
1972, 192 S., kt. DM 26,50; ISBN 3 416 00841 3
Abhandlungen zur Kunst-, Musik- und Literaturwissenschaft, Band 119

CHRISTOPH EYKMAN
Die Funktion des Häßlichen in der Lyrik Georg Heyms, Georg Trakls und Gottfried Benns – Zur Krise der Wirklichkeitserfahrung im deutschen Expressionismus
2. verb. Aufl. 1969, 306 S., kt. DM 36,–; ISBN 3 416 00319 5
Bonner Arbeiten zur deutschen Literatur, Band 11

NORBERT HOPSTER
Das Frühwerk Johannes R. Bechers
1969, VIII, 124 S., kt. DM 18,–; ISBN 3 416 00622 4
Abhandlungen zur Kunst-, Musik- und Literaturwissenschaft, Band 78

ANGELIKA KOCH
Die Bedeutung des Spiels bei Else Lasker-Schüler – Im Rahmen von Expressionismus und Manierismus
1971, VI, 100 S., kt. DM 15,–; ISBN 3 416 00714 X
Abhandlungen zur Kunst-, Musik- und Literaturwissenschaft, Band 107

VIVIEN PERKINS
Yvan Goll – An Iconographical Study of his Poetry
1970, VI, 198 S., kt. DM 28,–; ISBN 3 416 00674 7
Studien zur Germanistik, Anglistik und Komparatistik, Band 5

WALTER RIEDEL
Der neue Mensch – Mythos und Wirklichkeit
1970, 128 S., kt. DM 16,80; ISBN 3 416 00682 8
Studien zur Germanistik, Anglistik und Komparatistik, Band 6

ANNALISA VIVIANI
Dramaturgische Elemente des expressionistischen Dramas
1970, VIII, 187 S., kt. DM 24,–; ISBN 3 416 00672 0
Bonner Arbeiten zur deutschen Literatur, Band 21

BOUVIER VERLAG HERBERT GRUNDMANN · BONN